公共性への冒険

ハンナ・アーレントと《祝祭》の政治学

石田雅樹
Ishida Masaki

A Venture into the Public Realm

勁草書房

まえがき

「政治とは何か」という問題を問い続けた、ハンナ・アーレントという一人の思想家がいた。彼女が現代の政治思想に与えた影響は大きいが、しかしその「何が」「なぜ」重要なのかは論者によって大きく異なり、ときに全く対立する場合もある。「保守」陣営に迎えられたか思えば「革新」側の必読書とされたり、「共和主義」の擁護者とされる一方で、その「リベラル」の可能性が追求されてきた。あるいは「ポスト・モダン」の文脈から読み返されることで、逆に「モダン」的立場が鮮明にされたり、さらにはアーレント自身が否定的だった「フェミニズム」の新たな旗手に位置づけられたりもされてきた。

そのような多様な解釈の背景には、アーレント自身の矛盾や問題関心の推移もあるが、それ以上に解釈する側の思惑が大きく投影されている。こうした状況を研究者の一人デイナ・ヴィラは皮肉まじりに「ロールシャッハ・テスト」（インクのシミが何に見えるかを問う心理学のテスト）と呼んでいる。

本書の目的は、アーレントの思想の全体像を体系的に整序することではない。むしろこうした渾沌とした解釈で忘れられがちな、その思想的根幹（と思われるもの）を再構成することにある。「保守／革新」「共和主義／リベラル」「モダン／ポスト・モダン」という両陣営に名前が登場するということは、逆を言えば「アーレント」という思想家でなくても語れることを彼女に語らせようとしてきた、と言えるのではないだろうか。あるいは「フェミニズム」解釈などに典型的なように、自己の政治的主張を裏づけるためだけに参照されてはいないだろうか。

アーレントを論じる上でしばしば（意識的に）忘却されていること、それは「活動」actionや「公的領域」public realmといった用語で語られる「政治」が、ファシズムなどの危うい政治運動を排除しないばかりか、むしろそれと強い親和性を有するという点である。そしてアーレント自身がユダヤ人としてナチスの迫害を逃れてドイツからアメリカに亡命したことを想起するならば、そうした「政治」をなぜ構想したのかということは大きな「謎」として存在するのである。

例えばアーレントは「政治」politicsの根源形態を、古代ギリシアの「ポリス」polisに求め、その「ポリス」でその民衆へ訴えかける政治家ペリクレスの姿を「公的領域」の端的事例とした。しかしながらこのアテナイ民衆へ訴えかけるペリクレスは、ドイツ国民へ訴えかけるアドルフ・ヒトラーの姿と同型であるのではないのか。また他者の前に姿を現し自己が「何者であるか」whoを晒すことが、何らかの合意形成以前にある政治の「活動」であるとしたが、ヒトラーその人こそその雄弁によって聴衆を魅了し、「何者であるか」を露わにしたのではなかったのか。そうであるならば、ナチスによって故国を追われたアーレントがなぜこのようなファシズムを匂わせる「政治」の在り方をわざわざ提起したのだろうか。アーレントの政治思想において問われるべき問題は、このような「謎」と表裏一体の関係にある。

この「謎」を解く鍵の一つは、アーレントに影響を与えたマルティン・ハイデガーという哲学者の存在にある。今日では両者が単に師弟の間柄だけではなく、一時期恋人同士であったことも確認されている。ユダヤ人・アーレントとファシズムとの近接という問題は、ナチスを思想的に正当化した（と言われている）ハイデガーを補助線として引くことで、一つの見通しを立てることができるだろう。そしてその補助線から浮かび上がる思想空間にこそ、彼女の政治思想の根幹となるものが存在する、と本書は考えている。

ファシズムの政治運動をも内包するアーレントの「公共性」、ハイデガーの思想を媒介にして立ち顕れるその「政治」の姿を、本書では《祝祭》という言葉によって明らかにしていきたい。《祝祭》とはここではさしあたり「他者との共同性の成立あるいは解体の契機」としておくことにしよう。つまりアーレントの「公共性」の空間は、共和主義やリベラル・デモクラシー以前に、他者と「行動をともにする」act in concert 際に現れるものであり、それは平和な市民運動と共に危うい大衆運動とも結びつくがゆえに、現代政治に対しても思想的な魅力を持つのである。

「公的領域」と「私的領域」とが異なる秩序であることを強調し、「政治」と「社会」とを厳格に区分しようとするアーレントの思想に対しては、生前から疑問が投げかけられてきた。また二〇世紀の産業化社会にあって、ギリシアの「ポリス」を「政治」の規範として語ることは、単なるアナクロニズムに過ぎないという批判も繰り返されてきた。本書において《祝祭》という視点でアーレントの思想を再解釈することは、こうした疑問や批判に対して一定の回答を提示するものでもある。つまり「ポリス」を失われた規範として「復権」させるものとしてではなく、われわれの日常生活においてその都度顕現する《祝祭》のようなものとして捉え直すこと。それは「ポリス」の空間が、国会での首相の演説や市民の抗議集会、あるいはコミュニティの再生へ向けた運動のみならず、道端や駅のホームなどで偶然居合わせた者たちのあいだにも生成し得ることを意味している。単なる古代ギリシアへの郷愁ではない、多様な「ポリス」の可能性を提起すること。本書はそのような可能性を切り開く一つの解釈を提示していきたい。

むろん仮にアーレントが生きていたとして、このような解釈を受容するかどうかは不明である。というよりも、彼女は自分の「学派」を形成することにも、知的影響を及ぼすことにもほとんど無関心であった［EU: 3=5］。彼女の関心を占めていたのは何かを「理解」することであり、「私は理解しなければならない《イッヒ・ムス・フェアシュテーエン》」とつぶやきながら、「全体主義」という時代の暗闇と格闘し、「政治とは何か」と問い続けたのだった。本書もまた《祝祭》という視点でアーレントの思想を「理解」することに向かい、リベラル・デモクラシーに収まりきらない「政治」の原初性を「理解」する旅路に赴くことにしたい。

【凡例】

・アーレントの主要文献は、題名を略述し（各略述については巻末の文献表記を参照）、原文ページと邦訳ページ数を記載した。巻数はローマ数字で表記した。

（例）［OT（III）：306＝2］ ⇒ *The Origins of Totalitarianism*, New edition with added prefaces, Harcourt Brace & Company, 1951→1973, p. 306. ＝1972→1981　大久保和郎・大島かおり（訳）『全体主義の起原』（第三巻：全体主義）みすず書房、2頁。

・それ以外の文献表記は、おおむねソシオロゴス方式に従っている。本文及び注記では、著者名［出版年（＝あるいは訳書の出版年）：頁数］と記述し、当該文献は巻末の参考文献表に記載した。

・洋書原文の翻訳に際しては、イタリックは傍点に、‘ ’は「　」と表記した。また引用などでの〔　〕は、著者石田が補ったものである。

・原文でのギリシア文字表記はラテン文字表記に置き換えた。

公共性への冒険　ハンナ・アーレントと《祝祭》の政治学

目次

目次

目次

目次

序論
アーレントが語る「政治」とは何か

1 アーレントはどのように読まれてきたか

本書の目的は、ハンナ・アーレントが語る「政治」あるいは「公共性」とは何かを明らかにし、またそれを今日どのような点で理解することに意味があるのかを考察することにある。アーレントの思想から何を重要な問題として読み解くかは解釈者によって実に多様である。その背景には、アーレント自身の問題関心の推移や矛盾(1)、あるいは、保守やリベラルという政治スタンスへの無関心(2)などもあるが、読み手の側が設定する解釈枠組みによるものが大きい。ここではアーレントがこれまでどのように読まれてきたのか、その代表的な解釈の論点と争点を、川崎修やデイナ・ヴィラの研究を踏まえながら「共和主義」「リベラリズム」「ポストモダニズム」に整理し(3)、その上で本書の目的を明らかにすることにしたい（以下、先行研究に関する議論に関心のない読者は飛ばして先に進まれたい）。

（1）「共和主義」

アーレントが自己の政治思想を展開する上で繰り返し提示したのが、古代ギリシア・ローマの政治モデルであった。『人間の条件』（一九五八）の冒頭では、政治行為としての「活動」action が、人びとの「複数性」plurality を条件とした言語行為であり、ヒトの生命維持に関わる「労働」labor とも、モノを作り出す「制作」work とも異なる行為であるとされているが、この「活動」の原点として描かれているのは、古代ギリシア・ポリスの政治的経験に他ならない。ここでは公的領域 public realm と私的領域とが異なる原理に基づくことが強調され、「活動」が繰り広げられるポリスの自由な空間と、生命維持のために「労働」への従事を余儀なくされる家政の領域オイコスとが、対照的に描かれている。また『革命について』（一九六三）では、新たな政治体を創設することに「成功」したアメリカ革命と、その創設に「失敗」したフランス革命とが対比されているが、ここで強調されているのは、アメリカ建国の精神に対して大きな寄与を行った古代ローマの政治理念の存在である。つまり政治体の「創設」の正統性についてのローマ的「権威」概念の再生、あるいは公的事柄＝共和国 res publica への参与を「自由」freedom の根幹とする古代ローマ共和政の理念が、アメリカ建国の父祖たちに大きな影響を及ぼしたとされているのである。

このように、共同体への積極的参与に「政治」の存在を認め、「行動をともにする」act in concert, acting together 中で成立する公的な「自由」の重視という点に注目して、マーガレット・カノヴァンなどにより「共和主義」republicanism の文脈での解釈が行われてきた（Canovan［1974＝1981→1995: 35］, Springborg［1989: 9–17］）。「共和主義」の特徴の一つは、個人の「権利」right よりも共同体における「卓越性」aretē; virtue の充足を重視する点であるが、アーレントの論じる「活動」が「卓越性」を顕わにする行為であることも、「共和主義」的解釈を裏づけるものとされている。さらに現代政治理論の議論では、マイケル・サンデル、アラスデア・マッキンタイアらに代表される「共同体主義」communitarianism の先駆であると指摘するものも存在する（Canovan［1992＝2004］）。

　アーレントを「共和主義」とする見方は、アリストテレスによる「政治的動物《ゾーン・ポリティコン》」の現代的復権、すなわち個人に先立つ共同体の政治性の意義を改めて強調するものであるが、他方でアーレントに対する批判も、この古典古代型「共和主義」に対して向けられてきた部分が大きい。

　例えばそれが、権力闘争や戦争に彩られた歴史的に実在した古代アテナイとはかけ離れたものであり、単なる古代賛美でしかないという批判が繰り返されてきた。ベンジャミン・シュワルツは、アーレントのポリス賞賛を、十八世紀末以降ドイツで顕著となった古代崇拝の流れを汲むものとし、ゲオルグ・W・F・ヘーゲルや若きカール・マルクス、あるいはヴィンケルマンらと同じような古代ギリシアへの憧憬に拠るものとした（Schwartz［1970］）。またシェルドン・ウォリンは、古代ギリシア・ポリスにおいても、ソロンの土地改革など経済的・社会的不平等を解消するデモクラシーに連なる政治的試みが多数存在したにもかかわらず、そのような点にアーレントがほとんど言及していない点を問題とした（Wolin［1994: 289f.］）。

さらに古代ギリシア・ポリスの「卓越性」に内包される貴族主義や英雄主義《ヒロイズム》も批判の対象とされた。アーレントはポリスの空間について、それが自己を秀でた存在として顕わにする場、「最良の者であること」*aien aristeuein* を示す（ホメロス『イリアス』VI–208）「競技精神」agonal spirit に満ちた空間であることを強調する。ハンナ・ピトキンは、こうした戦士社会あるいは男性同盟《メナー・ブント》として語られるポリスを、「マチズモ」（男らしさ）と揶揄し、貴族のレジャースポーツのように論じられるアーレントのポリス論の不毛さを批判している（Pitkin［1994］）。

（2）「リベラリズム」

しかしながら、アーレントを単なる古代ポリスの賛美者や古典古代型「共和主義」の復興者という文脈では捉えられない論点も多数存在する。例えばアーレントは、「活動」概念が「卓越性」と深く関わるとしながらも、その「卓越性」は「道徳的尺度」あるいは「共通善」bonum commune のような共同体固有の価値基準によって測られるものではないとも論じており［HC: 35＝56］、通常の「共和主義」では理解できない不明瞭な点が存在する。そしてこの「共和主義」の枠組みでは捉えきれない部分に注目し、特定の共同体の価値規準を超えた普遍的な公共性をアーレントから引き出そうとする解釈が、「リベラリズム」liberalism の立場から行われてきた。

この「リベラリズム」解釈の代表者としては、フランクフルト学派の旗手ユルゲン・ハーバーマスを挙げることができる。ハーバーマスは、アーレントによるギリシア的公共性の意義を評価しつつ、そこで展開される「暴力」から区別された「権力」概念に注目している。すなわち、アーレントの「権力」概念――「暴力」と異なる地平に位置し、言葉によって他者と行動をともにする際に構成される「権力」――が、マックス・ウェーバーやタルコット・パーソンズらの目的論的権力概念（目的を実現させる力としての権力）とは異なり、「コミュニケーション的行為」kommunikatives Handeln に基づくものである点を評価した（Habermas［1977→1994: 218＝1984: 337-338］）。ハーバーマスはこのアーレントの「権力」概念を評価しながらも、他方において、この議論が、理論／実践、公／私などの硬直した概念的二分法に囚われているため、現代政治には適用できないとも批判しており、その批判を展開する過程において、自己の公共性についての議論を深化させている(4)。

また、アーレントにおけるカント解釈の意義を強調し、「共和主義」に還元されない、より普遍的な公共性のモデルをそこに見出そうとする解釈も、「リベラリズム」の系譜に連なると言えよう。アーレントは、カント『判断力批判』での「美的判断力」の議論を、「政治的判断力」として再解釈することで、新たなカント政治哲学の可能性を提示しようと試みた。すなわち、『実践理性批判』を中心とした義務論（「何を為すべきか」の論証と命令）ではなく、『判断力批判』での個別的な事柄に規範性を読み取る「判断」能力（これは「美しい／醜い」、これは「正しい／不正である」）こそ、政治において重要な議論であるとする。そしてこのときに行われる「これは美しい／醜い」あるいは「これは正しい／間違っている」という判断は、その判断する人がたまたま帰属する特定の共同体に限定されるものではなく、万人に広く共通するものであり、人間の有する「共通感覚」sensus communis へ訴えかけるものであることを強調する。

このようなアーレントによるカント解釈とその「判断力」論は、彼女の生前には大きな議論の対象とされなかったが（アーレントは『精神の生活』三部作「思考」「意志」「判断力」を構想しながらも、最後の「判断力」の執筆途中一九七五年に他界した）、ロナルド・ベイナーの研究によってその射程が明らかにされた。アーレントの講義録を『カント政治哲学講義』として編纂したベイナーは、この「判断力」論が、単に「思考」「意志」の議論では語られなかった思想的空白を埋めるだけではなく、「理解」と「判断力」の指標が失われつつある現代社会に対して、彼女が一貫して問い続けた問題であったことを指摘している。そして、カントの中に語られざる政治思想を見出したアーレントと、アリストテレス倫理学を再発見したハンス＝ゲオルグ・ガダマーの議論とを対置させ、両者が共に「判断力」「趣味」「共通感覚」の議論を通じて、ドイツの人文主義的伝統、あるいはそのルーツにある古代ローマのヒューマニズムの理念を再生させる試みであると論じている（Beiner［1983＝1988：29］）。

（3）「ポストモダニズム」――「アゴーン」vs.「物語」

ハーバーマスやベイナーの議論は、「共和主義」では論じられないアーレントの公共性の次元に光を当てているのは確かである。しかしながら、アーレントの「活動」概念は「共和主義」「リベラリズム」共に前提としている共同性や合意の形成という次元に収まるものではなく、逆にそうした共同性や合意形成の尺度を超克し解体させる行為としても論じられている。この「共和主義」でも「リベラリズム」でも不明瞭なアーレントの問題、すなわち「共通善」を離れた「卓越性」とは何か、合意形成に還元されない「政治」とは何かという問題は、その後「ポストモダン」の文脈で強く意識され論じられることになる。

一九九〇年代以降、「公共性」をめぐる議論の拡大に伴い、アーレントが再び注目される中で、「共和主義」や「リベラリズム」、あるいは「右派」と「左派」という対立図式に代わって、「モダン」と「ポストモダン」という解釈軸が意識化され、アリストテレスやカントではなくニーチェやハイデガー、あるいはヴァルター・ベンヤミンの思想系譜からの再解釈が行われるようになる（Hinchman; Hinchman［1994a］）。

例えばボニー・ホーニグは、アーレントの思想をニーチェと重ね合わせ、そこから近代政治思想の基盤——例えば、契約や道徳上の「主体」という観念など——の自明性を解体するものを読み解いていく。ホーニグは、道徳的・政治的主体を定位させる virtue の政治と、そうした主体の定位を解体させる *virtù* の政治とを区分し、「共和主義」の枠組みから逸脱するアーレントの「卓越性」をこの後者の *virtù* の系譜に位置づける（Honig［1993］）。つまり、前者の virtue が、「政治」を「管理(行政)」administration に置き換え、共同体の一員としてのアイデンティティを強調し、合意の形成を目指すのに対して、後者の *virtù* はそうしたアイデンティティの押しつけを告発し、合意という名の下で隠蔽された差異や対立を明るみに照らし出すことで、「政治」の空間を新たに切り開く。そしてこのアイデンティティの自明性を解体させ、差異や対立を浮かび上がらせる *virtù* の政治を端的に表すものとして、アーレントのポリス論で登場する「アゴーン」agon という言葉（「闘技」「競技」等と訳される）がキー・ワードとして抽出される。

ホーニグはさらに、この「アゴーン」を、アーレント自身の公的《ポリス》／私的《オイコス》領域の区分それ自体を脱構築するものとして提示する。つまり、社会的・私的領域を覆うアイデンティティ（国民性、階級、宗教、人種、セクシュアリティ）の自明性を解体させ、その作為性に絶えず抗すること、自己が「何者であるか」を絶えず再解釈・再提示し続けること、そうした多様な場面で繰り広げられる「アゴーン」の政治の可能性を示すものとして、アーレントの思想が捉え返される。こうしたホーニグの試みは、従来のフェミニズム解釈では、男性中心主義（先述した「マチズモ」など）として批判されてきたアーレントの位置づけを刷新することをも意味しており、「闘技的《アゴニスティック》フェミニズム」という構想において、「アゴーン」とフェミニズムとの融合が行われている（Honig［1995b: 135–166］）。

セイラ・ベンハビブは、以上のような「アゴーン」的解釈を見据えながらも、これとは異なるアーレント像を提示する。ベンハビブはアーレントの「活動」概念を、「アゴーン的／物語的」agonal/narrative の二つの次元に区分し、(5) 前者の「アゴーン」よりも後者の「物語」の次元を本質的なものとして強調する。ベンハビブによれば、「アゴーン」が「活動」において希少な事例でしかないのに対して、「物語」はあらゆる「活動」に立脚する点で、より本質的なものであり、ホメロスの叙事詩などの英雄物語のみならず、我々の身近な日常生活である親密圏（intimacy）と呼ばれる領域でも見出されるものである。

この「アゴーン／物語」の腑分けを論じる過程において、ベンハビブは、アーレントの公的領域には異なる二つの位相があり、アーレント自身がこれを無自覚に混同していたとし、（a）「公的空間」public space という「制度」概念と、（b）「現れの空間」space of appearance という「現象学」的概念とを区分する必要があると主張する。つまり、前者の「公的空間」が、古代ポリスでは自由人・成年男子のみが参入を許可された「制度」を意味するのに対し、後者の「現れの空間」は、人びとが行動をともにする際に生み出される「現象」であり、両者は必ずしも重ならないにもかかわらず、アーレント自身がこの二つをしばしば混交させていたと指摘する。そして、「アゴーン」が前者の「制度」としての「公的空間」に特化すると同時に制約されているのに対して、「物語」はそうした制約に拘束されない点において、より包括的かつ普遍的な「活動」の次元を示すものであるとしている（Benhabib［1996: 127］）。

以上のような理解から、ベンハビブは同じアーレントの議論でも――おそらくハーバーマスの「文芸的公共性」をモデルとしながら――、「アゴーン」の色彩の強い古代ギリシア・ポリス論ではなく、『ラーエル・ファルンハーゲン』（一九五八）で提示されたベルリン・サロンの社交空間を、現代政治とつながる公共性の議論として読み込む作業を行っている（Benhabib［1996: 14f.］）。このような

「女の『公共空間』としてのサロン」に注目することで、ホーニグとは異なるフェミニズム的アーレント解釈の可能性を提起している。

ホーニグやベンハビブらに代表される一九九〇年代以降のアーレント研究の特徴は、ポストモダンの思想的成果を踏まえた上で、多様な場面に「政治」を発見し、近代の政治思想が自明視していたものを再考あるいは解体しようとする点にある。アーレント自身は、議論や討論の場である「政治」と、そうでない「社会」とを区分することに最後までこだわったが[6]、ホーニグやベンハビブはそうした「政治／社会」の境界、あるいは「公的／私的」の境界を構成する「／」それ自体の政治性を告発するものとして、アーレントの思想の意義を強調する。「アゴーン」に依拠するホーニグ、「物語」を重視するベンハビブ、両者は共に、アーレント自身が関心を持たなかった（あるいは否定的だった）アイデンティティの政治やフェミニズムなどへ議論を展開させている点で一致しており、アーレントの議論を精確に辿ることよりも、現代においてわれわれが「政治」を捉え返すための新たな視座を提供するものとして、再解釈を行っているのである。

「アーレントと共に／アーレントに抗して」with Arendt/contra Arendt。アーレントの「政治／社会」「公的／私的」境界を越境する自己の解釈的試みを、ベンハビブはそう表現する[7]。このスタンスは「アイデンティティ／差異」の政治やフェミニズムに関心をよせるホーニグら他のアーレント研究者にも共有されている。しかしながらこれに対しては、アーレントの思想を都合の良いように作り変えているのではないかという批判もある。

例えばデイナ・ヴィラは、「ポストモダニズム」を踏まえながらも、ベンハビブの「物語」解釈では、アーレントの論じる「政治」が単なる日常の社会関係に拡散してしまうとして、「アゴーン」の意義を強調する。他方でその「アゴーン」は、ホーニグらのように「アイデンティティ／差異」をめぐる自己表現の次元の問題ではなく、自分と異なる「他者」との対峙・論争において共有される「世界」（広義での「公的領域」）の次元の問題であるとし、それが「自己への配慮」ではなく、「世界への配慮」によることを喚起する。

アーレントは度々演劇的比喩によって自己の思想を語り、政治空間を「演技者《アクター》」と「見物人《スペクテーター》」によって織り成されるものと表現したが、ヴィラはこの「演劇性」theatricality という言葉を解釈の中心に置き、それがベンハビブ的な「物語」に先立ち、また「アゴーン」がホーニグのようなアイデンティティをめぐる闘争ではなく、この「演劇性」を前提として繰り広げられるものであるとし、他者とは異なることを志向する「距離のパトス」に基づくものであると論じている（Villa［1999 : 128–154＝2004 : 201–236］）。

ヴィラの「演劇としての政治」解釈は、ニーチェやハイデガーのポストモダン的解釈を踏まえながらも、アーレントの言説を忠実に辿り、単なるアイデンティティの政治学やフェミニズムの議論に回収されないアーレント独自の思想的圏域を緻密に論じている点で、なるほど確かに興味深い。しかしながら、そうした解釈の帰結として、アーレントからどのような「政治」を論じるのかという点を見ると、ヴィラの議論は、ホーニグやベンハビブらの議論とそれほど大きな違いはないように見える。例えば、「アゴーンを民主化する」点、つまり、多種多様な意見が現れ・演じられ・語り継がれるデモクラシーの可能性としてアーレントの思想を捉え返そうとする点においては、ヴィラはホーニグと一致しており、そこに大きな対立点は存在しない。ヴィラの議論はアーレントに「忠実」であることで、逆にホーニグやベンハビブらが意識的であった「なぜアーレントなのか」という問いが不鮮明であるように思えてならない。

2　本書の目的

アーレントとファシズムとの関係について考える

「ポストモダン」の研究者たちによって、「共和主義」とも「リベラリズム」とも異なる文脈でアーレントの「政治」を論じることが可能となったのは確かであり、その貢献は評価されるべきであろう。しかしその一方で／あるいはそれゆえに、「ポストモダン」では、アーレントの言説に対して、以前の研究者が抱いてきた戸惑いや違和感といったものが見失われているようにも思える。その違和感とは、端的に言えば、アーレントの思想がファシズムの政治運動を排除しないばかりか、それと強い親和性を持つという点であり、(8) またなぜアーレントがそもそもそうした思想を展開したのか、という問題に他ならない。

例えば、アーレントは、古代ギリシア・ポリスでの「活動」の事例として、アテナイの民会で市民に訴えかける政治家ペリクレスの姿を提示する［HC：205＝330］。トゥキュディデス『歴史』で伝えられているように、ペリクレスはアテナイ民主政の黄金時代を支えた政治家であったが、アーレントはペリクレスを、「偉大なる行為の成就者、偉大なる言葉の発言者」であった英雄アキレウスと同じように、偉大なる「活動」の担い手として位置づける。ここでアーレントが強調するのは、「活動」がその動機や意図、あるいは目的や結果を考慮した「道徳的規準」で測られないものであって、新たな「始まり」beginningをもたらす類い希な「偉大さ」という規準によってのみ判断されるという点である。ペリクレスはその相異なる二つの規準を明らかにすると同時に、「偉大さ」を顕わにした行為者として賞賛されている。

しかしながら、このトゥキュディデスが伝えるペリクレスの姿——戦争で国土の荒廃が進み厭戦気分が高まる中で士気昂揚を行うペリクレス——に、ドイツ国民へ訴えかけるアドルフ・ヒトラーの身振りを重ね合わせることは容易い。意図や帰結を考慮した「道徳的規準」ではなく「偉大さ」という規準において判断すれば、ヒトラーはペリクレスと同じように偉大なる「活動」の担い手に他ならない。要するに、「演技者《アクター》」と「見物人《スペクテーター》」とのあいだで「政治」が織り成されるとアーレントが語るとき、その政治行為者《アクター》＝役者として最も相応しい人物こそヒトラーその人ではないのか。われわれは遠い古代ギリシアのペリクレスよりも、記録映像などに遺された演説を通じてアドルフ・ヒトラーが「どんな人か」whoをよく知っている。それゆえ皮肉なことに、アーレントの政治論はファシズムの政治運動を拒絶しないばかりか、それと強く結びつくのである。

このアーレントとファシズムとの親近性という問題については、これまで言及がなかったわけではない。むしろ、「ポストモダン」以前から研究者によって度々指摘されてきた論点の一つであった。例えば、ジョージ・ケイティブは、アーレントが全体主義の巨悪について議論を展開しながらも、彼女が論じる政治行為としての「活動」は全体主義へ道徳的に対抗するというものではなく、逆に「道徳的規準」を排し、偉大さや栄光という用語を強調する点において、ナチズムの政治運動と重なり合うことを問題として提起した（Kateb［1983: 29, 85］）。あるいはリチャード・バーンシュタインは、何かを新しく始めるというアーレントの「活動」の能力は、栄光と悪の両者の源泉として「体系的な両義性」systematic ambiguity を内包するものであり、ギリシア・ポリスのみならず、二〇世紀の全体主義の悪夢をも生じさせたとしている（Bernstein［1977: 151］）。またマーティン・ジェイは、「共通善」の実現とも、目的のための手段とも切り離されたアーレントの「活動」概念について、それが「政治」的決断それ自体を特権視するものとして、「芸術のための芸術《ラール・プール・ラール》」ならぬ「政治のための政治《ポリティーク・プール・ラ・ポリティーク》」とでも呼ぶべきものであって、ファシズムの「政治の美学」に近接すると論じている（Jay［1978: 353＝1989: 405］）。

アーレントがたとえハイデガーの実存哲学から多大な影響を受けたとしても、ユダヤ人としてナチスに追われ祖国ドイツからの亡命を余儀なくされた点を踏まえるならば、彼女がこうしたファシズムの思想に限りなく接近すること自体、一つの謎であり、違和感や当惑なしに読むことはできない。川崎修［1997］が早くから指摘したように、このアーレントのナチズム経験を念頭におくならば、「健全な」リベラル・デモクラシーの建設を目指す議論、すなわち大衆・市民の過剰な政治的コミットを極力警戒し、現存する議会制民主主義のパフォーマンスを上げる議論へ向かう方が自然であるようにも見えるが、彼女の思想にそうした議論の展開を見出すことはできないのである。

《祝祭》からアーレントを再解釈すること

本書は、以上のような問題を踏まえた上で、ファシズムとの対峙を通じてはじめて浮かび上がるアーレントの思想の内実を辿り、そこで論じられる「政治」とは何かを明らかにしていくものである。その際に《祝祭》という言葉を分析上の概念装置とし、それを難解なアーレント独特の専門用語と、日常の言語とを架橋する言葉として用いることにしたい。

《祝祭》という言葉自体は、アーレント自身がテクストで意識的に活用した言葉ではない。しかしながら例えば、①政治空間としての「公的領域」が、他者と行動をともにする際に、その都度その行動のあいだだけ生起する空間として――「演技者《アクター》」と「見物人《スペクテーター》」とによって織り成される演劇的空間として――提示されていること［HC：199＝320–321］（「現れの空間」space of appearance としての「公的領域」）、また、②新たな共同性の次元を切り開く「活動」action が、日常的に反復されるルーティンワークとしての「振る舞い」behavior とは異なる行為であるとされていること［HC：41＝65］、などを考え合わせると、《祝祭》という平明な言葉がアーレントの政治思想を理解する手がかりになると判断するものである。政治学や社会学あるいは文化人類学などにおいて、「祝祭」はシンボル操作による社会集団の統合、あるいはコスモロジーを可視化するスペクタクル装置、といった意味でその政治性が論じられる場合もあるが、[9] 本書ではそれらを踏まえながらも、より広い文脈で「既存の社会的諸関係の自明性が覆され・再編される、潜在的かつ遍在的な場所」という意味で用いていくことにしたい。

つまり《祝祭》という言葉で、アーレントの「活動」や「公的領域」といった概念を捉え返すことにより、制度化された議会での演説も、制度化されない様々な集会や運動も、異なる他者と〝空間〟を共有する同一の出来事として理解し、同じ可能性を秘めた空間として捉えようと試みるものである。

しかしながら同時にそれは、①身体を伴う他者との遭遇という場面、②個人の実存に還元されない、不特定の者に関与する事柄である点、アーレントがリアリティの形成と呼ぶ「公的領域」の二つの次元に関与する点において、親しい者の死や、戦争など、広い意味で語られる非日常的な「祝祭」全般（ヤスパースの言う「限界状況」など）とは異なる。この点については、アーレントとハイデガー、ヤスパース、あるいはカール・シュミットらとの比較を通じてその差異を明らかにしていきたい。アーレントとファシズムの政治運動との親近性という問題についても、この《祝祭》という観点から、その意味を明らかにしていく予定である（本論第3・4章参照）。

「複数性の政治」批判――「出発点」としての「複数性《プルーラリティ》」

このように《祝祭》という言葉によってアーレントの思想を理解しようとする試みは、単に「ポストモダン」で忘却されたアーレント―ファシズム問題の再提起という点に留まるものではない。むしろこれらの論者たちによる解釈の問題点を洗い直し、それを批判的に乗り越えようとするものである。つまり、(1)ホーニグらの「アゴーンの政治」、(2)ベンハビブの「物語の政治」、そして(3)ヴィラの「演劇としての政治」という解釈モデルで十分に論じられないアーレントの問題圏を再構成し、そこからより広い現代的意義を提示することを目的としている。

先述したように、ホーニグの「アゴーンの政治」は、市民／非市民、国民／非国民、白人／非白人、男性／女性など、様々な「／」で隠蔽された政治争点を浮かび上がらせる点に、アーレントの思想的意義を読み込む解釈であった。これはアーレントの言説をニーチェ―フーコー的な権力論――「主体」によって「権力」が行使されるのではなく、むしろ逆にそうした「主体」を構築する不定形の力を「権力」として捉えること――において再構成した点で評価されるべきであろう。しかしながら、こうしたアゴニズムの思想的意義を十分に認めた上で、なおそこには無視できない大きな問題がある。それは、「アゴーン」が展開される価値次元の問題、「アゴーン」という言葉に内包されるはずの価値基準が意図的に捨象されているという問題である。

ホーニグ等現代のアゴニズム解釈[10]は、前出した共和主義解釈に付随する批判――共同体による価値尺度の占有、貴族主義、英雄主義 etc.――を十分自覚しているにもかかわらず／あるいはそれゆえに、「アゴーン」に付随する価値尺度をむしろ相対化し、「卓越性」を「差異」に読み替え、「アゴーン」を「デモクラシー」に接合させた地点で成立している。要するに、共和主義での「アゴーン」が、共同体メンバーに共有された価値尺度において「卓越性」が競われるのに対して、フェミニズムなどと接続された現代の「アゴーン」の政治では、むしろそうした共同体によって再生産される「アイデンティティ」の同定に対する闘争へと「アゴーン」が転移している。しかしながらその「アイデンティティ／差異」をめぐる闘争では、一体誰と誰が戦い、何が賭けられ、何が競われているのか？　それは、「卓越性」という垂直的価値尺度を「デモクラシー」において相対化させ、その「デモクラシー」の枠組みにそぐわない「アゴーン」（例えば、原理主義やファシズム）を排除することで、「アゴーン」自体の契機を弱めてはいないだろうか。

そもそも、アーレントから「アイデンティティ／差異」を「政治」として読み解くことにどれほど意味があるのだろうか。確かにアーレントは「政治」の条件として、人間の「複数性」plurality という点を挙げ、「市民」や「国民」という言葉で表象され得ない多様な存在が「政治」の担い手であることを強調している。しかしながら、この「複数性」とは、相対的な「アイデンティティ／差異」の次元に収まるものではなく、人間一人一人の根源的な「唯一性」uniqueness、すなわち誰一人同じ存在はこの世にいないということの裏返しにあるものとされているのである。「……人間は他者性を持っているという点で、存在する一切のものと共通しており、差異性を共有する点で、生ある全てと共通しているが、この他者性と差異性は、人間においては、唯一性となる。従って、人間の複数性とは、唯一存在の逆説的な複数性である」[HC : 176＝287]。それゆえ、ホーニグらの「アゴーンの政治」が目指す、アイデンティティの表象（国民、人種、性別、etc.）に還元されない比類なき存在としての個人は、アーレントにおいては「政治」の目標ではなく出発点であるに過ぎない。

つまり単数の人間 Man ではなく複数の人間たち men の〝あいだ〟にあるのが「政治」であるとアーレントが語るとき、「私」と「他者」とがそもそも異質な存在であり、その異質な他者との深淵を前提として「政治」の存在が語られているわけである。言い換えれば、個々のアクターが政治という舞台でどのような「差異」を示すのかということの前に、その舞台それ自体を――理性や信仰、伝統によって担保された「市民」や「国民」という枠組みなしに――いかにして見出し・創出するかが問題とされているのである。本書では以上のような理解の下で、アーレントが異なる他者と行動をともにする（act in concert）契機と呼ぶものを《祝祭》という言葉よって明示化し、これを、異なる言語空間、異なる価値尺度を有する「他者」とのあいだに、政治という舞台を構築する機会として論じていくことにしたい。

「物語としての政治」批判――「物語」の多様性から可能性へ

次にベンハビブの「物語の政治」について見てみたい。先述したようにベンハビブは、「活動」として語られる「政治」の場は、「アゴーン」に携わる一部の英雄のみならず、「物語」の次元を通じてわれわれの日常生活の圏域にも見出し得るとした。実在した古代ギリシア・ポリスなど歴史社会学的

「制度」の次元に留まらず、「活動」の「物語」が幅広い領域に「遍在する《ユビキタス》」点にアーレントの可能性を読み解く姿勢は（Benhabib［1996: 127］）、なるほど確かに興味深いものであり、本書もこの「遍在性」のモチーフを共有するものである。

しかしながら、「活動」を「アゴーン」と「物語」とに切り離し、後者をより本質的なものとして、「あらゆる活動が物語として構成されるのに対して、一部の活動がアゴーンの次元を形成し得る」（Benhabib［1996: 129］）とすることで、どのような「政治」を語ることができるだろうか。「神話」や「正史」など公的に正当性を付与されてきた「大きな物語」に対して、それに還元されない多様な「物語」の存在を認めることは確かに必要な議論なのかもしれない。しかし、ベンハビブの言うように、日常生活のあらゆる事柄を「物語」であるとして、人の数だけ存在するであろう無限に近い「物語」の存在を確認することが、果たして「政治」と呼べるのだろうか。親密な仲間との日常生活でのゴシップやおしゃべりは、誰もが耳を傾けるべき「物語」の資質を持つだろうか。

本書では、アーレントと共に問わねばならないのは、ベンハビブのように「物語」の多様性を論じることでなく、むしろ意味のある「物語」を語ることの可能性であると考えている。つまり、これまで共同性を支えてきた特権的な「大きな物語」が解体した後で、重要となるのは、行為者の数だけ存在する無数の「物語」を認めることではなく、その「物語」の過剰さの中から、私–我々の関係を語るのに相応しいものを見つけ出し語ることである。一方では、勝者（あるいは敗者）の歴史それ自体の正統性が失われ、他方では「偉業」や「伝説」、「自由」や「正義」という名の「物語」が際限なく産み出されていく中で、いかにして私―我々にとって有意味な「物語」を再構成するのか。この問題こそ、アーレントを通じて問い返されなければならない。従ってそれは、ベンハビブ風に言えば、「アゴーン」か「物語」かという二者択一ではなく、「アゴーン」的次元を獲得した「物語」の可能性、つまり私―我々が自明視していた共同性のテクストを動揺させ、異なる共同性のテクストを提示することに他ならないのである。

「物語」の多元性・多様性ではなく、有意味なものとして語る可能性を問うこと。そうした「物語」の詩的な反復―再生というモチーフは、アーレントの歴史的記述の中に度々登場する。アメリカ建国の物語が古代ローマの再興とイメージされ、またそのローマ建国それ自体が、滅亡したトロイア王国の再生と意識されてきた、という「創設」をめぐる物語はその典型である。このような反復―再生としてのアーレントの「物語」論は、本書における《祝祭》という圏域と交叉するものでもある。つまり《祝祭》は、一方においては共同性を裏づける正統な「物語」(「神話」や「国民史」)を受肉化させる儀式であるが、それは他方で、既存の自明な秩序が覆され、異なる「物語」が読み込まれ・生み出され得る契機でもある。この《祝祭》と「物語」との相互関係については、本書の第2章あるいは第6章で詳しく論じることにするが、その際にアーレントとファシズムとの奇妙な関係性が再び手引きとなる。つまりファシズムの政治運動が、《祝祭》を通じて「神話」という物語的共同性を想起させるのに対して、アーレントはそうした相互関係を排除するのではなく受容した上で、その《祝祭》が「神話」の再現前に終始するのではなく、それに回収されない新たな「物語」の誕生という方向性を指し示す。そうした形での「内側から」ファシズムの政治運動の解体が志向されている点に、アーレントの議論の独自性があることを論じていくことにしたい。

「演劇としての政治」批判――「演劇」から《祝祭》へ

最後に、デイナ・ヴィラの「演劇としての政治」について。前述のように、ヴィラはホーニグ同様にアーレントにおける「アゴーン」の意義を強調しながらも、それが「アイデンティティ／差異」の表明という次元にではなく、私と異なる他者とのあいだで繰り広げられる「演劇性」という次元にあることを強調した。

アーレントの議論が、「アイデンティティ／差異」の問題や、あるいは「本当の私」の表現を目指す政治的ロマン主義などに収まらないとヴィラが指摘する点については概ね正しい。アーレントの重要な政治概念、例えば「演技者《アクター》」と「見物人《スペクテーター》」とのあいだに生起する「現れの空間」としての「公的領域」や、あるいは、出生により参入し／死により退出する「世界」world というモチーフなどについては、「演劇性」という観点を抜きにしては理解困難なものであり、本書でもそうした論点について言及している（第5章参照）。しかしながら、この「演劇性」という言葉によってアーレントを捉える試みは、一定の解釈枠組みを獲得すると同時に、「演劇」という言葉によって、彼女の思想のダイナミズムを覆い隠してしまうように思えてならない。

例えば、演説や討論を行う議会の場が「演劇」の舞台に喩えられ、政治家が「演技者」に比せられることがあるが、これも「演劇としての政治」と呼ぶことができる。その際、舞台で繰り広げられる演説や討論が、単なる中身のない「芝居」であり、舞台の外で脚本家によって書き上げられた茶番劇ということもあり得る。アーレントが、偽善に満ちたフランス宮廷社会に対するルソーやロベスピエールらの反発を描き、それが「偽善者の仮面を剝ぎ取る」革命のテロルへ展開していった点について言及するとき〔OR：146＝98〕、あるいは、ワイマール・ドイツの議会での党派間の対立を茶番劇に仕立て上げることの成功が、ナチズムの政治運動の第一歩であったと指摘するとき〔OT（III）：357＝88〕、それは「演劇としての政治」が単なる欺瞞と紙一重であること強く示唆している。

ヴィラは、このルソーの偽善攻撃に関するアーレントの言及を踏まえながらも、「仮面《ペルソナ》」の装着による演劇的公共性、すなわち公的自我と私的自我との区分を重視する「演劇としての政治」を素朴に主張するに留まっている。しかしながら、それが単に退屈な議会の答弁や惰性化した集会のような、出来の悪い見せ物や茶番に陥ることはないと言えるだろうか。そして「演劇」という視点から、退屈で欺瞞に満ちた芝居を、改めて「政治」と呼ぶことにどれほど意味があるだろうか。

本書は以上の点を踏まえた上で、アーレントの政治思想がそうした単なる「演劇としての政治」を論じることで終わるものでないことを明らかにするために、《祝祭》という用語を用いるものである。先述したように、この《祝祭》という言葉でアーレントの公共空間を理解することは、「演技者《アクター》」と「見物人《スペクテーター》」によって構成される演劇的空間性を前提としながらも、それが「制度」として作られた静態的な空間ではなく、異なる「他者」が集合し、共同し、あるいは対峙することによって生成する動態的な場であることを強調するものである。そして同時に、それを単なる約束事として継続されたルーティンワークのようなものではなく、既存の意味秩序の自明性が問い直され、再編され、新たな関係性が創出される契機として理解しようとするものである。

先述した古代ギリシアの政治家ペリクレスを事例とするならば、単なる「指導者」(正確には「将軍《ストラテーゴス》」)という「役割」を漫然と演じることではなく、その「指導者」の真価が問われる〝瞬間〟への眼差しこそ、アーレントの政治思想から汲み取られるべきものである。半ば惰性として上演される「演劇」ではなく、その「演劇」が前提とする舞台自体が解体／再構成され、あるいは役者の役自体が入れ替わる契機としての《祝祭》。本書はこのような視点から、アーレントの政治思想を読み解いていきたいと考えている。

「公共性への冒険」に向けて

ハンナ・アーレントは古代ギリシア・ローマあるいはアメリカ・フランス革命の専門研究者ではないし、ハイデガーに代表される二十世紀ドイツ哲学の単なる解説者でもない。「過去の虜にも未来の虜にもならぬこと。まったく現在的であることが重要である」というヤスパースの言葉の引用にあるように、アーレントが終始問い続けたのは、過去でも未来でもなく現在における「政治とは何か」という問題に他ならなかった。「活動」「公的領域」「複数性」「始まり」「世界」等々、その独特の概念は、「政治とは何か」という問いをめぐる中で提起されたものであり、同時代のリアルな政治課題

――全体主義体制に加担した政治的責任、核の巨大な暴力に晒された世界、公共性を担う政府への信頼性の失墜など――と密接に結びついていた。

アーレントが知的格闘を行ったこれらの諸問題を継承すると共に、二一世紀に生きるわれわれ自身の問題を、彼女の思想的枠組みで捉えることは重要な試みであるだろう。その点において、一九九〇年代以降の東欧の一連の民主化運動や、グローバルな次元で展開される新たな市民運動の中に、アーレントの思想のアクチュアルな事例を見出すことの意義は強調されてしかるべきである。しかしながらそれと同時に、彼女の政治思想が「連帯」という言葉への安易な翻訳を阻む部分を注意深く読み取り、ありきたりの「政治参加」論に回収されない部分を慎重に論じる必要があると本書では考えている。

「連帯」や「政治参加」に還元され得ない独自の次元、それは「活動」の投企的性格とでも呼ぶものである。アーレントは、公的世界に身を晒す「活動」の投企性について「公的領域への冒険」venture into the pubulic realm という言葉をヤスパースから引用した。本書のタイトル「公共性への冒険」は、この「公的領域への冒険」を念頭に置いたものである。ここで語られる「冒険」とは、古代ギリシアでの「活動」のプロトタイプが、トロイア戦争に従事した英雄アキレウスらの冒険であったことに由来するだけではない。アーレントはより一般的な現象として、話すこと、何かを始めること、「関係性の網の目の中に、われわれが自分自身の糸を紡いでいくこと」を、「冒険」という言葉で表現している［EU : 23＝（I）33］。

「言葉」によって他者へ働きかける行為は、モノを作る行為とは異なり、統御することも、やり直すこともできないし、どのような結果が生じるかを前もって予期することもできない。しばしば看過されがちなアーレントの「活動」論の重要性は、言語それ自体が人間にとって「他者」であり、しばしば人間の思惑を離れて自律的な運動をすることへの洞察を描き出している点にある。それゆえ極端な場合、「同意する」ことが「裏切る」ことになり、「誠意」が「悪意」として受け取られ、「王様は偉大である」ことを示すはずが「王様は裸である」と伝わることになるかもしれない。このような言語行為の危うさを見つめながら、それでもなお言葉の可能性へと賭ける「冒険」という態度こそ、アーレントをありきたりの「連帯」論や「政治参加」論から分かつものである。

そしてこの「公共性への冒険」が「始まる」端緒こそ、本書で《祝祭》という言葉で論じられるものである。異なる「他者」とのあいだに、新たな関係性が創出される契機、それは言語行為の根源にあるものであり、古代社会であろうが現代社会であろうが、資本主義であろうが共産主義であろうが、独裁体制であろうが民主主義であろうが、人間が住まうところに絶えず「潜在」し「遍在」するものである。

例えば、昨日まで名前も知らない隣人とのあいだに共通の「利害関心《インタレスト》」――アーレントは interest が、人びとの「あいだにある」inter-est ことを喚起した――を発見し、地域社会で行動をともにする機会が生まれるかもしれない。それとは逆に、それまで自明視していた組織や制度の在り方が疑わしくなり、人をサボタージュに駆り立て、または敵対する組織への離脱に向かわせるかもしれない。

あるいは、人の行き交う交差点で発せられた一言が、見ず知らずの人びと（アーレント流に言えばアトム化された「大衆」）を結びつけ、《祝祭》と呼ぶしかない公的空間が立ち顕れるかもしれない。このように、崇高な公共性の理念の復権を掲げることではなく、われわれの日常生活が不断に晒されている秩序の再編への眼差しを確保することが、本書《祝祭》の政治学が目的とするものである。

アーレントの思想を《祝祭》の政治学として論じること。それは、「アーレントと共に／アーレントに抗して」with Arendt/contra Arendt というベンハビブのスタンスと一致する点があるだろう。しかしながらそれは、ベンハビブが行ったようにアーレントの中にハーバーマスを見い出すことではなく、あるいはホーニグのようにデリダを用いてアーレントを批判することを意味するものではない。本書はそうした解釈を批判しながら、アーレントの言説の中に彼女自身が思考し続けた問題、言語行為としての「政治」の可能性を「アーレントと共に」辿り、またその思考の道程を「アーレントに抗して」ファシズムの公共性へと歩んでいくものである。そこから、ハイデガーやヤスパース、あるいはハーバーマスやデリダらとは異なるアーレント独自の思想の圏域が、公共空間の《祝祭》的構成という次元にあることを明らかにしていくことにしたい。

註

（1）　アーレントの思想がその主要な部分で、矛盾や曖昧さを孕んでいることは、多くの論者によって指摘されている。例えば、マーガレット・カノヴァンは、（1）古代アテナイ・ポリスを理想とした「民主主義」を賞賛する態度と、全体主義が胚胎する土壌となった大衆社会を危惧する「エリート主義」的態度とのあいだに矛盾が存在すること、また（2）その政治思想が現実政治とどのような関係にあるのか、とりわけ政党—議会政治の代替として提示される「評議会制」council system がどのような位置にあるのか不明瞭であることを指摘している。カノヴァンは、このような矛盾や不明瞭さについて、それをアーレントの政治経験と重ね合わせることで、「異なる政治経験によって積み重ねられた、異なる理論的地層の間の断層」（Canovan［1978: 23］）として理解されるべきであると論じている。

カノヴァンのこうした理解は、アーレント自身がマルクスの根本的矛盾を偉大な著作者の指標とみなし、その矛盾から作品の中核が見えてくると考えていたことを念頭に置いたものである（Canovan［1978: 7］）。川崎修はこれと同様に、アーレントの矛盾を孕んだ問いにこそ注目すべきであるとし、「明確で、矛盾をはらまない『回答』を得ようとするときに、解釈者は、思想家がたてた『問い』そのものを切りつめてしまっているのではないだろうか。解答にふくまれる矛盾は、ひょっとしたら、問いそのものの重大さ、深刻さ、真正さを示しているのではないのか」、と論じている（川崎［1987: 111–112］）。

（2）　晩年に参加したシンポジウムで「保守主義かリベラルか」と問われたアーレントは、自分でもよく分からないし、関心がないと答えている。自分の育った環境が左派系（母親マルタは社会民主党（SPD）の党員で、夫ハインリヒ・ブリュッヒャーは元共産党員であった）であることを認めつつも、自分自身は社会主義者や共産主義者であったことはないと言明している。唯一自分が属していたと言えるのは、シオニズム（Zionism）〔ユダヤ人のパレスチナ復帰を目指す政治運動〕で、それも一九三三年から四三年のあいだのフランス亡命時代だけであったとしている（Arendt［1972→1979: 333–334］）。

（3）　川崎［1987］はアーレント解釈の代表的な系譜として①「共和主義」②「カント主義」③「政治的実存主義」を挙げ、これらの相対立する解釈枠組みが、現代政治哲学の対立図式を反映している点を指摘している。すなわち、①「共和主義」は「アリストテレス主義」「実践哲学」「コミュニタリアン」らの議論に、②「カント主義」はハーバーマスやロールズらの理論に、そして③「政治的実存主義」は「決断主義」に代表される非認知説的立場と深く結びつくとし、アーレントのテクストに見出される矛盾やアポリアは、彼女のテクストが位置づけられるこれらの現代政治哲学のコンテクストのアポリアとして読み返されるべきであると論じている。

またD・ヴィラ（Villa［1996＝2004］）は、アーレント研究の系譜を「参加民主主義」（Sheldon Wolin, Benjamin Barber）、「批判理論《クリティカル・セオリー》」（Albrecht Welmer, Jürgen Habermas, Richard Bernstein, Seyla Benhabib）、「コミュニタリアン」（Micheael Sandel, Charles Taylar, Alasdair MacIntyre）の三系統に分類している。ヴィラはこのいずれもが、アリストテレス的な共同性を前提としたものであると批判し、これとは異なるアーレントの思想潮流として、フリードリヒ・ニーチェ、マルティン・ハイデガーの系譜を強調している。

（4）ハーバーマス自身『公共性の構造転換』（初版一九六二年）などの公共性論が、アーレントから大きな影響を受けていると明言しているが、ベンハビブはそうした影響を踏まえながらも、以下のような相違点を指摘している。（1）アーレントが近代世界を公共性が喪失した時代とするのに対して、ハーバーマスは「文芸的公共圏」など新たな形態の公共圏の出現を認めていること、（2）アーレントの公共性論では、古代ポリスを典型とする「現れの空間」space of appearance など空間的比喩が強いのに対し、ハーバーマスは、そうした直接対峙の空間に留まらず、新聞読者などによるメディア上の仮想コミュニティを新たな公共性として捉えていること、（3）ハーバーマスが公共空間の意義を民主主義の制度的正統性へ接続することに熱心であるのに対して、アーレントにそうした議論が欠落していること（Benhabib［1996: 199–201］）など。ベンハビブは、このアーレントから欠落している議論、公共性と制度的正統性とを結ぶ議論の補完を、ハーバーマスの公共性論に見出している。

これとは逆に、こうしたハーバーマス（あるいは「批判理論」Critical Theory 派）のアーレント解釈には大きな「誤読《ミスリード》」があり、妥当な理解が行われていないという指摘もある。ヘザーとストールズ（Heather; Stolz［1979］）は、ハーバーマスのアーレント解釈では、討議による合意形成・妥当性要求という次元に公的領域の存在意義が矮小化され、合意形成を前提としない多様な意見の場としてのアーレントの公的領域の意義が見落とされていると批判している。

カノヴァン（Canovan［1983］）は、同様に「誤読」の存在を認めつつも、それを単なるハーバーマスの過失と見るのではなく、独創的な思考が展開された事例であるとしている。そして皮肉にも、ハーバーマスが合意形成にとって障害と見なす「歪められたコミュニケーション」は、支配や弾圧やイデオロギーのみならず、創造的な誤読（彼自身のアーレント解釈がその典型的実例である）の産物でもあるという興味深い指摘を行っている。

（5）ベンハビブはこの「アゴーン的／物語的」agonal/narrativeという「活動」概念の区分について、マウリッツオ・ダントレーヴの議論を参照している。アーレントの「活動」概念の相反性については、註（1）でも言及したように、多くの論者が指摘しているが、ダントレーヴはこの両義性についての言及――elitist/democratic（M. Canovan), heroic/participatory（B. Parekh）、agonal/acommodational（P. Fuss）――を踏まえ、これを表現的／コミュニケーション的（expressive/communicative）という用語で整理している。ダントレーブは、アーレントの「活動」論がこの二つの不安定な結合の上で展開されているとし、そのどちらに比重を置くかで「政治」の様相が異なるものになると指摘する（D'Entrèves［1994：83–85］）。

ベンハビブは、このダントレーヴの「表現的／コミュニケーション的」二元論を踏襲しながらも、ハーバーマスに由来する「コミュニケーション的」という用語では、アーレントの「活動」概念の言語行為的次元を論じられないとして、「物語的」という用語に置き換え、それをアーレント理解のキーワードとして提示している（Benhabib［1996：124–130］）。

（6）アーレントは自己の議論を展開する上で、「政治」と「社会」とを終始一貫して峻別した。例えば『人間の条件』では、政治の空間である「公的領域」と生命・財産に関わる「私的領域」とのあいだに明確な境界が古代ポリスに存在したこと、その公的／私的領域を隔てた境界の解体に伴う「社会的領域」の勃興が、近代世界の成立指標として論じられている。

アーレントはこの「政治／社会」の区分を、単に概念上の思想的系譜を辿る議論のみならず、アクチュアルな問題を論じる理論的枠組みとして用いており、例えば、アメリカの教育問題や、労働者問題、女性問題などは、この近代社会の成立に伴う「社会的領域」の拡大の産物とされ、本来的な「政治」の問題にそぐわないものとされる［BPF：188＝253］。このようなアーレントの議論に対し、「社会」から区分される「政治」の問題とは何かが繰り返し問われてきた。

晩年に参加したシンポジウムで、アーレントはこの「政治／社会」区分について尋ねられた際、妥当な尺度が存在する行政管理上の問題は社会問題であるが、そうした尺度がないために論争や討論が必要な問題は政治問題であると、応答している。その事例として、住宅供給の問題、あるいは快適な生活を送るため何フィートの空間が住居に必要かという問題は社会問題であるが、その住宅供給が人種隔離か否か、愛すべき隣人関係から転居するか否かという問題は政治問題であるとしている。このような議論がどれだけ説得力ある応答となっているか、疑問を感じる部分も多い。

(7) ちなみにこれはベンハビブのオリジナルではない。アメリカ学生運動の時期、『革命について』がカミュの『反抗的人間』と並び称されていたときにも、その社会問題への無関心は批判的に扱われ、「アーレント・シ（イエス）、アーレント・ノー」がスローガンとされていたという（Young-Bruehl［1984: 404＝1999: 538］）。

(8) 第2章で見るように、アーレント自身はナチズムを「全体主義」として「ファシズム」から区分したが、ここではアーレントの思想がナチズムをはじめリベラル・デモクラシーを否定する政治運動とも結びつく点を指摘する上で、この言葉を用いている。

(9) 社会的連帯を創出する祝祭的「儀礼」については、エミール・デュルケームの宗教社会学において定式化されたと言われている（Kertzer［1988＝1989: 86］）。デュルケームの宗教社会学は、オーストラリア原住民のトーテミズムを考察対象とし、その起源や機能を社会学的に考察したものであるが、その「儀礼」のシンボリズムは、今日では社会全体を覆う問題として、社会学、文化人類学、歴史学、宗教学、美学など多様な領域で論じられている。

政治学での「祝祭」は、古典となったチャールズ・E・メリアムの「ミランダ」miranda の議論、すなわち合理的なイデオロギー教化としての「クレデンタ」credenta とは区別される、人間の情動に訴えかける様々なシンボル操作（祝日、記念碑、音楽、旗、等）において論じられている（Merriam［1934＝1973a/b］）。本書はこうした社会学、政治学での「祝祭」論を踏まえながらも、アーレントの政治思想を受肉化させる用語として用いようと試みるものである。

(10) ホーニグの「アゴーン」解釈は、アーレントをニーチェの文脈で読むことで提示されるものであるが、この時に参照されるニーチェは、「主体」や「国民」のフィクション性を暴露する「ニーチェ左派」で理解されたものとほぼ等しい。こうした「ニーチェ左派」で論じられる「ニーチェの政治思想」は、ウィリアム・コノリー（Connolly［1991＝1998］）

など、現代政治思想において一定の位置を占めているものの、しかしながらそれは、ニーチェ自身に存在しないはずの「民主主義」と接続されている点や、そもそも「政治思想」に翻訳が困難な（ある場合危うい）議論を大幅に切り詰めることによって出来上がったものである、という批判もある（森［1998b］）。本書で提示するホーニグの「アゴーン」解釈への批判は、こうした「ニーチェ左派」の論じる「ニーチェの政治思想」の貧困さへの批判とパラレルな関係にある。また「政治思想」で捉えられないニーチェ「倫理学」の深淵については、永井［1998］を参照。

第*1*章

ワイマールにおけるハンナ・アーレント
——戦間期ドイツの学知とアーレントの思想形成

1　序——ワイマール・ドイツ、あるいは破局の前の黄金時代

ピーター・ゲイが伝えるところによると、かつて社会学者カール・マンハイムはハンナ・アーレントにこう語ったと言う。いつか人びとは、ワイマール・ドイツをペリクレス時代のアテナイの再来として回顧するだろう、と（Gay［1968＝1970→1987: iv］）。マンハイムは二重の意味で正しかった。第一に、ワイマールはペリクレスのアテナイ同様に、新たな学知や芸術を創出した文化の黄金時代であり、第二に、その黄金時代は大いなる破局《カタストロフ》に至る悲劇的終焉を運命づけられていた。

本章では全体への導入として、このワイマール・ドイツを生きたハンナ・アーレントがどのように思想を形成していったのかを見ていくことにしたい。ただ、このワイマール期には「政治思想家」と

してのハンナ・アーレントはまだ存在しない。この時代を生きたアーレントとは、父親を早くに失い心に傷を負った少女であり、実存への「不安」から新たな哲学を探し続けた学生であり、ユダヤ人としてのアイデンティティを問い始めたシオニストであった。ここでは、このワイマール期のアーレントの思索が、その後の「政治思想」にどう結実していったのかについて、とりわけ彼女が大学で従事したハイデガー、ヤスパースらの思想とどのように関わっていったのかに焦点を当てながら、辿っていくことにしたい(1)。

2　父親の喪失――「反抗」と「不安」

ハンナ・アーレントは一九〇六年十月十四日、ドイツ・ハノーヴァー郊外で中流ユダヤ人家庭の一人娘として生まれた。帝政ドイツが崩壊しワイマール共和国が誕生した一九一九年、早熟した十二歳の少女ハンナはこの頃両親の生家があるケーニスベルクで生活していた。大戦勃発前の一九一三年に父親をすでに病気で亡くしており、この幼少期における父の喪失は彼女の心に深い影を落とすことになる。父パウルの病名は梅毒であり、それは当時は死に至る病であった。病状の進行とともに、機能障害から正常歩行もできなくなり、さらに精神障害から親しい者の認知も困難となり、やがて死に至る……。幼き日のハンナはこうした父の無惨な姿を目の当たりにしており、彼女の心には癒しがたい深刻な傷が刻まれている。

このような過酷な状況を克服するために、また母親マルタの教育方針もあり、ハンナは早くから自立心を培っていったが、それは満たされざる依存心の裏返しでもあり、ここから少女時代のハンナの心に自立心と依存心とが同居することになる。アーレントは「思春期を通じて、さらに青年期に入ってからも、早熟な大人びたところと子供っぽさを合わせもっていた。彼女は母親の友人であったが、ときどきまるで子供のようにお話を聴きながら母親のひざに丸くなる姿も見られて、友人たちをびっくりさせた」（Young-Bruehl［1984: 25＝1999: 62］）。

少女時代のハンナ・アーレントの自立心は、ときに単なるわがままとなって周囲を困惑させた。一九二〇年に母親マルタは再婚し、ハンナには新たな家族として新しい父親と二人の姉ができたが、ハンナは家のしきたりに従おうとしなかったため、新たな継父はほとほと手を焼いたようである。また当時、ハンナが通っていた学校（ケーニヒスベルクの女子ギムナジウム・ルイーゼシューレ）での早朝のギリシア語授業に出ることに拒否し、独学でギリシア語の特別試験をパスしている。この娘のわがままぶりについては、母マルタが許容していたようであり、仲裁役として学校当局に掛け合うなど娘の成長を忍耐強く見守っていた。

しかしハンナは、母マルタも支援できない事件を引き起こし、ギムナジウムから退学処分にされている。アーレントの回想を直接聞いたヤング＝ブリューエルによると、「思いやりのないことで有名だったこの学校のある若い教師が、十五歳の少女〔＝アーレント〕の感情を傷つけることをひとこと言った――その内容を、ハンナ・アーレントは自分の話のなかではけっして語らなかった」（Young-

Bruehl［1984: 33＝1999: 73］)。この教師の授業を友人とボイコットしたことへの処置として、十五歳のアーレントはギムナジウムから放校処分を受けている。この事件に対しても母マルタはハンナを咎めることなく、娘の自主的判断を尊重し、知人の家庭教師をつけるなど支援を行っている。そのかいもあって、ハンナは独学で大学入学資格アビトゥーアの試験に合格し、一九二四年の秋から大学生活を開始している。

若き日のハンナ・アーレントの「反抗」。それは、社会主義を信奉する母親の影響を受けた革命精神によるものではないし、当時のドイツ社会で大きな広がりを見せた「青年運動」による伝統的権威への反発とも異なり、市民《ブルジョワ》社会の欺瞞を告発する芸術思潮「表現主義」の破壊的衝動と同一のものでもない[2]。

大学を含めた学生時代全般を通じてアーレントが関与したサークルは「グラエカ」と呼ばれる古代ギリシア研究会であり、この頃は現実政治に興味を示すことはほとんどなかった。また「青年運動」や「表現主義」らの反発や攻撃の矛先が、抑圧的な父性権威や市民社会の欺瞞に向けられていたのに対して、アーレントにとって問題だったのはこれらとは逆に、自己を見守る庇護者の不在であり、寄る辺なき疎外感であった。

アーレントの伝記を記したヤング＝ブリューエルは、彼女が若い頃に記した詩を心理学的に分析しているが、そのテーマの多くが苦痛、喪失、孤独といったモチーフであることに注目している（Young-Bruehl［1984: 37＝1999: 76］)。例えば、「闇たちのぼる間に／すべては沈む。／無は我を圧倒す

――／そは　生の航路なるべし」。十七歳の時に書いたとされるこの詩の中に、暗く陰鬱な生に苦闘する姿を見出すことができる。

それゆえ、放校も辞さずにギムナジウム教師と戦った闘志ハンナという仮面《ペルソナ》は、自分の居場所が見つけられない「不安」を覆い隠すものでしかなかった。その点においてアーレントは、大戦を引き起こした父親世代を拒絶する「塹壕世代」とは異なり、「他人と切断され、うまくコミュケーションがとれず、閉じこもっていゆく傾向、個にこだわりながら、自分自身に自信が持てない悩み」を共有する「不安の世代」の一員――同時代ではマルセル・アルランやジャン＝ポール・サルトルら――に他ならなかった（桜井［1999: 136f］）。そしてこの「不安」を哲学のテーマとした二人の哲学者、ハイデガーとヤスパースがその後の彼女の歩みを方向づけることになる。

3　ハイデガーと「情熱的思考」

ハンナ・アーレントが、アビトゥーア（ギムナジウム卒業資格）を取得し、マールブルク大学で学生生活を開始した一九二四年は、ワイマール・ドイツがようやく相対的な安定を取り戻した時期だった。

若い頃から知的に非凡な才を発揮したハンナは、すでにギムナジウムの頃から哲学や詩、小説に通じ、十六歳の頃からカントの『純粋理性批判』や、ヤスパース『世界観の心理学』を読んでいた（Young-Bruehl［1984: 36＝1999: 75］)。「哲学」への傾倒は、彼女にとっては単なる知的好奇心以上のもの、生きる上での切実な問題であり、そうであるがゆえに、当時の学知の地殻変動を敏感に感じ取り、大学での旧態依然の講義を手厳しく批判している。

回想によると、当時の哲学講義は、世界観や学派――新カント派、新ヘーゲル派、新プラトン派――の単なる伝授か、あるいは認識論、美学、倫理学、論理学などに区分された「底なしの退屈《ボーデンロス・ランゲヴァイレ》」でしかなかったらしい。第一次大戦の終焉とともに、新たな時代の思想を求める若者たちの要望が高まり、「哲学はパンを得るための学ではなく、むしろ飢えている者たちが断固学ぼうとした学」であったが、大学はその要望に応えられていなかった。このような大学の知的権威の喪失という状況の中で、マルティン・ハイデガーこそが例外であり、「まさに伝統の糸が途切れたために、過去を新しく発見した」のであった。アーレントはその斬新さについて、ハイデガーの講義では「思考が再び活き活きとしたものとなり、死に絶えたと思われていた過去の文化遺産が語られ」ていたと表現している(Arendt; Heidegger［L. 116: 182＝148］)。

この時期マールブルク大学で学んだアーレントが、新カント派ではなくハイデガーの哲学に傾倒したのは、当時の学知の地殻変動を示す端的な事例である。マールブルク大学は元来、新カント派の一派「マールブルク学派」のヘルマン・コーエンとパウル・ナトルプを擁することでその名声を博していた(Sieg［1988＝1997］)。この新カント派の牙城マールブルク大学に、一九二三年哲学院外教授としてハイデガーが赴任して状況は一変している。

ハイデガーは、フライブルク大学時代、フッサールの他に新カント派のリッケルトの下で哲学に取り組んだが（マールブルク大への就任もナトルプの尽力が大きい）、新カント派の枠組みに収まらない新たな哲学を構想していた。その新たな構想の哲学は、ハンス＝ゲオルグ・ガダマー、カール・レーヴィット、ハンス・ヨナスなど次世代を担う俊英たちを魅了しただけでなく、必ずしもハイデガーに同調しないレオ・シュトラウスなどに決定的な影響を与えるなど同時代の哲学界を大きく震撼させた。(3)

このように、マールブルク大学が、新カント派のコーエン、ナトルプではなく、ハイデガーの名において語られるようになった点は、大戦後の知的枠組みの大転換を如実に示すものである。アーレントは、ギムナジウム時代から年上の友人たちなどを通じて、このハイデガーの噂を聞きつけていたが、一九二七年に『存在と時間』を記す以前、まだ著作すらないにもかかわらず学生から圧倒的支持を得たハイデガーを「思想の王国の隠れた王」と呼んでいる。

いわゆる「実存哲学」と呼ばれるハイデガーの思想（彼自身の中では「存在論」の構想の一部に過ぎなかったわけだが）が多くの若者を惹きつけたのは、「当時の厳しい時代に多くのドイツ人をとらえた非合理性や死との情事に、哲学的な厳粛性と学問的な尊厳を与えた」（Gay［1968＝1970→1987：98］）からだとも言われている。

アーレントは、この生の非合理性と学知とを結合するハイデガーの思想様式を「情熱的思考」ein leidenschaftliches Denken という言葉で表現し、その意義と可能性を強調している。つまり、伝統的な理性／情熱という対立構図を超えて、「思索」それ自体が一つの「生」の様式となり、単なる知識欲や認識衝動とは別に、目標もなく結論もなく「生」あるかぎり「思索」を続けること。そのように「生」と不可分なものとして「思考」を位置づける「情熱的思考」を実践したハイデガーにアーレントは共感を寄せている。

ここでアーレントが「情熱的思考」と呼ぶハイデガー哲学への評価に、当時の対立する二つの思想立場――新カント派に代表される講壇哲学とゲオルゲ・クライス等の運動――の超克を読み取ることができる。

新カント派は、十九世紀後半において、自然科学と実証主義の台頭によって観念論哲学が凋落しつつある中で、カントの超越論哲学の再解釈を通じて、実証主義に還元されない人文社会科学の在り方を追求した学派であった。先述したコーエン、ナトルプらは、自然科学／精神科学の新たな二元論、すなわち事象を外在的に「説明」Erklären する「自然科学」と、人間の生を内在的に「了解」Verstehen する「文化科学《クルトゥーア・ヴィッセンシャフト》」とを峻別した。(4) そしてそこから「……がある」という「存在」ではなく、「……ねばならない」という「当為」に関わる学としての「文化科学」の意義を強調した。だがそうした議論にアーレントが同調した形跡はない。

他方でこの当時、新カント派に代表される講壇哲学を批判し、学的認識を排斥して詩と神秘的体験によって真理に到達しようとするゲオルゲ・クライス等の活動も当時の多くの若者を魅了した。アーレントはこうしたゲオルゲ・クライス等の詩作・思索運動を念頭に置き、ハイデガーへの若者の支持もそうした運動の一派と見なされがちであることに異議を唱え、両者が大きく異なることを強調している（Arendt; Heidegger［L. 116: 180＝147］）。ハイデガーの学知は、ゲオルゲ・クライスのように一部の選ばれた者たちによる秘教的《エソテリック》なものではなく、プラトンやアリストテレスのテクストを精緻に辿りながら現代的問題提起を読み解くものであり、両者のあいだには大きな断絶があった。「存在／当為」の古ぼけた議論でもなく、閉鎖的なサークル内部での神秘的直観でもなく、単なる知識欲や認識衝動に還元できない、生の事実としての『思考』を問い直すこと。アーレントはこのようなハイデガーの「情熱的思考」の試みに強く引き寄せられている。

アーレントがハイデガーの学知に魅入られた一方で、この時期のハイデガーの方も美しく聡明なアーレントに魅了されたらしい。当時のハイデガーとアーレントとのあいだに、教師と学生以上の関係、恋人同士の間柄にあったことは、すでにヤング＝ブリューエル、エティンガーらの研究によって明らかにされており（Young-Bruhel［1984: 49–59＝1999: 92–103］）、両者の往復書簡からその内実も知ることができる。無論、妻子ある気鋭の大学教授と女子学生との色恋沙汰が明るみになれば一大スキャンダルであり、両者は気取られないように細心の注意を払っていた。アーレントは一九二六年にマールブルクを離れてハイデルベルク大学のヤスパースの下に移るが、その背後には、この隠れた二重生活から解放されたいという心情が働いたようである（Arendt; Heidegger［L. 35: 56＝43］）。

両者の関係は、アーレントがハイデルベルクへ移った後も継続していたようだが、思想の次元においては自立へ向けた動きが現れ始める。後述するようにヤスパースの下で彼女が記した博士論文『アウスグティヌスにおける愛の概念』は、ハイデガー哲学との対決が大きなモチーフとなっており、ハイデガーと対峙し批判することにより独自の思想の展開が行われていくことになる。

両者の関係の第一幕は、一九三三年ハイデガーがナチスに加担し、ユダヤ人であるアーレントがドイツからの亡命を余儀なくされるという悲劇的結末で幕を閉じている（戦後一九五〇年に両者はドイツで再会し、ハイデガーの弁明を受け入れることによって、関係は一応表面上は修復されている）。戦後アーレントがアメリカで展開した政治思想のテクストに、ハイデガーの名が大きく取り上げられることは（晩年の『精神の生活』第二部「意志」などを除き）ほとんどなかった。戦後に展開されるアーレントの知的営みは、「哲学」ではなく「政治理論」political theory とする自覚の下に行われ、ハイデガー「哲学」の単なる継承や解釈ではないことは明らかである。しかしながら、その「政治理論」の主要概念である「現れ」「世界」「複数性」などは、ある種の「哲学」の言葉に大きく依拠しており、そしてその「哲学」はハイデガーの批判的継承なくして成立しえなかった（この点については第7章参照）。では、アーレントはどのようにしてハイデガーの「哲学」と対峙し、それを批判し、また自己の思想へと作り変えていったのだろうか。そのときにキー・パーソンとなるのがもう一人の師カール・ヤスパースの存在である。

4　ヤスパースと「コミュニケーション」

一九二六年ハンナ・アーレントはハイデガーの下を離れ、ハイデルベルク大学のカール・ヤスパースの門を叩いた。アーレントがヤスパースに従事するようになった一九二六年には、「ハイデルベルクのミュートス」と呼ばれたマックス・ウェーバーはすでに死去していたが、そこではウェーバー亡き後も専門領域や学派を越えた知の交流が行われていた。

カール・ヤスパースはこのウェーバー・クライスの一員であったが、アーレントによれば彼もまたハイデガー同様に「情熱的思考」に従事し、新たな哲学を構想する知の刷新者の一人であった。ヤスパースは、そうした知的営みを「コミュニケーション（コムニカティオーン）」Kommunikation と呼んでいる。それは単なる情報の伝達や既存の学説の教授ではなく、ソクラテス的な対話を通じて、問題を自己の生に照らし合わせながら一つ一つ検証していく手法を意味していた。「ヤスパースが現れ話し出すと、すべてが明確になる」のであり、「ヤスパースには、他の誰にも見られないほどの率直さ、信頼性、語り合いにおける制約のなさというようなものがある」[EU : 22＝(I) 32] とアーレントは回想している。こうしたヤスパースの「コミュニケーション」によって、思考は「単なる思弁に携わるだけの悪名高い象牙の塔を離れることになる。その思考は、実用的ではないにしても実践的となる。それは人びとの間における一種の実践的行為であり、自ら選んだ孤立の中で行われる一個人の作業ではない」[MDT : 86＝108]。アーレントはこのようにヤスパースの知的取り組みを賞賛している。

アーレントの思想形成において、ヤスパースの果たした役割は大きく、また後年ヤスパースの政治思想にアーレントが重要な寄与を与えたことも疑いない。小野［1994 : 359–437］が指摘するように、アーレントによるハイデガー批判、とりわけその独我論的決断主義の克服に、ヤスパースの「コミュニケーション」が重要な示唆を与えたであろうことは容易に想像できる。しかしながらここで同時に、ハイデガーを意識した両者の思想的同盟は亀裂や緊張を孕んでいたこと、そしてその亀裂や緊張はアーレントがヤスパースのハイデガー批判として見出したものとは異なる次元にあることも確認しておきたい。

例えば、アーレントはヤスパースの方法論について、自己の方法論との親近性を念頭に置きつつ次のように語っている。「伝統的権威の殻は破砕され、過去の成果は自由かつ『気ままに』相互交流がなされる状態に置かれ、今日の生きた思索との交流を試される。現代の哲学者の実存的経験によって結合されたこの普遍的なコミュニケーションにおいて、あらゆる教条的・形而上学的内容は過程へと分解され、思考の諸系列となり、それが私の現存在と思索とに関連する場合には、時間的系列における歴史的位置を離れてすべてが同時的存在をなす精神の領域に入ることになる」［MDT：84–85＝107］。

このように、哲学の影響関係や系譜学を一度括弧に入れ、断片的な思想内容を同時代的な眼差しから捉え返す手法を、アーレントは他方で「真珠採り」と呼び、ベンヤミンあるいはハイデガーらの手法を指示するものとしている［MDT：193–206＝232–248］。哲学の「伝統」の崩壊はもはや取り繕うことができない以上、この「伝統」の解体を積極的に敢行することにより、その思想のモチーフそれ自体の救出を行うこと。そのような「破壊＝救済」という志向において、アーレントはハイデガーとヤスパースとが同じ思想圏域にあることを前提にした上で、その圏域の中での両者の相違点を論じ、自己のスタンスをヤスパースと重ね合わせてハイデガーを批判していく。

しかしながら、こうしたアーレントの評価が、ヤスパース自身の方法論的認識とどれほど重なるものか疑問の余地がある。例えば、ヤスパースは自身の哲学・歴史的方法論が、アーレントの語るように「時間的系列における歴史的位置を離れてすべてが同時的存在をなす」ものとは考えておらず、それどころかむしろそうした手法を取るハイデガーに対して批判的であった。ヤスパースはハイデガーとの個人的交流を深めていた時期にもそれが途絶えた後にも、その思索と対峙しその曖昧さを繰り返し批判しているが、そこで俎上に載せられているのがハイデガー哲学の「非歴史性」「無時間性」であった。例えば、「つまるところ、彼〔＝ハイデガー〕は、すべての過去の哲学を、全く非歴史的に、真なるものの唯一の平面におき移して受け取る。彼の哲学の言う時間性にもかかわらず、ここでは（はっきりとではないが、事実として）無時間的になっている。／歴史的なものは、我々にとって根源をなす契機であるがゆえに、我々にとって真なるものであるが、そのようなものは、だからここではありありと出現してくることができなくなっている。したがって、技巧性と力ずくの解釈が、結果してくる」（Jaspers［1978＝1981: 49］）。

このヤスパースによるハイデガー批判の是非はともかくとして、ここで彼が否定する「非歴史的」で「無時間的」な解釈こそ、アーレントがヤスパースの哲学において評価したものであった。この両者の隔たりについては別に論じる必要があるが、ここではこの隔たりの根幹にマックス・ウェーバーが存在することを指摘するに留めておきたい。

「コミュニケーション」という用語で表されるヤスパースの実存哲学は、既存の精神医学を批判し、新たな科学哲学の構想とその挫折から形成されたものだが、その思想展開はウェーバーの思想、とりわけ「科学」と「哲学」との関係についての考察から決定的な影響を受けている。(6)ヤスパースの回想によると、「マックス・ウェーバーは彼の思想と存在ゆえに、私の哲学にとりまして今日に至るまで、他のいかなる思想家も及ばぬほどの、きわめて重要な意義を有する」存在であり、代表作『世界観の心理学』においては、ウェーバーの宗教社会学的方法、その「理念型」が強く意識されていた（Jaspers〔1958＝1965：46–47〕）。

それゆえ「実存哲学」というフィールドでハイデガーとヤスパースが遭遇し、新カント派の講壇哲学に対して一時的に共同戦線を形成するものの、一方のハイデガーがフッサール現象学とディルタイの解釈学、他方のヤスパースが精神医学とウェーバーの歴史社会学・社会科学という異なる方法論に依拠しており、先述したヤスパースのハイデガー批判を考えるにあたって、この方法的バックグラウンドの相違は想起されるべきであろう。(7)

アーレントはヤスパースから、後に『全体主義の起原』での歴史叙述に関して、ウェーバーの方法論を参照するように何度も助言を受けているが、(8)この助言を受け入れた様子はない。ウェーバーの業績を深く賞賛しながらも「少なくとも私には、ウェーバーの卓越した知的禁欲さは合いそうにありません。私には常にドグマ的なものがどこか付きまとっているのです」（Arendt; Jaspers〔L. 101, 1985

(I):186=2004(I):173])と応答している。ヤスパースが指示するウェーバーの方法論とは、「事実」と「価値」との相関性と緊張関係——法則還元主義とは異なる「客観性」の確保と、その「客観性」の前提となる主観的価値判断の存在、またその多元性(「神々の闘争」)——であるが、アーレントの手法にそうしたウェーバー的アプローチはほとんど認められない。以上の点を総合すると、アーレントが理解し評価するヤスパースとは、①「実存哲学」における伝統的哲学への反抗という点でハイデガーと同盟者であり、②独我論に対する第一の批判者であるものの、③その批判はヤスパース自身が意識していたウェーバー的要素が除外されたものであった、ということになるだろう。そしてこの「実存哲学」をハイデガーとは異なる方向へ推し進めるという点こそ、アーレントの学位論文のモチーフに他ならなかった。

5 「実存」と「愛の概念」

ハイデルベルクへ移籍したアーレントは、ヤスパースの下で学位論文『アウグスティヌスにおける愛の概念:哲学的解釈の試み』(以下『アウグスティヌス論』と略記)を執筆した(学位論文に関する口頭試問は、一九二八年十一月二十六日に行われ、翌年二九年にはベルリンのユリウス・スプリンガー社から出版された)。この論稿では、アウグスティヌスの神学者/哲学者の二面性、ヘブライズム/ヘレニズムの両義性が念頭に置かれながら、その *appetitus*(=欲求・愛)概念の分析を通じての、「神

への愛」と「隣人愛」との相関性が考察対象として取り上げられている。(9)

この論稿の内容と論点は、簡単に言えば以下のようなものである。アウスグティヌスに拠れば、あらゆる人間は、常に何らかの事物を「欲求」の対象として獲得・保持しようとするが、あらゆる事物が儚い現世においては、その獲得と保持には絶えざる不安を余儀なくされる。それはとりわけ、自己の生命が永遠のものではないという事実において尖鋭化されている。それ故、人間がそうした不安を解消して真の充足を得るには、「神への愛」を通じて、神の恩寵に従う以外にないが、それは現世を仮初めのものと見なしてそこから断絶し、孤独の中で神と対峙することを意味している。しかしながら、それではなぜ、その一時的で仮初めなこの現世において「隣人愛」が説かれねばならないのか。神の恩寵と救済が徹底して個人に関わるものであるならば、「汝自身を愛するように隣人を愛せよ」という文言に如何なる意義があるのか。

この問題に対して、アーレントが着目するのは、人間存在の二つの起源に関するアウスグスティヌスの言及である。アウグスティヌスは、神による人間の創造（第一の起源）とは別に、社会的・歴史的存在としての人間の起源を、アダムの原罪に由来する死とそれに伴う社会の創出（第二の起源）に見出した。人は、原罪によって可死的存在となることで、他者との平等性を認識し、またそこから相互依存性を獲得して社会（＝地の国）を形成するに至ったが、それは同時に、人が創設者としての神から独立した存在と成ることをも意味していた。そうした神から隔てられた社会に生きる人間に対して、奢りを戒める存在が隣人である。「隣人愛」が要請されるのは、隣人が人類の一員として原罪を共有し、その原罪を絶えず想起させる存在であると同時に、彼もまた神の恩寵に与る者であるからに他ならない。「隣人を愛さねばならないのは、隣人が根源的に同等な存在であり、ともに罪深き過去を共有しているからなのである」[LSA：106＝155]。

アーレントはこの論稿の結論部で、こうした二つの起源によるアウグスティヌスの説明が、理論的に矛盾を抱えながらも、それがまた二つの形で結合されていることを指摘している。第一に両者は、個々の孤立を通じた隣人の意識化という形で連結される。すなわち、「われわれはともに人類の一員であることのみを理由として、他者と遭遇し得るのだが、その彼がわれわれの隣人となるのは、神の前での個々の孤立においてのみなのである」[LSA：112＝167]。そして第二に、二つの起源は、個々の孤立の可能性が、人類の歴史に導入され歴史化されることによって、結びつくことになる。キリストによる贖いは、救済の意味を個々人の問題として人類全体から切り離した点で、徹底して個人的・孤立的なものであったが、それは同時にアダムに由来する人類全体の罪を救済するものであった。こうした二面的な結合を通じて、アウグスティヌスにおける「隣人愛」の意味は、ようやく把握可能となると、アーレントは論じている。

このようなアーレントの論稿は、当時のカトリック神学でのアウグスティヌス研究の文脈を脇に置き、「実存哲学」の範疇から解釈を試みるという特異な構成を有している。

「実存哲学」的関心は冒頭の一節、「人間存在の自己への再帰性（reflecting）（私は、私自身を問題とするようになった）にとって、何故にこうした神的法則がそれ自身の真理、すなわち良心に規定された真理に至る唯一の道なのかを、われわれは問うことになるだろう」［LSA: 5＝6］という一節に端的に表れている。そしてさらに言えば――この『アウグスティヌス論』を編纂したジョアンナ・スコットとジュディシュ・スタークが指摘しているように――、この「実存哲学」的なアウグスティヌス解釈が「西洋的伝統の中心人物の一人、聖アウグスティヌスの「異質な意図」に関する研究を通じての、ハイデガーとの広範囲にわたる批判的対決であった」（Scott; Stark［1996: 173］）ことは（アーレント自身はあまり明示していないものの）疑いないように思える。

そうした「対決」は、第一に、時間性を主軸とした実存構成の転倒という点に見出すことができる（Scott; Stark［1996: 184–185］）。アーレントのアウグスティヌス論においても、ハイデガー同様に「不安」や「死」といった概念が、人間の現実存在を規定するものとして重要な位置を占めているが、その位置づけは大きく変更されている。

つまり、ハイデガーにおける「実存」が、「死への先駆」というかたちで、自己存在の終焉を「予期」する眼差しから再帰的に構成されているのに対して、アーレントは、「死」それ自体を生物的・社会的意味づけを行う意識・思考作用として問題化し、それが「記憶」memoryと「想起」remembaranceというかたちでわれわれの「過去」と絶えず結びついている点に注意を促す。「予期と欲求は、われわれが記憶するものによって促され、また先行する知識によって導かれるのであるから、人間的実存に統一性と全体性を付与するのは、記憶であって、予期（例えば、ハイデガーのアプローチにあるような、死への先駆）ではない」［LSA: 56］。

第二に、二人の対立点が、実存と共同性との相関性にあることも容易に見て取ることができる。前述したようなアウグスティヌスにおける「隣人愛」のアポリアというアーレントの問題設定も、そこに「神への愛」における人間存在の孤立性と、「隣人愛」における社会的共同性との相克という実存哲学の構図を前提にしていることは明らかである。ハイデガーの実存哲学が、後にアーレントが批判するように、「民族や大地といった神話化された妄想を、彼の孤立させられた自己のための社会的基盤として提示するという試みに向かった」［EU：181＝（I）246］のか、あるいは、最初から社会的共同性とは切り離された次元で展開されているのかは明白ではないが、いずれにせよ、共約不可能な他者とのあいだにどのようにして共同性を形成するかという問題設定がアーレントよりも希薄であることは疑いない。

このような、ハイデガーとは異なる形で「実存哲学」を構想するアーレントの思索が、ヤスパースの「コミュニケーション」概念から強い示唆を受けていることは上述した通りであるが、また同時に、それが独自の「政治哲学」の萌芽であることにも留意する必要がある。時間における人間の実在、すなわち「記憶」と「想起」による実存性の形成と、人間の「出生」natality による「始まり」beginning の創出、そしてそれら人間の現実存在を念頭に置いた共同性といった問題は、後の『人間の条件』に代表されるアーレントの政治思想全般を貫くモチーフとなっていく。

6　「政治」への覚醒——亡命、無国籍者、そしてアメリカへ

アーレントはハイデガーとは別の「実存哲学」を目指し、その独我論の克服途上で独自の「政治—哲学」を構築させていった。そしてその「政治—哲学」は、その後のリアルな「政治」への関心と共に深化していくことになる。

回想によるとアーレントは大学入学当初、多くの学生同様に、ワイマール・ドイツの現実政治にはほとんど無関心であった。ユダヤ人問題についても、クルト・ブリューメンフェルトらシオニズム運動に触れる機会こそあったが、大学時代にその運動にコミットすることはなかった。そうした非政治的態度を変える転換点となったのは、博士論文『アウグスティヌス論』の後、ドイツ学術振興会の研究助成の下で取り組んだ『ラーエル・ファルンハーゲン』（ドイツでは未完のまま亡命中に執筆が続けられ、戦後一九五八年にようやく出版された）であった。同書では、十八世紀を生きたユダヤ人女性ラーエル・ファルンハーゲンの生涯が、「賤民《パーリア》」と「成り上がり者《パルヴェニュ》」とのあいだを生きた物語として描かれている。ラーエルはユダヤ・アイデンティティのアウトサイダー性を自覚しながらも、そのアウトサイダー性を逆に生かすことで、自宅でのサロンの企画を成功させ、皇子、外国公使、知識人、実業家、俳優など当時の錚々たる人間が交流する社交の場を提供した［RV：125＝62］。アーレントはこのドイツ・ロマン主義の一人のユダヤ人女性に関心を寄せる中で、自らのユダヤ・アイデンティティ

を問い直し、ブリューメンフェルトらのシオニズム運動へ同調していくようになる。

社会不安がワイマール・ドイツ全体を覆い、行き場のない焦燥感が反ユダヤ主義とナチズムへと流れ込んでいく中で、アーレントは危機感を募らせていく。一九三三年一月のナチス政権成立後もアーレントはベルリンに留まり、シオニズムの反政府活動に従事していたが、その活動に伴い当局に一時期逮捕・拘留される。この逮捕からは幸いなことに釈放されるものの、これが彼女に亡命を決意させるに至る。シオニズム運動というリアルな「政治」に携わる中で、アーレントは「哲学」の研鑽では欠落していた政治的感覚を開花させ、その独自の判断力を研ぎ澄ましていく。「ユダヤ人として攻撃されたなら、ドイツ人としてでも、世界市民としてでも、人権の名においてでもなく、ユダヤ人として自分を守らなければならない」[EU: 12=（I）17] という政治的感覚によって世界と対峙すること。こうした世界の変革に従事する「活動者《アクター》」（政治家や革命家など）としてのパースペクティヴが、世界を眺め思索する「見物人《スペクテーター》」（哲学者や歴史家など）のものとは異なり、またしばしば対立関係にあることが理論化されることにより、アーレントの政治思想の中核が構築されていった。

「哲学者」とは異なる「活動者」の眼差しから見えてきたものは、高い教養と見識を備えた「知識人」と呼ばれる者たちの政治的感覚の欠落であった。反ユダヤ主義がドイツ国内を席捲していく中でも、依然として「ユダヤ人として自分を守らなければならない」ことに鈍感な者たち(10)、ナチスのユダヤ陰謀史観や人種主義理論にシニカルに同調する知的エリートたち、さらにはナチスへの積極的な支持を表明する一流知識人をアーレントは目の当たりにしている。

とりわけ、かつての師であり恋人であったハイデガーのナチス荷担が、アーレントを苦しめたであろうことは想像に難くない。アーレントが逮捕・拘留・幸運な釈放という体験から、着々と迫る危機を身をもって感じ、ドイツ脱出の準備を開始した一九三三年春、ハイデガーはフライブルク大学総長に就任し（悪名高い）ナチス賛美の演説を行っている。しかしアーレントはこれを単なるハイデガーという一人の哲学者の一時の判断力の欠如として片付けるのではなく、「哲学」それ自体に内在する「政治」への敵対関係として捉え返すようになっていく。哲人君主に政治的理想を抱いたプラトンから、「ナチズムの内的真理の偉大さ」に感化してヒトラーに賛同したハイデガーに至るまで、西洋政治哲学の歴史は、「真理」を担う「哲学」が「政治」を支配する試みだったのではないのか。こうした傾向は「真理」を求める「哲学」と「臆見《ドクサ》—意見」に依拠する「政治」との対抗関係、すなわち①「真理」の「政治」への参入は、多様な「意見」の抑圧・破壊か、あるいは②「真理」自体が「意見」化することでその権威を失うかという二者択一からもたらされる必然的帰結ではないのか（Arendt [1954→1990 : 75–80 = 1997 : 89–94]）。後にアメリカへ渡ったアーレントはこの「哲学」と「政治」との対抗関係を強く意識し、自己の知的営為を「政治—哲学」ではなく「政治理論」political theory と表現するようになる。

以上のような、知識人とりわけドイツ教養知識人の政治的感覚の欠落や偏向性に対するアーレントの批判は、「文学人《リテラーテイン》」の観念的な政治論——「西欧デモクラシーとドイツ的自由」、「一七八九年の理念対一九一四年の理念」等を論じたトマス・マンやエルンスト・トレルチ、フリードリヒ・マイネッケ等――を批判したウェーバーの議論と重なる点が多い（脇［1973: 80–81］）。
　両者の違いは、アーレントが現実政治の担い手としてウェーバーのように「職業としての政治家」を強調するのではなく、広く一般民衆を想定している点にある（そうした差異は、ウェーバーが第一次大戦後のドイツ革命に冷淡だったのに対して、アーレントがその革命期の労兵評議会《レーテ》に新たな政治的可能性を見出している点に端的に表れている）。アーレントはウェーバー同様に、現代政治における議会制民主主義の機能不全を念頭に置きつつも、「職業としての政治家」が困難になりつつある中で、一般人が日常的に参与できるような「政治」の在り方を模索していく[11]。

　このようなアーレントの一般市民への眼差しは、民主主義への崇高な理想などではなく、自身の経験に裏打ちされた実践知に他ならなかった。元々政治的知識や関心が欠落していた自分でさえも、「ユダヤ人として攻撃されたなら……ユダヤ人として自分を守らなければならない」ことから「活動者」として政治的行動を起こした、あるいはそう行動せざるを得なかった、という経験に由来するものである。ドイツ教養知識人の政治感覚の欠落を批判しながらも、「職業としての政治家」の資質を講釈するのではなく、一般民衆が持つ潜在的政治性を認め、その可能性に賭けること。アーレントはナチズムへ突き進んだ大衆社会の病理を見据えながらも（あるいはそれゆえに）、そうした政治的投企を行っている。

　一九三三年秋にドイツを脱出したアーレントは、フランス・パリで亡命生活を送った後、一九四一年アメリカに渡航しニューヨークに移り住む。アーレントはこの間、ベルリン時代の前夫ギュンター・シュテルンとは別れ、ハインリヒ・ブリュッヒャーとの再婚を果たしている。この元共産党員として政治経験豊富で、哲学にも造詣の深い夫ブリュッヒャーは、アメリカで大きく開花するアーレントの政治思想へ重大な影響を与えた。後に反響を呼ぶ『全体主義の起原』もこのブリュッヒャーとの共同思考に負うところが大きく、同書の献辞は彼に捧げられている。

アーレントのアメリカ亡命生活は所持金25ドルと月額70ドルの給付金から始まった（Young-Bruhel［1984: 164＝1999: 235］）。ここから持ち前のバイタリティでシオニズム活動の人脈やドイツ・フランス時代の友人たちを頼りながら、アメリカ社会での地歩を築いていく。難民自助会の支援で英語を修得した後、ドイツ系移民向け新聞『アウフバウ』のコラムニスト、「ユダヤ関係協議会」Conference on Jewish Relations のユダヤ文化調査主任、そして「ショッケン・ブックス」ニューヨーク本社編集長などの職に就き、あるときは学術的な視点から、またあるときはより具体的・政策提言的な立場で、反ユダヤ主義、全体主義について鋭い論稿・提言を発表していった。(12)

一九五一年アメリカ亡命以後の研究が集約された『全体主義の起原』の刊行により、アーレントの名は一躍アカデミズム界に知れ渡り、二十世紀アメリカを代表する政治思想家として認知されるようになる。同年一九五一年アメリカの市民権を獲得し、これによって十八年にも及ぶ長い無国籍者としての生活は終わりを告げる。

これ以降アーレントは、既存の「学派」や「主義」に収まらない独自の知的活動を展開していく。ドイツ―ヨーロッパ「哲学」の遺産を継承して新たな政治哲学を開拓していったが、終始こだわったのはその西洋の伝統「哲学」の解体に他ならなかった。アメリカ渡航以後もシオニズム運動の立場からユダヤ人の政治活動を支援したが、アラブ人の強制移転を伴う一九四八年ユダヤ国家建国には反対し、後には『イェルサレムのアイヒマン』（一九六三）でユダヤ自治会上層部の罪を告発し、戦後アメリカのユダヤ人社会とは決定的に断絶した。ニューヨーク知識人のサークルに迎えられ、ドイツ系ユダヤ移民のコミュニティを越えた言論活動を展開したものの、「あらゆる学派のあいだに《ビトゥイン・オール・スクール》」立ち、誰にも物怖じせず発言する姿は「尊大なハンナ《ハンナ・アロガンス》」と揶揄され、グループでは孤立していた（Arendt; McCarthy [xix＝19]）[13]。

アーレントが行おうとしたのは、新しい「学派」をつくることでもなく、新たな「主義」を主張することでもなかった。彼女はただ、二十世紀という時代を「理解」しようとしたのであり、「私は理解しなければならない《イッヒ・ムス・フェアシュテーエン》」と呟きながら、苛酷で混沌とした世界を明晰な地平の下に置こうとしたのだった。かつてニーチェは、「あらゆる認識の意欲のなかには、すでに一滴の残忍さ《グラウザムカイト》が含まれている」と語ったが（Nietzsche [1886→1968＝1983: 236]）、このニーチェの言う認識に宿る「残忍さ」こそアーレントが自覚的に引き受けたものであったように思えてならない。というのも、既存の知の枠組みを破壊する解剖学的な眼差し、虚飾《アウラ》を剝ぎ取る「残忍さ」を躊躇せずに受容したからこそ、アーレントの思想・議論は多くの論争を呼び、多くの敵をつくり出したのである。そしてこの虚飾《アウラ》を剝ぎ取る眼差しにこそ、現代社会に生きるわれわれもまた注目するべきであろう。次章ではそれを踏まえた上で、「全体主義」の論理と心理をアーレントがどう捉えていたのかを見ていくことにしたい。

註

（1）以下のアーレントのライフ・ヒストリーについての記述は、基本的にヤング＝ブリューエルの詳細な伝記（Young-Bruehl［1984＝1999］）に依拠している。当時のアーレント自身の回想については、ヤスパース、ハイデガーとの書簡（Arendt; Jaspers［1985＝1992］）を参照。ワイマール・ドイツ期の思想形成については、寺島［1990］の先行研究も参照。

（2）「ドイツ青年運動」についてはLaqueur［1962＝1985］、上山［1986→1994］を、「表現主義」とその政治性については、Laqueur［1974＝1980：134–189］、Gay［1968＝1970→1987：123–144］をさしあたり参照。「青年運動」も「表現主義」も多様な主義主張を内包する一般化の困難な運動であるが、Laqueur, Gayらが語るように、それらは伝統ドイツ社会へのラディカルな反抗を企図しながらも、具体的な政治プログラムの欠如ゆえに実際の政治の場面では無力であり、またその帰結として、反ナチから親ナチまでの多様な政治運動と結びつくことになった。

（3）アーレントより六歳年長のハンス＝ゲオルグ・ガダマーは、マールブルク大学で当初は新カント派のニコライ・ハルトマンに師事していたが、その師弟関係を解消させるほどハイデガーの存在が衝撃的であったことを回想している（Gadamer［1977＝1996：255–256］）。

またレオ・シュトラウスは、一九二九年三月スイス・ダヴォスで開催された国際会議において、師エルンスト・カッシラーとハイデガーとの討論に同席しているが、これによってカッシラーに代表される新カント派の時代の終焉を自覚したことを回想している（Strauss［1989：28＝1996：71］）。

（4）「実証主義」positivismへの対抗としての多様な知の展開、またそれらで想定された「実証主義」という言葉自体の曖昧さについては、Hughes［1958＝1965→1970：27–28］を参照。新カント派の政治哲学とその限界、またハイデガーとの関係については、小野［1994：79–152］を参照。

（5）ヤング＝ブリューエルはこの知的交流を以下のように記述している。「ヤスパースはまた、日曜日の晩にマックス・ウェーバーの未亡人マリアンネ・ウェーバーの家で開かれていた『精神のお茶会』Geistertee で顔を合わせるハイデルベルク大学の一群の教授たちと交際することも楽しんだ。ウェーバーの死後、未亡人は、ウェーバー自身が始めたこの伝統――啓蒙時代を偲ばせるサロン生活の伝統――を守り続けた。ウェーバーの弟で社会学者のアルフレート・ウェーバー、彼の同僚のエーミール・レーデラー、考古学者のルートヴィヒ・クルティウス、精神医学者のヴィクトル・フォン・ヴァイツゼッカー、インド学者のハインリヒ・ツィンマー、ドイツ文学者のフリードリヒ・グンドルフ、神学者のマルティン・ディベリウスその他が、この集まりに参加した。これらの人たちは、カール・ヤスパースが、講義を聴くようにとハンナ・アーレントに勧めた人たちであった」(Young-Bruehl [1984: 66＝1999: 112])。アーレントはヤスパースを通じて間接的なかたちで「ウェーバー・クライス」に関与することになるが、ここでは、ゲオルゲ派の一人グンドルフとの関係を注目しておく必要があるだろう。このグンドルフの講義が、アーレントに対してドイツ・ロマン主義の造詣を深める契機となった。そのドイツのロマン主義に対するアーレントの関心は、その後、ユダヤ人女性とロマン主義知識人との知的交流を扱った『ラーエル・ファルンハーゲン』において結実している。

(6) ウェーバーとヤスパースとの連続性、科学／学問（Wissenschaft）をめぐる枠組みの踏襲、また価値判断をめぐる「コミュニケーション」の位置については、菅原［2007］から大きな示唆を受けた。

(7) ヤスパース、新カント派、ウェーバー、三者の微妙な関係について。ウェーバーは、新カント派の自然科学／人文科学の二元論を受け継ぎながらも、その批判的超克を志向していた。ヒューズが語るように、ウェーバーは、一方で「実証主義」の皮相性を批判しつつ、他方では、人文科学領域での科学性を否定する観念論哲学との対決という形で、「実証主義と観念論の克服」を目指していた（Hughes［1958＝1965→1970: 205］）。心理学と精神医学を出自とし、新たな哲学と歴史学の構想していたヤスパースは、こうしたウェーバーの「実証主義と観念論の克服」に共感を寄せ、一九〇九年にウェーバーと知己を得てから、ウェーバー・クライスの一員として、交流を深めていく。

ヤスパースは、ハイデルベルク大学で教授職を得て以来、新カント派の重鎮リッケルトと同僚であったが、リッケルトは「哲学」専攻でないヤスパースが哲学の教授を行うことに反感を抱いていた（ヤスパースは一九〇八年に医学博士の学位を取得し、一九一三年に心理学の分野で教授資格を取得しており、アーレントが従事していたハイデルベルク大学就任当時には「哲学」の学位を保有していない。哲学の学位は、戦後の一九五三年になってようやくハイデルベルク大学から名誉博士号として授与されている）。

両者の反目は、ウェーバーの死において顕在化する。ウェーバー死後、彼を「不出来な弟子」扱いするリッケルトにヤスパースは反発してこう語ったと言う。「あなたはご自分の哲学に関して、とにかく今後もひとに知られるとお考えになっているのであれば、それはマックス・ウェーバーが自分の著作の叙述に付したある注の中で、理論的見解に関して負うところありと認めた人物として、あなたの名前が出てくるからなので、それだけです」（Jaspers［1958＝1965: 54］）。このヤスパースの辛辣な予言は、今日から見れば的中していると言えるが、これによってリッケルトとの対立は修復不可能なものになる。ヤスパースの回想によると、一九二二年ハイデルベルク大学の正教授就任人事に際して、リッケルトから妨害されたり、就任後の数年間の沈黙を無能呼ばわりされたようである――これは一九三二年『哲学』の出版によって覆されることになるのだが――（Jaspers［1958＝1965: 55–56, 60］）。

（8）　アーレントとヤスパースとの書簡集を編纂したロッテ・ケーラーとハンス・ザーナーは、以下のようにコメントしている。「アーレントの学位論文のときから、ヤスパースは幾分口うるさい教師のように、「学術的細部への配慮が足りない」（L. 10）と注意を促した。戦後にも彼はしばしばアーレントに対して、「想像力を抑えて歴史的に正確に」見るように（L. 41）、また「想像をより立証可能なものに」換えるように促した（L. 41）。「君にはヘーゲル的な思考が」、「歴史を〝全体的〟に実体化しようとする古い見方」があり、それが「歴史に誤った壮麗さを与えているのです」（L. 100）。「君は啓蒙の偉大さを理解していない」（L. 134）。『全体主義の起原』に関して言えば「君は至るところでドグマ的になっている」と案じていた（L. 217）。こうしたこと背後すべてに方法論を省察しなさいという勧めがあり、従ってマックス・ウェーバーを勉強するように度重なる助言が行われたのだった」（Arendt; Jaspers［1985（I）: 29＝2004（I）: xxiv］）。

（9）　この学位論文は、その後のアーレントの政治思想の中核を構成しているものの、学位の審査においてそれほど高い評価は与えられていない。論文審査の最終評価は、summa cum laude, magna cum laude に次ぐ三番目の II–I cumlaude の評価であった。

　ロッテ・ケーラーとハンス・ザーナーに拠れば、ヤスパースは、アーレントがまだこの論稿を完成していないにもかかわらず、学位取得を受諾したようである。彼はこの論稿の独創性を高く評価しながらも、それが学問的厳密性と客観性に多少難がある点を以下のようにコメントしている。「彼女〔＝アーレント〕は、テクストには存在しない事柄をアウグスティヌスに語らしめるという危うさから完全に免れてはない。こうした過ちの幾つかは、われわれの議論の結果において訂正されている。その本来的な成果が、歴史的題材に対する客観的な哲学的理解の一つであることを考慮すると、こうした欠点は研究の完成度を損なっているものの、しかしながら、致命的なものではない。……以上の理由から、この研究は、他の点では積極的な内容に秀でた印象深いものでありながらも、残念ながら最高の評価を与えることはできない。それゆえに、II-I である」(Arendt : Jaspers [L. 2, n. 2, 1985 (II) : 723＝2004 (I) 272])。

(10) 例えばアーレントは、シュテファン・ツヴァイク『昨日の世界』の書評(「ある時代の肖像」(一九四三年))で、ツヴァイクに代表される上流ユダヤ知識人の非政治性を手厳しく批判している。オーストリアの文人ツヴァイクは、自伝『昨日の世界』で、二度の大戦による美しきヨーロッパ教養世界の崩壊を憐憫を込めながら描写したが、アーレントはこのツヴァイクの描く世界を「ブルジョワの世界」「文人(literati)の世界」として批判した。ツヴァイクがナチスの反ユダヤ主義に当惑して何ら政治的な対処を行わず、世間体や社会的名誉を気にするばかりでその最大の関心は自著の発禁処分であったこと、また「強制的同一化《グライヒ・シャルトゥング》」に従った友人を軽蔑するのでなく、そうした友人が脚本を受け取ってくれたことへ謝意を示すだけであったことなどを、アーレントは政治的判断力と気概の欠落として酷評している(Arendt [1943→1994 : 309])。

(11) アーレントは、議会制民主主義とは異なる、新たな政治システムを模索する中で、パリ・コミューン、ドイツの労兵評議会《レーテ》、ロシアのソビエト、アメリカのタウン・ミーティング、あるいは戦後の公民権運動等をモデルとした「評議会制」council system を構想するようになるが、そこには様々な問題点が存在している(この点については結論を参照)。

(12) アーレントはもともと大学で哲学と神学を専攻し、そのあとドイツ・ロマン主義の研究に携わったが、この頃はもっぱら「フリーランス・ライター」として「歴史家と時事評論家の中間のような」仕事をしていた(Arendt : Jaspers [L. 31 : (I) 59＝(I) 27])。「歴史家」としての反ユダヤ主義の研究と平行して、「時事評論家」として力を入れていたのはナチズムに対するユダヤ人の政治的対応であり、具体的にはユダヤ人軍隊創設への賛同を主要な政策提言として論陣を張っていた。

(13) ユダヤ系左派知識人を中心とした言論グループ「ニューヨーク知識人」については、堀[2000]、秋元[2001]の優れた研究を参照。このグループの機関誌『パーティザン・レビュー』に、アーレントはアメリカ渡航後の一九四四年から度々寄稿している。

アーレントはこのグループの体質、特にその旧リベラル・新左翼派のスノビズムにウンザリしていた。彼らが「事実に直面することをまったく好まないこと、抽象的な会話、しばしばスノッブ、ほとんど常に他人の関心に無知」なことに辟易していたが（Arendt: McCarthy [230＝414]）、このグループ第二世代のメアリー・マッカーシーとは意気投合し、終生変わらぬ親交を結んでいる。マッカーシーは、アーレントの論文や著作刊行の際の英語編集作業に惜しみない協力を行い、一九七五年アーレントが死去した後にも遺稿管轄者・編者として『精神の生活』の刊行に貢献している。

第2章　「全体主義」の誘惑に抗して

1　序——アーレント「全体主義」論の意義

「全体主義」について論じること、とりわけハンナ・アーレント『全体主義の起原』（*The Origins of Totalitarianism*, 一九五一年、以下『起原』と略記）を今日読むことにどのような意義があるだろうか。

①同書においてアーレントが強調したのは、「全体主義」totalitarianism が既存の政治言語では捉えられない新たな現象であり、ファシズム facism・独裁制 dictatorship・専制政治 tyranny などとは根本的に異なるということであった。

②その新しさとは、「客観的な敵」を排除する虐殺回路が政治制度に埋め込まれていることである。

虐殺は単に政敵を排除するものではなく、日常的に官僚組織によって遂行される点で、歴史上繰り返されてきた暴君の野蛮さとは一線を画する。それゆえ「全体主義」に該当するのは、当時においてはドイツ・ナチズムとソビエト・スターリニズムだけであった。

③また「全体主義」は「客観的な敵」を排除すると同時に、人間の〈本性《ネイチャー》〉の改変をラディカルに行う試みである。つまり外的環境や社会秩序の変革ではなく、人間存在それ自体の根本的変革こそが「全体主義」が目指したものであるとされている。

以上のようなテーゼを主張する『起原』によって、アーレントは「きわめて幅広く知られ、賞賛されるとともに多くの批判を受けてきた」(Canovan [1974＝1981→1995: 37])。それらの批判には、「全体主義」という言葉が恣意的なレトリックでしかないというもの、あるいはナチズムとスターリニズムを同一の政治概念で捉えきれないという以前から展開されてきたものも含まれている(1)。しかしこれとは別の重要な批判は、『起原』三部(反ユダヤ主義・帝国主義・全体主義)に統一性があるのか、そうした様式でそもそも「全体主義」の「起原」origin なるものが明らかにされているのか、というものであった。確かに、反ユダヤ主義、人種主義、帝国主義、大衆運動、疎外論など、様々なトピックが並べられているが、それらは果たして「起原」と呼ばれるべきものであろうか(2)。

この批判への応答として、アーレント自身が同書の目的、様式、方法などについての説明不足を認めた上で、「全体主義の〝起原〟を取り上げたのではなく、全体主義のなかに具現された諸要素に歴史的な説明を与えるもの」[EU: 403＝(II) 245] と釈明している。アーレントにとってあらゆる歴史記述は事象の救済であり、ある場合にその正当化となるが、その救済や正当化の意図から最もかけ離れたものが「全体主義」に他ならなかった。その矛盾を回避する一つの手法として、「全体主義」を歴史物語として描くのではなく、そこに「結晶化」した諸要素の史的変遷を辿るという解剖学的な眼差しを通じて記述したのであった。

以上のような独特の方法論を踏まえた上で、再び冒頭で記した『起原』での「全体主義」テーゼに戻ることにしたい。アーレントは現象を分析する政治学の言語がしばしば混乱していること、この「全体主義」もしばしば相手を非難するレトリックに陥っていることを問題とした。そうした状況を鑑み、この『起原』では「全体主義」が独裁制や専制政治などと置き換えられない点、その新しさが考察の対象とされている。

同書が単なるナチズム研究やスターリン研究という個別の実証研究を超えて、「全体主義」という言葉を政治学に定着させ、考察すべき重要な問題であることを提起したことは確かである。その点について、例えばマーガレット・カノヴァンは、エドモンド・バークが「フランス革命」という個別の歴史事象を扱う中で「革命」という現象全般の洞察に多大な貢献を果たした点に触れ、それと同じ役割をアーレントの「全体主義」論に見出した（Canovan［1974＝1981→1995］）。同様にバーナード・クリックも、アレクシ・ド・トクヴィルが「アメリカの民主主義」を論じる中で「民主主義」の根幹となる思想を展開したことに言及し、アーレントの議論もそれと同様に広く政治思想全般に意義を持つことを指摘した（Crick［1979: 27–47］）。

カノヴァン、クリックらの言うように、アーレントの「全体主義」論は政治学あるいは政治思想に対して、確かに大きな思想的貢献を果たした。しかしながら、バークの「革命」論やトクヴィルの「民主主義」論に匹敵する、アーレント「全体主義」論の思想的意義とは何だろうか。この点については彼／彼女らの議論は明瞭であるとは言えない。

本章では以上を踏まえた上で、このアーレントの思想的意義を問い直す作業を行っていくが、その際に、「アーレントが語る〝全体主義〟の〝全体〟とは何か」という問いを手がかりとして考察していくことにしたい。その問いを辿ることによって、アーレントが注目した「全体主義」の独創性・脅威とは、世界それ自体の「全体」を作り変えるという気宇壮大なプロジェクトであることを見通すことができるだろう。つまり、組織的・官僚的虐殺も、証言を消し去り記憶を消去する「忘却の穴」(3)も、〈人間の本性《ヒューマン・ネイチャー》〉を改変した「パブロフの犬」的市民の創出も、この世界「全体」を書き換えていくプログラムの一部として位置づけられるわけである。

このような世界「全体」の再構築という構想に対して、一方では「すべては可能である」というシニシズムが、他方においてはプラトン主義に源流を持つ「制作」的ユートピアニズムが果たした役割について、アーレントの議論を辿っていくことにしたい。またそれと同時に、このアーレントの「全体主義」論の意義がどこにあるかを、同時代のエリック・フェーゲリン、テオドール・アドルノ、カール・ポパーらを比較することで明らかにしていきたい。こうした同時代の思想家との比較で明らかになるのは、(1)アーレントが「哲学」や「科学」ではなく「政治」の言語に立脚して「全体主義」

の病理を説明しようとしたこと、(2) そしてまた「客観的な敵」や「余計な人間」を消去することで世界「全体」を作り変えるという発想は、誰にでも理解可能であるがゆえに政治的に危険であるということである。以上のような視点に基づいて、本章ではある場合に『全体主義の起原』での議論を内在的に辿り、ある場合には『人間の条件』(一九五八) など後に展開された議論から再帰的に読み返しながら、アーレント「全体主義」論の政治思想的意義を探っていくことにしたい。

2 「全体主義」における「全体」とは何か

「全体性」の回復という神話

『起原』の議論は複雑であり、例えば「厳密な歴史記述としては大がかりで拡大解釈しすぎであり、社会科学としては逸話に富んだ物語が多すぎ、政治ジャーナリズムのような活力と文体センスがあるものの、一般人が読むには哲学的すぎる」という評価 (Benhabib [1994: 115]) にもあるように、政治学や歴史学という既存の学術ジャンルで捉えきれない思想的広がりを有している。またそれは既存の学術的枠組みを逸脱するばかりでなく、「全体主義」に結晶化したとされる諸要素——反ユダヤ主義、人種主義、帝国主義、大衆運動、疎外論など——が多層的に記述されていることから、議論の筋道を辿るのは容易ではない。ここでまず最初に、そのような議論のテーマを一度分解し、「全体主義」における「全体《トータル》」とは何かという問いの下に再構成すると、大きく分類して以下の三つの「全体」論を読み取ることができる。

①それは第一に、「部分《パート》＝政党《パーティ》」ではなく「全体」の秩序を回復させるという意味で「全体的」である［OT（III）: 336＝56］。ただしこのとき目指されるべき「全体」の秩序となるのは、「国民国家」や「民族」よりも遠大であり、③にあるように最終的には「人類」全体にまで拡大されている。つまりそれは、単なる「ナショナリズム」や「共同体主義」で志向される集団主義とは根本的に異なる。

②第二に、それは単に「外側から」の物理的暴力や恐怖による支配のみならず、人間精神を「内側から」従属させ、人間「全体」を統御するという意味で「全体的」である。「ファシズムの目標は実際には単に権力奪取と、一国の国家機構を握るファシストの〝エリート〟の確立でしかなかった」のに対して、「全体的支配は、外側から、つまり国家と暴力装置を通じて支配することだけでは決して満足しない。その特異なイデオロギーと、そのイデオロギーが暴力装置の中で担う役割との中に、全体的支配は人間を内側から支配しテロルを加える手段を発見した」のだった［OT（III）: 325＝38-39］。

③第三に、それは国内／国外という区分を暫定的なものとし、外部を制圧して世界「全体」の支配を目指すという意味において「全体的」である。アーレントはナチズムやスターリニズムも、それが完璧な「全体主義」の支配機構と成ることはなく、未完のプロジェクトであったことを強調している。そして仮にその完全な「全体主義」があり得るとすれば、それは全地球を征服し、「外部」を消去して、すべての人間が「人類」という名で結びついた〈一者〉となった段階であるとしている。

この『起原』がナチズム研究やスターリン研究と異なるのは、この「全体主義」における「全体」

とは何かという洞察が示されている点にある。そして重要なのは、このような三つの「全体性」への志向のどれもが、部分と全体、内部と外部、建前《オモテ》と本音《ウラ》など、「政治」の問題として繰り返されてきた重要なテーマと接合している、という点である。逆に言えば、「全体主義」とは、「全体性」を希求する「政治」の運動を吸収していくことで、一時的な成功を収めていったのではないか、という示唆を読み取ることができるのである。

例えば、「部分《パート》（＝政党《パーティ》）」ではなく「全体」の秩序を回復させるという点での「全体性」について（「全体性」の指標①）。「政党《パーティ》」が特定集団の利害を代表する党派的なものであり、その「政党」同士の抗争や談合によっては国民「全体」の利害に到達しないという批判は繰り返されてきた。「全体主義」は、そうした特定階級・集団の利害代表装置としての「政党《パーティ》」を批判し、特定の「部分」ではなく社会メンバー「全体」を代表するという、万人を組織する「全体性」を強調しているのである。

この「全体性」の強調は、ナチスの党名「国民社会主義ドイツ労働者党」NSDAP（National-Sozialistische Deutsche Arbeiterpartei）それ自体に端的に表されている。それは右の「ナショナリズム」と左の「社会主義」とを統合し、「この党名によってすでに、運動は他のすべての政党からそれらの政治的内容を盗み取り、運動がそれらすべてを一身に体現しているかのように見せかけたのである」［OT（III）: 357＝88］。

このナチスの党名がある種「全体」を表す「記号」でしかないということは、第二に別の政治的効果を生み出すことになる。つまりそれは議会で繰り広げられる「部分《パート》（＝政党《パーティ》）」同士の対立を戯画化し、資本家と労働者との抗争を茶番劇と見るメンタリティを強化していくことになる。「右」と「左」の対立など偽りであり、この偽りの茶番劇を背後で操る存在こそ、真に打倒すべき「敵」ではないのか。そしてこの隠れた「敵」たるユダヤ人の世界陰謀を暴き立て粉砕することこそが、社会「全体」において有益ではないのか。アーレントはナチスの運動が、ユダヤ人の世界陰謀を反転させたものであることに注意を促している。

議会政治が真摯な討論の場ではなく茶番劇に過ぎないという感覚の蔓延は、ワイマール・ドイツの宿痾であり、アーレント以外にもカール・シュミットなど当時の多くの政治学者、思想家によって共有されていた（第4章参照）。アーレント自身の表現を用いれば、政治の表舞台での「現れ」、つまり議会での討論や演説など政治の言語行為に対して極度の不信を示したのがワイマール・ドイツであり、「目に見える世界の現実を信ぜず、自分たちのコントロール可能な経験を頼りとせず、自分の五感を信用しない」メンタリティに支配されたのが、ワイマールのドイツ大衆であった［OT（III）: 351＝80］。

ナチズムは、政治の舞台で繰り広げられる茶番劇を粉砕し、「仮面《ペルソナ》」の背後の本心を暴露することによって政治的支持を獲得していった。「仮面」を剝ぎ取る暴露の政治それ自体は「全体主義」に独自のものではなく、例えばアーレントはその先行形態をフランス革命期のテロルなどに見出している［OR: chap. II-5］(4)。アーレントはこの文脈でナチズムが注目された理由として、私的・社会的利害の本音を美辞麗句で隠蔽するブルジョワ社会の「偽善」の告発者として振る舞った点を指摘している。

「モッブは偽善からの自由によって、大衆は階級利害からの自由によってエリートを惹きつけたが、この魅力とよく似た力を放ったのが全体主義運動の主張、すなわち、運動は私生活と公的生活との分離を止揚し、神秘的、非合理的な人間の全体性を回復したという主張だった」[OT (III):336＝55]。

公的／私的という人為的な境界を取り払い、「仮面」と「偽善」のない関係性を取り戻し、人間関係の「全体性」を取り戻すこと、この「心からの」交流を人間関係の理想像とする政治姿勢は、第3章で見るように「透明な関係」を夢見たJ＝J・ルソーのロマン主義など、多くの政治思想に見いだすことができる。あるいは当時のワイマール・ドイツでは、前章で見たゲオルゲ・クライスらの神秘主義運動にそうした欲望を認めることもできよう。「全体主義」は、この人間関係の「全体性」を回復しようとする政治的欲望を吸収することで拡大していったわけだが、それは単なる政治的ロマン主義の再興に終わるものではなかった。

「仮面」や「偽善」の暴露として出発した「全体主義」の運動は、この暴露の政治を反転させて「仮面」「偽善」を生み出す人間精神それ自体を統御し、不可視の心の暗闇をコントロール可能なものとしようとする。アーレントに従えば、「全体主義」が目指したのは、人間精神の「内部」にテロルを加えることで、同じ条件下で同一の反応を行う「パブロフの犬」のような市民の創造であった。暴力性、虚偽癖、傲慢さに満ちた人間を改造し、オモテ／ウラのない従順な羊の群れに変えること。そうした人間同士の差異や複数性を前提にした「政治」という営みそれ自体の前提を破壊すること、これこそが「全体主義」の目標であり、それへ向けて絶えざるテロルが稼働していったわけである。このような人間関係の「全体性」を回復させようとする衝動を吸収しつつ、「全体主義」は、単なる外部からの暴力的抑圧のみならず、内部からのテロルによって人間「全体」を統御しようとしていったのだった（「全体性」の指標②）。

「大衆社会」「ニヒリズム」「労働」labor

ところで、このような政治の「現れ」に対する極度の不信、隠された背後（不可視の人間精神、あるいは見えない世界秩序）の暴露への欲望が蔓延した要因として、アーレントは「大衆社会」の成立と動揺、とりわけその「ニヒリズム」に満ちたメンタリティについて言及している。馬鹿げた陰謀論やイデオロギー（人種主義、階級闘争論）が受け入れられたのは、それまで「共通感覚《コモン・センス》＝常識」として共有されてきた解釈コードが消失したからであり、その消失は階級社会の崩壊に伴う「大衆社会」の形成と連動していたという。

アーレントによると、「大衆」massとは、帰属すべき場——階級、政党、利益団体、労働組合、自治組織など——を失った孤立した存在であり、政治的に無関心で特定の代表を持たない無定型の人間集団である。『起原』ではこの孤立について、「根無し草」uprootedness,「故郷喪失」homelessness,「アトム化」atomization,「孤独（見棄てられた状態）」lonliness; Verlassenheit 等々、様々な表現で語られているが[5]、その指標とされているのは、現実世界での自己の存在すべき場所の喪失であり、社会全般のみならず自分自身への無関心を特徴とするシニカルなメンタリティであった。

アーレントは「全体主義」の政治的成功を、この「大衆」の動員・組織化（「大衆運動」）としての「全体主義」に見出している。つまり、相互に孤立し政治的に無力な「大衆」を、否定的感情とプロパガンダにおいて連帯させた点にこそ「全体主義」の政治的独創性が存在した。先述したように、アーレントの論じる「全体主義」が「部分」よりも「全体」の秩序を優先する（「全体性」①）ものであるにしても、それが単なるナショナリズムや集団主義と同一のものでないのは、以上のような文脈においてである。古きよき伝統的共同体への回帰や遅ればせの国民国家への統合などではなく、その解体によって「根無し草」となりアトム化した「大衆」を、新たな枠組みに統合すること。その成功こそが「全体主義」の政治的成功の第一歩であった。

この「国民国家」を超える新たな枠組みとして提示されるのが、人種・種族に基づく世界秩序（「ゲルマン人の世界帝国」あるいは「アーリア人の世界帝国」）であるが、アーレントはその先行形態を、十九世紀から二十世紀初頭にかけての人種主義的な政治運動に見出している［OT（II）: chap. II–2］。「国民国家」を構成する西欧型ナショナリズムが固有の領土概念を基盤とし、一つの国家制度と結合していたのに対して、人種主義的政治運動（アーレントの言葉では「種族《フエルキツシユ》ナショナリズム」と「汎民族運動」）は、領土ではなく人種・種族を神聖なものとし、国民国家の地理的境界を越えた「民族共同体」を夢想するものであった。

ここで注目すべき点は、この国民国家を超えた人種・種族による「民族共同体」というアイデアが、領土と国家なきユダヤ人の共同体を裏返したものであったという点である［OT（II）: 239＝191］。つまり離散《ディアスポラ》以後、特定の領土や国家を形成しないまま、独自の民族的アイデンティティを維持してきたユダヤ民族こそ、国民国家を超えた共同体のモデルを提示するものであった。そしてユダヤ人自身が占有してきた選民思想とメシアニズムを換骨奪胎し、自民族こそが神に選ばれたとする選民性を強調する過程において、ユダヤ人たちが第一の敵とされていったというわけである。

「全体主義」が国内／国外の区分を常に暫定的なものとし、絶えざる膨張と拡大によって世界「全体」の一元的支配へ向かった（「全体性」指標③）のも、このような国民国家を超えた「民族共同体」への夢想を核としている。しかしながらそれもまた「全体主義」運動にとっては一里塚であり単なる通過点に過ぎなかった。アーレントに従えば、「全体主義」が最終的に目指したのは、地球規模での「共同体」の構築であり、文字通り単数の〈一者〉としての新たな「人類」の創造に他ならなかった。「人々の幸福もしくは一人の人間の利益をはかることではなく、人類を作り上げるということを最終目標とする一つの運動法則の執行としてのテロルは、種のために個を滅ぼし、〈全体〉のために〈部分〉を犠牲にする」［OT（III）: 465＝307］。「全体主義」は地球規模での膨張と拡大を続け、支配の「外部」を消滅させるまでそのテロルが止むことがないからこそ、アーレントはそれを「何ものもそれと共存することができない唯一の統治形式である」と規定したのである。

ところでナチス台頭の背後にニヒリズムが蔓延していたことは、エーリヒ・フロム（Fromm［1941＝1951→1965: 236–254］）、ヘルマン・ラウシュニング（Rauschning［1938→1968＝1972: 89–93］）、フリッツ・スターン（Stern［1961＝1988: 3–26, 351–388］）などの論者によっても指摘されてきた。これらの議論と異なるアーレントのニヒリズム論の特徴とは何か、またそれはどのように全体主義イデオロギーと連動していったのだろうか。この点について、ここで『起原』と『人間の条件』とを重ね合わせ、後者で展開される「労働」labor 概念から、「全体主義」の大衆的ニヒリズムを読み解いてみたい。

アーレント『人間の条件』の図式に従えば、「世界」のリアリティに触れる「公的領域」public realm が充溢していたのは、古代ギリシア・ローマの時代であった。「公的領域」は、他者と語り合い承認を得る空間であり、リアリティの次元を構成するものであり、有機体としてのヒトの生命維持活動を担う「私的領域」とは対照的な位置にあった。こうした「公的領域」と「私的領域」とを隔てていた境界は近代において崩壊し、二つの領域は「社会的領域」social realm として融合されていき、この「社会的領域」の拡大に伴い、「公的領域」に内在していたリアリティの契機は薄められていく。アーレントはこの近代におけるリアリティの希薄化を「世界疎外」world alienation と呼び、近代社会の大きな指標と見なしている。「全体主義」の土壌となった大衆社会は、この「世界疎外」が拡大しリアリティの契機が限りなく消失した時代として位置づけられている。この「社会的領域」成立の背景に、近代社会における「労働」の位置転換と「プロセス」process 概念の登場があったとアーレントは指摘する。「労働」の位置転換とは、近代初頭において〈観照的生活 *vita contemplativa*〉に対してそれまで軽視されてきた〈活動的生活 *vita activa*〉——labor, work, action——が優位を占め、さらにこの〈活動的生活〉内で最下層に位置づけられてきた「労働」が最高の人間能力と見なされるようになった事態を指す。

人間存在を「労働」によって捉える見方、すなわち〈労働する動物〉animal laborans に基づく世界観を完成させた人物こそ、カール・マルクスだったとアーレントは語る。マルクスが行ったことは、近代の典型的な発想である「プロセス」概念［HC: 105＝161–162］を徹底化させたことだった。アーレントは、同一のものを絶えず生産し続ける運動、例えば「権力が権力を生む」「金が金を生む」というサイクルを「プロセス」と呼び、近代的活動様式・思考様式の大きな特徴としているが、この「プロセス」概念から人間と社会の事象を説明・理論化しようとした点にマルクスの新しさがあったと言う。

マルクス以前、例えばジョン・ロックにおいても「労働」には積極的な意味が付与されていたが、それはあくまで個人の私的「財産」と結びつけられていた。これに対してマルクスは、それを社会的な「富」の増大と蓄積として捉え、その結果死という個体の限界を超えた無限の「プロセス」が「労働」と結びつけられることに至ったという。「個人の制限された生命ではなく社会全体の生命が蓄積過程の巨大な主体であると考えられてはじめて、このプロセス〔＝富の増大と蓄積の過程〕は、個人の寿命と個人が所有する財産によって押しつけられる制限から解放されて、完全に自由となり、全速力でその進路に進むことができる」ようになったのだった［HC: 116＝174, 強調は石田］。

この「プロセス」概念の政治的帰結として、アーレントは大別して二つのことを論じている。第一に、この〈労働する動物〉の勝利した社会が同時に「消費者社会」consumers' society であり、それが果てしないニヒリズムを伴うものとしている点である［HC: chap. 17］。マルクスの想定では、生産性の向上による「労働」からの解放は、誰もが奴隷なしで古代アテナイ市民として生活することを可能にするものであったが、実際に生じたのはすべての余暇時間が消費に投入される「消費者社会」の到来であった。この「消費者社会」においては、すべての財が〈労働―消費〉のプロセスでしか用いられず、またすべての行為の意味はこの「プロセス」の中でしか理解されないので、何一つ確かなものは生じることはない。先述した大衆社会の「世界疎外」のニヒリズムは、この「消費者社会」の到来と対応しており、現代社会の問題は、この空虚な〈労働―消費〉の循環サイクルに自動的に順応している点にあるというのがアーレントの見立てである。

第二に、「プロセス」概念は、拡大と膨張それ自体を歴史的必然とする無内容な形式であるにもかかわらず、その拡大・膨張プロセスが「大きな物語」と結合し得るという点である。アーレントは、十九世紀の帝国主義の世界進出において、資本の拡大・膨張プロセスを一つの「物語」として身を委ねた植民地官僚・冒険者たちの果たした役割に注目している［OT (II): chap. III-3］。帝国主義による海外進出に対して、エジプト総領事クローマーなどの植民地官僚は、竜退治《ドラゴン・スレイヤー》の騎士物語を見出し、またアラビアのロレンスなどの冒険者・工作員たちはそれを目的のない「大いなるゲーム《グレート・ゲーム》」として身を委ねた。両者は共に、帝国主義の本質を「膨張のための膨張」プロセスそれ自体に認め、そのプロセスに合致するような終わりなき「物語」に傾倒した。アーレントに従うと、このようなそれ自体無内容ながらも一つの法則性に支えられた「物語」への傾倒は、帝国主義の植民地官僚たちから大衆社会の大衆へと受け継がれ、「全体主義」の気宇壮大な「物語」(人種主義あるいは階級闘争論)として再生されることになる。

「消費者社会」の〈労働—消費〉プロセスにせよ、帝国主義の「膨張のための膨張」プロセスにせよ、それが生み出したものは運動と流動性による確固たる共同性・社会基盤の消失であり、その帰結は「確実なものなど何もない」というシニカルなメンタリティの支配であった。この「確実なものなど何もない」という心理は、「すべては許されている」という段階を突き抜け、「すべては可能である」という深化したニヒリズムに到達することで「全体主義」へ結実することになる[OT (III) : 387 = 139]。不可視の人間精神を統御可能なものへと書き換えるテロルと、世界規模での「敵」の殲滅を目指すテロル、この内と外への「全体主義」テロルの展開も、この「すべては可能である」というニヒリズムにおいてはじめて可能となったのである。

3 世界の「全体」を再構築すること

現実と虚構とのあいだ

「すべては可能である」という原理によって、「世界」の「全体」を作り変える志向性こそ、「全体主義」の新しさであり、これに比べれば、侵略戦争、大量虐殺などの要素は付随的なものでしかないとアーレントは語る[OT (III) : 440 = 234-235]。それでは「全体主義」は、どのように「世界」を再構築しようとしたのだろうか。本書の言葉で言えば、大衆社会のニヒリズムはどのようにユートピアニズムへと反転していったのだろうか。

アーレントはこの点について二つの説明を行っている。第一に、それは混沌とした偶然に満ちた現実世界を、矛盾のない虚構世界に置き換えていく過程として描かれている。「全体主義運動は、自らが権力を掌握しその教義に合致した世界を打ち立てる以前から、矛盾のない偽りの世界を呼び起こす。この偽りの世界は、現実それ自体よりも人間精神の要求に適うものであり、根無し草となった大衆はここで純然たる想像でくつろぐことができ、現実生活が人間とその期待に与える終わりなき衝撃を免れるのである」［OT（III）: 353＝83］。

第二に、それは現実世界の「背後」に存在する、「より正しい世界」を現実化させる過程として描写されている。アーレントに従えば、「全体主義」のテロルが単なる暴政や専制と異なるのは、科学的世界観に基づく〈法〉によって展開された点にあった。つまり人間が人間のために制定した実定法ではなく、「自然」と「歴史」の背後に存在する「客観的」な法則（人種主義あるいは階級闘争論）に基づいて、新しい世界を創造することこそ「全体主義」の新しさに他ならなかった。

ナチズムの人種主義、スターリニズムの階級闘争論に代表される「全体主義」イデオロギーが他のイデオロギーと異なっていたのは、理論と実践とを埋める過程、すなわち人為的に「自然法則＝歴史法則」を加速させる手段を内在させていた点にあった。「全体主義」は、〈客観的な敵〉としての「劣等の人種」や「生きるに値しない」個人、あるいは「死滅しつつある階級と頽落した民族」を消去することで［OT（III）：465＝306］、混沌とした現実の背後に存在する「より正しい世界」を建設しようとしたのだった。それゆえ、ヒトラーやスターリンは残虐な嗜好性を持つ人間だったわけでなく、ましてやカリスマ的英雄であったのでもなく、ただこの「自然法則＝歴史法則」を極めて純粋に守ろうとした遵法者に他ならなかった。

アーレントは「全体主義」を、一方では、「現実」を「虚構」へと置き換えるものとし、他方では「現実」を「より正しい世界」へと移行させるものだと語る。一見矛盾するようにみえるこの二つの説明は、相補的なかたちで結びついている。

アーレントが強調しているのは、「全体主義」が、現実世界の経験的事象に依拠せずに、その背後に隠れたより真なる現実を創出しようとした、という点である。「全体主義」のプロパガンダは「常に誰の目にもあきらかな公然たる事件のすべてに隠された意味を賦与し、すべての公然たる政治的行為の背後に秘められた意図を嗅ぎつけようとする」。そして「運動は権力を握るや否や、自己のイデオロギー的主張に従って現実を変えることにとりかかる。敵対の観念は陰謀の観念に置き換えられ、これにより現実――現実の敵対と友好――はもはやそのものとしては経験も理解もされず、何か別のものを意味すると機械的にみなされるようなメンタリティを生み出す」［OT（III）：471＝314］。「現実」には何一つ確かなものなどなく、「すべては可能である」のなら、「虚構」を「現実」として作り出すこともできるのではないだろうか……。この「現実／虚構」の「／」に躊躇せずにラディカルに解体する運動こそ、アーレントが注目する「全体主義」の政治的独創性に他ならなかった(6)。

「制作」work と「テロス」の神話

現代風に言えば、多くの人間に共有される大きな「物語」が喪失した後で、疑似科学による新たな装丁を施された「物語」の世界を一言一句まで正確に実現させようとした、というのが「全体主義」であったということになるだろう。アーレントは、この「全体主義」の世界変革を「イデオロギーとテロル」と表現し、その源流として、一方ではヘブライズムによるキリスト教的終末論を、他方ではヘレニズムにおけるプラトン哲学を取り上げている。

「すべては可能である」という全能性を僭称するニヒリズムが蔓延した背景には、大衆社会におけるキリスト教世界観の崩壊、端的に言えば、最後の審判への信仰の喪失が存在したとアーレントは見ている。天国と地獄の模造品を作り出すという「全体主義」イデオロギーについて、例えば「マルクスの無階級社会の通俗化された形態は救世主出現の時代と奇妙に似ているが、それと同様に強制収容所の実態は中世の地獄図に最もよく似ている」[OT (III): 446=244]、と言及している。

アーレントは、強制収容所がいかなる合理的な政治目標に資するものでもなく、それがわれわれの日常の言語表現を超えた「死後の生」としか言えないものであるとしている [OT (III): 445=242]。収容者を見殺しにする難民キャンプは「冥府《ハデス》」として、強制労働で生命力を奪い取るソ連型労働キャンプは「煉獄《パーガトリィ》」として、そしてその生活全体が最大限の苦しみを与えるナチスの収容所は「地獄《ヘル》」としてしか形容できないのではないのか。そして神のみが行い得るとされた「冥府」「煉獄」「地獄」

の苦しみを人間の手で生み出すことができるとしたら、人工的な天国もまた創り出すことができるのではないか……。

だがこの「地獄」のリアリティとは対照的に、来るべき「天国」は遥か遠い未来の地点に置かれ、数百年・数千年後に先送りされたものであった。アーレントは「全体主義」のイデオローグたちが、五年や十年の短期的・局所的な勝利ではなく「勝敗を百年もしくは千年の単位で考え」るよう促し、その「千年後の勝利」という不明瞭な予言が様々な政治的機能を果たした点に注目している。

つまりそれは遠い未来での勝利という大きな「物語」を提示し、その「最終目標《テロス》」に照らして、いま現在のあらゆる政治行為の意味を手段化することに貢献した。例えば、いま現在の「殺人」や「虐殺」は、千年というタイムスパンでの「物語」で再解釈され、新たな「人種」の創造への貢献として再定義され正当化されることになる。災厄をもたらす人種・階級を地上から一掃し、選ばれた善良なる人間のみからなる世界の到来という「歴史の終わり」から、いま現在のあらゆる行為を意味づけること。そのような思考様式に基づき、「見通しもつかぬほど遠い未来において純粋に擬制的な世界を作り上げようとすること」が目指されたのであり、「限定された目的を持った戦争に勝つことよりも、他の諸〈人種〉の淘汰によって実際に一つの人種を作り上げてみせることの方が〈運動〉にとっては重要だった」のであった［OT（III）：412＝180］。

キリスト教の終末論における「千年王国」の到来が信者たちにとって確実なのは、聖書というテクストが過去—現在—未来のすべてを物語るからであるが、これと同様に「全体主義」イデオロギーは自然あるいは歴史に刻まれた「普遍的公理」としての役割を果たした。外部から見れば疑似科学でしかないこの「普遍的公理」も、その内側の人間に対してはあらゆる事象を体系的・合理的に説明するのであり、全体主義の信奉者たちは、この公理が予言として指し示す世界を実現するために「積極的に」行動した、ということになるのである。

アーレントは「全体主義」の世界変革プログラムのもう一つの源流として、プラトンに端を発する西欧の「哲学」それ自体の政治プロジェクトについても言及している。『起原』最終章「イデオロギーとテロル」では、「全体主義」イデオロギーの大きな特徴として、演繹性・法則性によって構築された世界像、経験事象を無視した自己完結的な世界を挙げている。この経験事象の背後に隠れた「より正しい」リアリティーへの信仰は、西洋を支配してきた「哲学」の思考様式そのものであり、「全体主義」イデオロギーはそこから大きな霊感を与えられたとされている。つまり「Aと言った以上Bでなければならない」という「哲学」の演繹的思考と同じように、イデオロギーの一つの公理系から「客観的な敵」が絶えず導出され、その「敵」を消去するテロルによって「より正しい」世界の建設を目指したのが「全体主義」に他ならなかった。

以上のような観点から、『起原』以後の研究では、「哲学」それ自体の反政治的性格が批判的に検証されていくことになる。このアーレントの「哲学」への批判的な眼差しは、とりわけ『人間の条件』や『過去と未来の間』でのプラトン論において繰り返し登場している。これらの中では、「全体主義」

イデオロギーに連なる危うさを内在させたものとして、西洋政治哲学の端緒としてのプラトンの思想、とりわけそのユートピア的志向性が問題として扱われている。

元々の古代ギリシャ・ポリスでの「政治」が、多様なパースペクティヴから成る市民によって営まれ、「活動」praxisと「言論」lexisをその基調としていたのに対して、哲学者プラトンはそうしたポリス元来の経験を覆し、言語行為という不確実で脆いものに代わって、堅固で安定した秩序を作り出す「制作」poiēsis; workを「政治」の中核として置き換えていったとされている。つまり、職人が一つのビジョンに従ってモノ〔＝イスやテーブルなど〕を作り出すように、「善き秩序」のヴィジョンを知り得る哲学者の命令に従うことが「政治」として理解されるようになった。

このような考え方〔＝「制作」的発想〕からすれば、人間事象のテクニックを修得したある人物が、一つのモデルに従ってユートピア的な政治システムを組み立てるのは、ほとんど自明のこととなる。プラトンは、政体を作るための青写真を考案した最初の人であり、その後生まれたあらゆるユートピアに霊感を与えている。……これらのユートピアは、意識的にしろ無意識的にしろ、活動の観念を制作の観念から解釈しているような政治思想の伝統を保持し、発展させるのに最も効果的な手段の一つであった［HC：227＝357-358］。

換言すれば、モノの「制作」というそれ自体「活動」とは区分された原理から「政治」が理解されるようになったことで、以前の「活動」における「知」と「行為」の一体性は失われ、「知る人＝主人＝哲人王」と「行う人＝奴隷＝一般人」との対立構図が決定的となった。行為の目的や意味は、もはやそれに従う行為者＝服従者の関与する所ではなく、命令を下す支配者のみが関知するところとなった、とされている［HC：225＝354-355］。

プラトンの「哲人王」に典型的なように、経験から遊離した「より正しい」世界の構築を「政治」の目的とし、そのモデルに沿ってあらゆる手段を動員すること。「哲学」の「政治」領域への参入によって登場したこのようなプラトン的ユートピアニズムは、結局のところ現実離れした空論に過ぎないか、あるいは経験世界を度外視してゼロから世界を構築するテロルかという不毛な二者択一に陥ることになる。後者の最悪の事例となったのが「全体主義」の「イデオロギーとテロル」であり、その点において「全体主義」イデオロギーは西洋政治哲学からの逸脱などではなく、その正統なる後継者であった、ということになる。

こうしたアーレントのポリス理解がどれほど説得力があるかは疑問もあるが（第6・7章参照）、ここでの文脈で重要なのは、モノを作るという「制作」概念で支配された「政治」イメージの根源的な問い直しである。「全体主義」の問題は、まさにモノを作るのと同じように、現存する世界を破壊してゼロから新たな世界を創造しようとした点にあったのではないのか。「全体主義」イデオロギーがプラトン流のユートピアニズムと異なるのは、新世界のデザインが「哲人王」ではなく、歴史法則・自然法則（階級闘争論あるいは人種主義）に委ねられていたという点に過ぎない。この世界は根本的に誤っており、世界の「全体」を作り変える必要があるという主張は、「革命」論という形で歴史上しばしば登場した。しかし、その「革命」の多くが過去との連続性を断ち切ることができなかったのに対して、「全体主義」は文字通りその連続性を破壊し「歴史」の足枷をはずして、無数の屍の上に新たな世界を建造しようとしたのだった。現実や歴史がどうであれ、世界をリセットして、新たにプログラムし直すことは可能ではないのか……。凡庸かつラディカルなこのユートピア思想こそ、アーレント「全体主義」論の核心に存在するものである。

「パブロフの犬」の勝利――アーレント「全体主義」論の特異性

ナチズムの政治思想については多様な議論が繰り広げられてきており、それがドイツの固有性(権威主義、ロマン主義、遅れた近代化)などに還元できるものではなく、広く西洋政治哲学あるいは近代性それ自体に由来するという主張もアーレント以外の論者によって行われてきた。それではアーレントと他の論者たちとの相違点はどこにあるのだろうか。本書はその相違を、世界全体を作り変える「全体主義」プログラムの実践性への眼差し、彼女自身の言葉で言えば「精神的な類似点や影響からではなく、事実と出来事から出発する」アプローチ[EU: 405=(I) 248]にあると考えている。

例えば、アーレント同様にドイツからアメリカへ亡命したエリック・フェーゲリンとの相違について。フェーゲリンはナチズムを、現世を根本的に否定するグノーシス主義と近代的学知との結合と見なし、超越性(キリスト教での神、古代ギリシャでの宇宙論的秩序)への信仰の喪失を科学的確実性で代替する近代的精神病理の帰結とした。こうした世界の根本的変革という点への注目は、ラディカルな「制作」的発想を「全体主義」の根幹に見たアーレントの議論と近接している。

しかしながら両者の大きな対立点は、その世界の根本的な変革をどの程度リアルなものとして認識していたかという点に表れている。例えばアーレントは、「全体主義」の目標は社会環境や社会秩序の変革ではなく、人間の〈本性〉nature それ自体の改変にあることを強調し、それこそが強制収容所の存在を説明するものだとした。「全体主義イデオロギーの本来の目標は、人間存在の外的条件の改変でも社会秩序の革命的な変革でもなく、人間の nature――これは今のままではいつまでも全体主義の過程に対立する――そのものの変革なのだ」[OT (III): 458＝265]。アーレントに従えば、全体主義が目指した「より正しい」世界の実現は、「客観的な敵」である人種や階級の消滅とともに、その新世界に住まう新たな人間の創造を必要としたが、その新たな市民の創出こそ、強制収容所での人間の〈本性〉を改変するプログラムによって達成しようとしたことだった。つまりは、人格はもとより、人間のあらゆる自由意志、自発性を破壊し、「個人」というアイデンティティそれ自体を消去するプログラムにおいて「パブロフの犬」のように人間を作り変える実験が行われたのだとされている。

この人間の〈本性〉を改変するという点に対してフェーゲリンは疑問を提起した。そもそも nature とは改変できないがゆえに nature なのであって、それゆえ〈自然＝本性〉の改変とは語義矛盾ではないのか。〈本性〉の改変という発想自体が西洋文明の知的崩壊の兆候であり、その nature の理解の上に築き上げられてきた文明の忘却ではないのか（Voegelin［1953：75］）。

アーレントはこのような人間の〈本性〉に依然として神聖なるアウラを纏わせるフェーゲリンの見解を拒絶する。「人間の変化せざる本性に固執し、人間そのものが破壊されているとか自由は人間の本質的な能力の一つだと結論することはほとんど慰めにならない」［EU：408＝252］。人間それ自体の〈本性〉を作り変え「パブロフの犬」とすること、それは単なる野蛮への回帰や動物化とは根本的に異なるのであって、その恐るべき試みを直視せずに、偉大なる西洋哲学の復権を持ち出してもそれは空論に過ぎないというわけである。

テオドール・アドルノらフランクフルト学派との違いも、この人間の〈本性〉の改変、「パブロフの犬」をめぐる議論の周辺にある。ドイツ・フランクフルト学派のアドルノ、ホルクハイマーらも同じようにナチスによって一時期亡命を余儀なくされたが、彼らもまたナチズムが西洋近代の啓蒙理性からの逸脱などではないことを強調した。「啓蒙の弁証法」（Horkheimer；Adorno［1946＝1990］）、すなわち「啓蒙」が克服しようとした「神話」自体が既に自然支配を志向する「啓蒙」の出発であること、またこの「啓蒙」それ自体に「野蛮」のプロセスが内在すること、このような視点からナチズムを読み解く彼らの姿勢には、アーレントと同様の西洋哲学批判のモチーフを認めることができよう。

しかしながら、世界の「全体」を作り変える「全体主義」の気宇壮大さに注目するアーレントと、自然科学的認識と産業社会の画一化の病理を強調するアドルノ―ホルクハイマーらとのあいだには大きな隔たりがある。

アーレントが「ファシズム」と「全体主義」とを周到に区分し、後者の独自性を考察の対象としたのに対して、アドルノらの関心は専らヨーロッパ「啓蒙」という「大きな物語」の終焉に立ち会い、その崩壊の過程を叙述することであり、ナチズムの蛮行をその西洋「啓蒙」が陥った不可避的な結末として見ることであった。つまりアドルノ－ホルクハイマーらにとって、思考や理性が単なる自然支配の道具へと陥り、「啓蒙」が野蛮な「神話」に成り果てた点において、ナチスの全体主義もイタリアのファシズムもアメリカの文化産業も同じであったが、こうした「全体主義」を他に類似したものと並べて議論することこそアーレントが避けようとしたものであった。「精神的な類似点や影響からではなく、事実と出来事から出発する」ならば、言語を絶したアウシュヴィッツの死の工場を、アメリカの大衆文化と同じ次元で論じることはできないというわけである。

それゆえ一見すると、アーレントが語る「パブロフの犬」という人間の〈本性〉の改変と、アドルノ－ホルクハイマーらの「啓蒙」の自然支配のプロジェクトとは近接しているように見えるが、両者のあいだには大きな隔たりがある。

人間の内なる／外なる自然の支配という「啓蒙」のプロジェクトは、セイレーンの誘惑に抗したオデュッセウスの寓話にあるように、私という主体を解体させる「自然」への恐怖の裏返しであり、「自然」における自己喪失と「啓蒙＝神話」における自己保存とが対比的なものとして位置づけられている。アーレントが「全体主義」の市民像とした「パブロフの犬」は、その「自然」における自己喪失か、主体の定位による自己保存かというアドルノらの二項対立に収まるものではない。アイデンティティを破壊され、自然的欲求や自発性を除去され、一つの信号に一定の反応を返す存在、それはもはや自然の動物たるヒトではなく[7]、個性や主体を喪失することで文字通り人類という〈一者《ワン・マン》〉へと作り変えられた存在である。「私」と「あなた」の境界が消失し、同じ〈一者《ワン・マン》〉という「全体」へと統合された世界、それこそアーレントがナチズムやスターリニズムの先に見据えた「全体主義」が提示する世界に他ならなかった。

　最後にカール・ポパーの「全体主義」批判との異同について。ポパーは、醜い世界を一掃して新たな世界を創造する「全体主義」の社会工学的発想を「ユートピア社会工学」utopian social engineeringと呼び、この発想の先駆者としてアーレント同様にプラトンを挙げた（Popper［1950＝1995：157-166］）。このように「社会工学」という表現で「哲学」から深淵なアウラを剝ぎ取りその設計主義を批判したポパーの議論は、先述したように「哲学」の「制作」的発想に反政治性を読み込むアーレントと近接するものである。またポパーは歴史の起源あるいは歴史法則を神聖化する発想を「ヒストリシズム」historicismとして批判したが、この点も自然法則＝歴史法則を僭称した「全体主義」イデオロギーについてのアーレントの議論と通じる点が多い。

　しかしながら、「全体主義」の起源を古い「部族主義」の集団性や閉鎖性に見出すポパーと、「全体主義」の新しさを強調するアーレントとのあいだには大きな隔たりがある。その点で、「全体主義」の独創性を考察の要石としたアーレントは、先のアドルノ－ホルクハイマーらと同様、ポパーの社会哲学とも思想的に離れた位置にある。

さらにポパーとアーレント両者の思想的隔たりは、その「全体主義」に対していかに対処すべきかという点で顕著となる。ポパーは「閉じた社会」としての全体主義と、「開かれた社会」としての民主主義とを対置し、プラトン的な「ユートピア社会工学」に対抗するものとして「民主的な社会改造の原則」としての「ピースミール社会工学」を提唱した。それは単に、民主主義と科学との幸福な結婚への楽観論というよりも、全体主義に対抗するために民主主義それ自身が全体主義へと転化するという隘路に陥らずに（Popper［1950＝1995：18］）、社会科学的に有効な処方箋を提起しようとする使命感であったのかもしれない。

このようなポパーの「ピースミール社会工学」に対して、アーレントは社会科学の「工学」的発想それ自体を問題視したが、それは一方では先述した「政治」の「制作」的理解への批判であると共に、他方でそれは「政治」と「科学」との関係性についての悲観的観測に由来するものである。ポパーが「ヒストリシズム」という疑似科学を政治学の領域から追放し、より真っ当な「科学」を「政治」に導入し漸進的な改良を行おうとしたのに対して、アーレントはその真っ当な「科学」自体が常識とはかけ離れたものとなりつつあること[8]、とりわけそのテクノロジーへの応用が「人間の条件」を根本的に作り変えることに警戒感を露わにした。近代の産業社会が「制作人《ホモ・ファーベル》」的発想による自然支配を明確な目的としたのに対して、現代科学はその明確な目的を括弧にいれたまま、自然の過程《プロセス》それ自体を創出し、予測不可能な「活動」を自然に対して展開しつつある［BFP：59f.＝77f.］。「科学は生命をも

〝人工的〟なものし、人間を自然の子供としてその仲間に結びつけている最後の絆を断ちきるために大いに努力している」［HC：2＝11］とアーレントが語るとき、それは現代科学が無自覚なままに「パブロフの犬」的発想へと反転していく兆候に注意を喚起したのではないだろうか。以上のような点で、「科学」の可能性に賭けた「科学哲学者」ポパーと、その「科学」の政治的帰結の不透明さに悲観的だった「政治思想家」アーレントとのあいだには、大きな深淵が存在するのである。

4　結び――「全体主義」という新たな「神話」

アーレント「全体主義」論の意義を今一度確認しておきたい。本章で見てきたように、「全体主義」とは、無法な暴君による専制政治などとは異なり、世界全体を一つの法則性に従って作り変える試みであり、その具体的プログラムは、人間それ自体を「パブロフの犬」のような存在へと改変し、単数の〈人間〉としての人類を創出するものであった。つまり、支配する者／支配される者という政治的枠組みを破壊した後で、ある者は「敵」として排除され、そうでない者は「パブロフの犬」のような同一の反応の塊として組み込まれた一つのシステムの運動こそが、「全体主義」に他ならなかった。では、このようなアーレントの「全体主義」論は、現代社会にとってどのような意味を持つだろうか。

基本的なことだが、政治学者B・クリックやM・カノヴァンらが強調するように、『起原』には、執筆・出版された一九四九～五一年当時の緊迫した時代状況が大きく反映されており、それが今日の状況と大きく異なることを確認しておくことは重要であろう。クリックは、『起原』初版の序文での政治的緊迫性、すなわち二つの世界大戦の終結の後で、断続的紛争の継続によって平和な世界の見通しのないいまま、第三次大戦への予感が起こりつつあるという緊迫性に注意を促している（Crick [1979: 27]）。スターリンが健在で冷戦構造下にある当時の状況において、「核戦争かあるいは全体主義か」という問いにはリアリティがあった、ということは一応想起しておくべきだろう。

二十一世紀今日の世界情勢がそのような緊迫性から一応遠ざかっているとすると、アーレントが生きた「全体主義」のリアリティをそのまま持ち込むことは難しいかもしれない。しかしながらその「全体主義」論には、単なる冷戦時代の産物に還元されない政治思想的意義が存在する。それは、アーレントが「全体主義の魅力」を善悪の彼岸で見つめ、政治言語化したという点に他ならない。

本章で見てきたように、アーレントは「全体主義」の終着点を、「パヴロフの犬」たる群衆、個性・アイデンティティなき市民の創出に見いだした。そこには、人間はもしかするとこの「パブロフの犬」となっても「幸福」なのではないか、そして社会的基盤を失った「大衆」はイデオロギーに身を投じてそう成りたがっているのではないか、というシニカルな洞察がうかがえる。むろん彼女が自由の圧殺された「全体主義」を根源的に否定していることは疑いないが、そうでありながらも「全体主義」の住人の思考に内在しその魅力を語る想像力に、その大きな独創性を認めることができよう。

そして重要なのは、アドルノらの難解な哲学も、ポパーの科学論を知らない者でもこの「全体主義」の単純明快なイデオロギーを理解し実践できるということ、そうであるがゆえに政治的には危うさを孕んでいるということである。「よい社会」を作るには、「悪い連中や余計な奴ら」を地上から一掃し、「悪いことや余計なこと」をしないように洗脳するのが最も合理的であり、複雑な利害を調整し、あるいは神の教えや市民道徳を説くよりも実践的で有効なのではないのか。そうした「政治」の前提それ自体を破壊するコロンブスの卵的発想に対する応答を、アーレント「全体主義」論に読み取ることができるのである。

例えばアーレントは、慢性的な失業や人口過剰によって「無用で余剰な」人間が大量に生み出される状況において人口問題を功利主義的に解決するのに「全体主義」の手法が極めて有効となるのではないかと危惧している［OT（III）：459＝267］。無論、世界的な危機が勃発しても政府の政治的対応への信頼がある限り、そうした危惧は杞憂かもしれない。しかし、通常の対応では対処できない政治的破局《カタストロフ》が噴出し政府への信頼が完全に崩壊したとき、「全体主義」という選択肢は魅力的な最終手段として存在し続けるのではないのか。誰もがうすうす気づいているこの「政治」の臨界点こそ、アーレントが「全体主義」という言葉で表現しようとしたものであった。

「全体主義」のイデオロギーとなるのは、人種主義や階級闘争論だけではなく、ナチズムやスターリニズムに限定されるものではない。「悪い連中や余計な奴ら」を地上から一掃するというテーマ自体は、宗教的終末論のみならず、小説、映画、サブカルチャーなど多くの「物語」の中で使い古されたものとなっている。それゆえ問題とすべきは、この「全体主義」イデオロギーの是非よりも、常識《コモン・センス》的に考えれば荒唐無稽なこの類の「物語」がいかにして政治的な力を有するようになるかということである。ナチズムが掲げたユダヤ人の一掃という「物語」も、最初は少数者の妄想であり、当の本人でさえそれを「真剣」に考えていたかは疑わしい。その少数者の妄想が、どのようにして一国の政治の根幹を支えるまでの「神話」となり、「真剣」に受容されるものとなったのだろうか。

次章以降では、この「神話」のリアルへの接続という点について、その受肉化・再現前化のプロセスに注目することにしたい。つまり「全体主義」の思想と行動に関するアーレントの言及を、「物語」と《祝祭》との結合という観点から読み解き、そこから逆に彼女の「公共性」の意味を照射していくことにする。一方では、アーレントと共に「全体主義」の思想と行動を辿ることで「物語」と《祝祭》との交叉の場面へと至り、他方ではその交差を陰画《ネガ》として見えてくる陽画《ポジ》がアーレントの「公共性」とどう関わるのかを、見ていくことにしよう。

註

(1) 「全体主義」概念の生成については、川崎［2002］、山口［1979: 261–274］を参照。「全体主義」という言葉自体はイタリア・ファシズムに由来し、ナチズムやスターリニズムを発祥としたものではないらしい。政治言語的には、英米型の議会制民主主義とは異質な独裁的政治体制（イタリア、ドイツ、ソ連、日本）として「ファシズム」とほぼ互換性のあるものとされ、独ソ不可侵条約以前の一九三九年の段階で、アメリカの左翼系知識人が反スターリニズムの立場からナチズムとスターリニズムの類似性を強調する文脈で用いていた（秋本［2001: 24］）。これがトルーマン政権下で冷戦が進展する中で、政治・ジャーナリズムの世界へ波及することで、一般的な政治用語として流通するようになったようである。

「全体主義」の定義については、Friedrich; Brzezinski [1965] の6つの指標（①イデオロギー、②一党支配、③秘密警察、④マスメディアの独占支配、⑤軍隊の独占支配、⑥中央統制経済）が代表的である。また Schapiro [1972＝1977] はこれを踏まえた上で5つの指標（①指導者、②法秩序の従属的地位、③私的道徳に対する統制、④継続的な動員、⑤大衆の支持に基づく正統性）に整理し直している。

(2) ヤング＝ブリューエル（Young-Bruehl [1984 : 200f. ＝1999 : 285f.]）によると、最初の構想では、アーレントはナチズムを「全体主義」ではなく「人種帝国主義」としており、スターリニズムは考察の対象外とされてた（最初の構想では「反ユダヤ主義」「帝国主義」「人種差別主義」という三部構成から成る『地獄の三本柱』というタイトルの書だったらしい）。「全体主義」という言葉がキーワードとなるのは、一九四八年から四九年にかけての強制収容所についての研究以後であり、ここからナチズムとスターリニズムを同一の視座で論じる重要性が認識されるようになる。

さらに強制収容所のみならずイデオロギーの存在が「全体主義」の本質であると理解するに至るが、『起原』は反ユダヤ主義に比してマルクス主義やスターリン主義についての分析が不十分なまま出版される。アーレントはこの記述のアンバランスに気づいていたものの、スターリン主義に対する混乱した思想状況において『起原』を緊急に出版する必要性を意識したという。こうした出版に至る経緯や状況も同書の理解を複雑なものとしている。

(3) 「忘却の穴」holes of oblivion とは、存在の痕跡と記憶自体を抹消する全体主義テロルの壮絶さを、アーレントが『起原』で表現したものである。高橋 [1994a] は『起原』の意義としてこの「忘却の穴」を指摘し、それが「記憶のポリティクス」や「表象不可能性」における重要な問題提起を行っていながらも、これが後の『イェルサレムのアイヒマン』でアーレント自身によって撤回されている点（＝「忘却の穴」など存在しない）を、議論の大きな後退であるとした。その後この問題は、高橋と岩崎との討論を経て、戦争責任論などの現代政治の諸問題と重ね合わせて論じられてきた（高橋 [1994b]、岩崎 [1994, 1995]）。

確かに『起原』では、強制収容所での人間の物理的身体の抹消だけではなく、その証言と記憶の消去・書き換えを行う「全体主義」テロルが綴られ、「はじめから存在しない」という表象の可能性／不可能性が問われている。だがこの「忘却の穴」に関する高橋―岩崎らの議論は、アーレントの「全体主義」論や「戦争責任」論にとって外在的であり、何か別の政治的視点から彼女の思想を首肯／批判しているように思える。それは以下のような理由による。

第一に、この「忘却の穴」の論調の変化は、アイヒマン裁判でのアーレントの認識の修正に由来する。「この本を注意深く読めば、私が全体主義の本で想定したよりもはるかにアイヒマンがイデオロギーの影響を受けていないことに気づく。私は個人に与えるイデオロギーのインパクトを過大評価していたのかもしれない」と、彼女は一九六三年九月二十日付のマッカーシー宛の手紙で報告している（Arendt; McCarthy［147＝280–281］）。

本書では、こうした論調の変化は高橋が言うような議論の後退などではなく、「根源的な悪《ラディカル・イーヴィル》」から「悪の陳腐さ」という新たな思想空間への移行に伴う問い直しであり、それ自体意義があると考えている。確かに「事実の真理」が単なる「意見」の問題へとすり替えられる傾向には絶えず警戒されるべきであろう。しかしながら、「忘却の穴」の話は、あらゆる証言や証拠がその痕跡もろとも消し去られたのかどうかを問うことで、ややもすると不毛な「陰謀論」へと陥るのではないだろうか（この点については第7章参照）。そうした「完全犯罪」の不毛な検証よりも、むしろ「記憶」や「忘却」それ自体の政治性について、アーレントが人間の「思考」能力から捉え直そうした点こそ重要で有益であると本書では判断している。

第二に、この「忘却の穴」の議論は、アーレント自身の「戦争責任論」とは別問題であるということである。アーレントは「組織的な罪と普遍的な責任」(1945)、「独裁体制のもとでの個人の責任」(1964) などで、責任と罪をめぐる詳細な議論を展開しており、それは師カール・ヤスパースの『罪責論』への批判的応答と読むことができる。その詳細についてはここで言及できないが、例えば「普通の市民」がなぜナチス体制に易々と荷担したのか、どのようにして「道徳」が簡単に（彼女の表現を用いれば「テーブル・マナー」のように）書き換えられたのかという点が、驚きと共に考察されている。

こうした「責任と判断」をめぐる議論は、「忘却の穴」あるいは「歴史修正主義」の議論などとは別物であって、従ってそれらを経由して、例えば従軍慰安婦問題などの戦争責任論を論じることは一応可能であっても、それはアーレントの戦争責任論とは直接結びつかないように思える。

(4) この点を政治における「虚偽」の問題と結びつけたものとしては、石田［2001］を参照。

(5) アーレントは他者との連帯性や共同性を欠いた「全体主義」における大衆の孤立を、「孤独（見棄てられた状態）」loneliness; Verlassenheit として表現しているが、その特徴は以下のような点にある［OT（III）: 474f. ＝297f., 318f.］。

①第一にそれは、他者から引きこもり思考活動を行う「独居」solitude; Einsamkeit の状態とは異なる。「独居」での思考活動が〈一者のうちにある二者〉での自己自身との対話であり、自己を潜在的な友人とするのに対して、「見棄てられた状態」は他人に囲まれながらも結びつきを喪失した有様を意味する。

②第二に、専制支配が人びとの公的な共同性を奪いながらも、私生活での家族関係や友人関係を温存させるのに対して、全体主義はその私的領域での関係性全般を解体させる。愛情、友情、隣人愛などあらゆる関係性から「見棄てられ」、自己への配慮も喪失した「余計者」superfluousness であると感ずる者のみが、全体主義イデオロギーの法則性（2＋2＝4という自明な真理を僭称する法則）を信奉するに至る。

(6) 「理想」と「現実」、「虚構」と「現実」との関係については、見田［1995］を踏まえた大澤［1996］の卓越した議論を参照。

(7) この部分のアーレントの記述は、「人形」marionette という比喩（「一切の自発性を奪われた操り人形」）と、「動物」animal という比喩（「人間の顔をした動物の一種」）とのあいだを揺れ動いている［OT（III）: 455–459＝258–267］。

この点についてカノヴァンは、後者の「動物」に比重を置き、人間と動物とを隔てる境界の破壊こそがアーレントが nature の変革とするものであると解釈した（Canovan［1992: 25–26＝2004: 37–38］）。しかしながら、「パブロフの犬」が、単なる人間の動物化や野蛮への回帰とは根本的に異なるものである以上、動物化を強調するのは誤りであると思う。「パブロフの犬」とは、人間でも動物でもないものであり、そうであるがゆえに「全体主義」の新しさと恐ろしさをアーレントは予見していた、と本書は解釈している。

(8) 例えばアーレントは、現代科学がますます一般人には理解し難いものとなり、「客観的なリアリティ」の認識からいかに断絶しているかについて、ハイゼンベルクの不確定性原理などを挙げながら言及している。そしてそれがアーレントのような部外者のみならず、現代科学の理論的袋小路に対して科学者自身から発せられた点について、エルヴィン・シュレディンガーから「おそらく『三角形の円』ほど無意味ではないによせ、『翼を持つ獅子』よりもはるかに無意味」という言葉を引用している［BPF：269＝366］。

第3章
《祝祭》の政治学(1)――「公的領域」とは何か

1　序――アーレントの公共性をめぐる問題点

ハンナ・アーレントの「公共性」(彼女の言葉で言えば「公的領域」public realm)には不明瞭な点が多い。

『全体主義の起原』の後に刊行された『人間の条件』(一九五八)では、「全体主義」という二十世紀の政治病理を視野に収め、新たな「公共性」の在り方が模索されているが、そこにはテクストの難解さとは別の不可解さ、躓きの石がある。それは端的に言えば、この「公共性」が、アーレントの批判するファシズムの政治運動を排除しないばかりか、それと密接に結びつくのではないかという問題である。

アーレントが語る「公的領域」について順番に確認してみたい。まず留意すべきことは、これが二つの「公共性」の次元を重層的に示すという点である［HC: chap. 7］。

①「現れの空間」space of appearance……第一の「公的《パブリック》」次元は、私と異なる他者と経験を共有することで開かれるリアリティを意味している。「第一にそれは、公に現れるものはすべて、万人によって見られ、聞かれ、可能な限り最も広く公示されるということを意味する」［HC: 50＝75］。特定の誰かではなく不特定の人たちが、何かを見、何かを聞くことで経験を共有するこの公的空間は「現れの空間」という言葉で表現されている。つまりこの空間は、言語行為としての「活動《アクション》」（ヒトの生命維持にかかわる「労働《レイバー》」や、モノを作る「制作《ワーク》」と異なる行為様式）の領域であり、人びとが対峙し言葉を交わす限りにおいて存続する非永続的・一時的な空間である。

②「共通世界」common world……「第二に、「公的《パブリック》」という用語は、世界そのものを意味している。なぜなら、世界とは、私たちすべての者に共通するものであり、私たちが私的に所有している場所とは異なるからである」［HC: 52＝78］。つまり、①のリアリティはこの「共通世界」にもかかわるものであるが、それはまた時間と空間の一時的共有を超えた次元にあり、個々人の一生を超えて存続し続けるものと位置づけられている。あるいはそれは人が出生《ナタリティ》によって参入し、死によって退出する演劇的舞台のようなものとイメージされている（この点については第5章参照）。

ここで①「現れの空間」について詳しく辿ってみたい。それは具体的にどのような経験的事例によって語られているだろうか。

『人間の条件』でそのモデルとされているのは、トロイア戦争の英雄物語であり、あるいは古代ギリシア「ポリス」での政治経験、とりわけアテナイの政治家ペリクレスの葬送演説である。後の『革命について』ではさらに、パリ・コミューン、ドイツの労兵評議会《レーテ》、ロシアのソビエトや、アメリカのタウンミーティング、そして同時代アメリカでの公民権運動やハンガリー革命運動などが挙げられている。しかしながら、この「現れの空間」としての「公的領域」の重要な指標が、その空間に直接参与することによる他者との経験の共有にあるならば、ここにファシズムが催した様々な政治集会や政治運動を含めないわけにはいかない。この点についてアーレントは明確に語っているわけではないが、両者は以下のような点から同じ地平に位置している。

（1）第一に、市民運動にせよ政治集会にせよ、それは何らかの要求や目的を共有する人たち（利害関心《インタレスト》を共有する者たち）によって担われるわけだが、この要求や目的に対して「公的領域」や「活動」は制限を課すものではない[1]。「戦争に反対する人びと」の集会も「戦争に賛成する人びと」の集会も同等である。実際にアーレントのテクストでは、戦争への士気を喚起するペリクレスの葬送演説［HC: 205＝329］[2]も、ベトナム反戦の市民運動［CR: 74＝66］も「公的領域」の具体的事例として論じられている。

（2）それを踏まえると、利害関心《インタレスト》を共有する人が「公的領域」に現れ、そこで議論し、演説し、あるいは示威行進するという点で「よい政治／悪い政治」を区分する指標はない。一人あるいは少数の演説者が多数の聴衆へ訴えかけ、また聴衆は歓声、沈黙、野次、退出で応答するという構図において、アーレントの称揚するポリス市民に訴える政治家ペレクレスと、ドイツ国民へ訴えかけるアドルフ・ヒトラーとのあいだに本質的な違いはない。われわれはニュルンベルク党大会などで文字通り〈演技者《アクター》〉として登場したヒトラーが、言葉と行為によって聴衆を魅了し、彼が「どのような者《フー》」として政治の舞台で振る舞ったかをよく知っている。

（3）さらに言えば、アーレントは同時代のハンガリー革命に対して賞賛の念を送ったが［OR：chap. VI-4］、その革命に身を投じた民衆は、ファシズムの政治運動同様に、街頭を行進し、広場を埋め尽くし、抗議の声をあげ、時に暴力的に振る舞った。むろんアーレントは「評議会制度」など、より穏やかに参加者全員が理性的に討議し、意見を交換するモデルも構想しているが、その制度モデルにすべての「公的領域」が回収されるわけではないし、それ自体が多くの難問を抱えており説得力のあるものではない（この点については結論部参照）。

このように、アーレントの「公的領域」が、ナチスの政治運動に対立しないばかりか、むしろそれと強い親和性を有することを、われわれはどう理解すべきだろうか。

このような問いは実際のところ以前から存在するものであって新奇なものではない。アーレントとファシズムとの親和性が単なる偶発的なものではないという指摘は以前から行われてきた。例えば、マーティン・ジェイは、アーレントの「政治」について、それが目的性や経済的文脈が捨象されている点に注目し、政治行為それ自体を特権化・美化するものとして批判した。つまり政治行為それ自体に価値を置くものとして、それを「芸術のための芸術《ラール・プール・ラール》」ならぬ「政治のための政治《ポリティーク・プール・ラ・ポリティーク》」と呼び、カール・シュミット、エルンスト・ユンガー、マルティン・ハイデガーら「政治的実存主義」の系譜に位置づけた（Jay［1978＝1989］）。ジェイの語るように、アーレントが語る「活動」とは、政治的動機や目的を括弧に入れ、政治的発話や身振りそれ自体の審美性を強調するものであり、それはまた「卓越性」aretē; virtue,「闘争精神」agonal spirit,「勇気」courage,「不死性」immortality といったヒロイズムを匂わせるタームと強い親和性がある。このような男性主義《マスキュリニズム》に彩られた用語群は、ナチスのイデオローグたちの審美的政治用語と容易に結びつくことは改めて強調するまでもない。(3)

同様の批判は、アーレントの政治活動が「道徳的規準」を排し、偉大さや栄光という用語を強調する点において、ナチズムの政治運動と類似しているというケイティブの指摘（Kateb［1983: 29, 85］）や、何かを新しく「始める」力としての「活動」は、ギリシア・ポリスのみならず、二十世紀の全体主義の悪夢をも生じさせたとするリチャード・バーンシュタインの指摘（Bernstein［1977: 151］）などにも見受けられる。アーレントを読む上で突き当たる躓きの石の一つが、このファシズムとの親和性という問題であった。

アーレントの思想のルーツが、ハイデガーの実存哲学であることを考慮すれば、こうした「政治的実存主義」のモメントが存在しても不思議ではないかもしれない。しかしながら川崎［1986: 216, 1997: 118］が早くから指摘したように、ナチスの「被害者」であるアーレントが、それとの共犯関係を危ぶまれるような政治思想を展開する必要性はどこにもない。同じ実存哲学であれば、もう一人の師であるカール・ヤスパースと同様に、崩壊した議会制民主主義の再建と「健全な」方向へ政治を教導するような理論構築も可能であったはずだが、アーレントの政治思想にそうした傾向は希薄である。(4)

これらのファシズムの政治運動とは重ならない部分に、アーレント政治思想の意義を見出すことも無論可能である。例えばセイラ・ベンハビブなどは、『人間の条件』での古代ギリシアのポリス論よりも、『ラーエル・ファルンハーゲン』でのサロンの社交空間をアーレントの「公共性」論として重視し、その現代性を強調している。しかしながら、そのようにある種の「危うさ」を排除して組み立てられた「公共性」とは、「アーレント」という思想家でなくても語ることができるのではないだろうか。[5] 事実ベンハビブの解釈は、ハーバーマス的な「文芸的公共性」が大きく投影されたものであり、その点で「ハーバーマス」というフィルターで「アーレント」を論じていると言っても過言ではない。

本書は以上のような点を鑑み、アーレントとファシズムとの接点を辿ることによって、そこから逆に彼女が論じる「公共性」の独自の次元に光を当ててみたいと考えている。その際にここでは二つのルートからアプローチを試みるが、キーワードとなるのは《祝祭》という言葉である。

（1）ナチスの政治運動「公的祝祭」のルーツとして、ジャン＝ジャック・ルソーの《祝祭》論を辿り、それと「現れの空間」という文脈でのアーレントの「公的領域」との接点を確認する。つまり、アーレントの公的空間が、「見る―見られる」という二重性において構成される点において、ルソーの演劇的祝祭空間と重なりながらも、ルソーのような教育的効果――新しい市民・国民の創造へ向けた啓蒙――に囚われない点を明らかにしていきたい。

（2）またアーレントがハイデガー同様に「政治的なもの《ダス・ポリティッシュ》」の根源を「ポリス」へと求め、それを日常的意味秩序の解体という《祝祭》的文脈を共有しながらも、他方においてハイデガーが陥った

「民族の祭典」的なナショナリズム論を大きく逸脱するものであることを見ていくことにしたい。ハイデガーの《祝祭》論は必ずしも実際のナチズムと結託するものではないものの、それが現実政治での翻訳過程において単なる「民族の祭典」賛美と解されてしまう危うさを免れられない。このような「哲学」の政治的帰結の不毛さに対するアーレントの対応も検証することにしたい。

この《祝祭》という言葉は、アーレントのテクストで意識的に用いられたものではない。しかしながら、以上のようにルソー、ハイデガー二人の議論を補助線とすることで浮かび上がるこの《祝祭》性という点こそ、アーレントの「公共性」を論じる重要な指標であると本書では考えている。それは単に、市民運動とファシズムの大衆運動とを同じ枠組みで捉えることを目的とするものではない。これをキーワードとすることで、アーレントの「公共性」、すなわち「現れの空間」としての「公的領域」をより平明な言葉で捉え返し、日常生活の幅広い領域に見出すことができるようになると思えるからである。つまりアーレントの「公共性」はファシズムの政治運動をも内包し、それと同時に、民族・国民の同一性を可視化する装置に還元されない、それとは逆のベクトルとなる無数の《祝祭》の可能性を提起していること。このような意味での《祝祭》の政治学について、アーレントと共に見ていくことにしたい。

2 アーレントとファシズムとのあいだ

「全体主義」運動の演劇的展開

前章で見たように、アーレントは「全体主義」が「大衆」の政治参加において成立したこと、すなわち相互に孤立した「大衆」の組織化の成功に「全体主義」の独創性を見出した。この「大衆運動」としての「全体主義」という理解によって否定されるのは、「大衆」は単にナチスに操作された不幸な犠牲者であったという主張、あるいは逆に確信犯的な犯罪者であったという主張、この被害者か加害者かという二者択一的思考である。

アーレントはこの二者択一を退け、「大衆」は能動的な演技者アクターとして「全体主義」に関与しながらも、その運動の全体像を知ることはなかったという理解を行っている。そして「大衆」という演技者《アクター》に自らの政治的位置づけを不明にしたままで、運動への動員を可能とした「全体主義」組織の独自性に注意を促している。

(1)「全体主義」組織の演劇的構造

「大衆」は自らが演じる役回りを把握しないまま「全体主義」という運動に絡め取られていった。アーレントがそう理解する際に論拠としているのは、正式な「党員」とは区分された「支持者《シンパサイザー》」の存在であり、両者におけるイデオロギー解釈コードの相違である。例えば、この「支持者《シンパサイザー》」は、「全体主義」の外側に対してはその運動の過激さを覆い隠す衝立となり、その内側に対しては外部の正常世界の疑似的存在としての役割を果たしたという。

支持者の組織は全体主義運動に正常で尊敬できる煙幕をまとわせることで、組織メンバーに対しては外部世界の真実を隠蔽すると同時に、外部世界に対して運動の本質を覆い隠す。つまり前面組織は二重の役割を果たすのであり、非全体主義世界に対しては全体主義運動を覆うファサードであると同時に、運動の内的ヒエラルキーに対してはこの〔外部の〕世界を隠すファサードとして機能するのである［OT (III)：367＝104］。

「ファサード」façadeとは建築物の正面の装飾を意味するが、ここでは建物の内部構造を擬装する表象という文脈で用いられている。要するに、ナチスの政治運動は、イデオロギーの外部に対しては穏健化・希釈された「支持者」らが、内部の異常さや狂気を覆い隠す衝立（ファサード）となり、その逆にイデオロギーの内部の者に対しては「支持者」の中途半端な同調は正常世界の代替物とされ、狂気と異常さが相対的に中和され、全体主義運動の過激さは途中で停滞することなく展開されていった、ということである。

そしてより重要なのは、この「ファサード」が玉葱の皮のように幾重にも階層化されていたということであり、それぞれがイデオロギーや政治的発話に対して異なる解釈コードを有していたという点である。支持者《シンパサイザー》、党員、党官僚機構、精鋭組織、警察集団、側近、そして指導者《フューラー》と、組織の構成員は過激さと穏健さの段階に応じて区分・階層化され、それぞれが一方では「正常性＝穏健＝外部」を、他方では「異常性＝過激＝内部」を無意識のうちに演じるように構成されていたという。それは、あたかも秘密結社の組織においてより内部に位置する者が、教義の「奥義」により通暁するのと同じであり、アーレントはこの組織原理を「秘密なき秘密結社」と表現している。このように正常さ／異常さのスペクトルで差異化された体系こそが、「全体主義」のダイナミズムを形成し運動を突き動かしていった(6)。

（2）「代表」としての「指導者」

秘密結社的な組織原理について、アーレントはそれを単なるヒエラルキー原理ではなく、むしろそうした伝統的な組織原理を解体するものとして描いている。「指導者」と「大衆」は単なる支配者／被支配者という関係性とは根本的に異なる点について、以下のような説明を行っている。

実際のところ、全体主義の指導者は彼に指導される大衆のための職員に過ぎない。彼は臣民に対し恣意的な意志を専断的に押しつける権力に飢えた個人ではない。彼は単なる職員としていつでも取り替え可能であり、自分が形を与えている大衆の「意志」に依存している。そしてそれは、指導者なしでは外的な代表 (representation) を欠き、形のない群れでしかない大衆が指導者に依存しているのと全く同じである [OT (III): 325＝39]。

無定形《アモルファス》な「大衆」に形式《フォルム》を付与し、彼らを「代表」する具現的存在こそが「指導者《フューラー》」その人であった。アーレントは、こうした「指導者」と「大衆」との関係、代表する者／代表される者との関係が、支配者／被支配者、あるいは命令者／服従者という伝統的な政治的関係と一線を画すものであることを強調している。

この「代表する者／される者」という点については、次章第4章で検証することにして、ここではこの両者を結合する場がナチスの大衆集会であり、アーレントはこれを秘密結社の儀式になぞらえたことを確認しておきたい。「運動における儀式の役割は、運動と秘密結社の類似性を特によく示している。モスクワの赤い広場における行進は、ニュルンベルク党大会の華麗な祭典に劣らずこの点で典型的なものである。ボルシェヴィキの儀式の中心はレーニンのミイラになった屍であり、ナチの儀式の中心は「血の旗」だった……（中略）。ここで生み出されるのは神秘的な行為の体験であって、そのような体験自体が、秘密を分かち合っているという冷静な意識よりも人間を効果的かつ確実に結合する」[OT（III）: 377＝124]。

ニュルンベルク党大会に代表されるナチスの政治集会が劇的演出を駆使した祝祭的なものであったこと、またそれが民衆を魅了し、政権獲得とその後の運動の展開に重要な役割を果たしたことは早くから指摘されてきたが（Neumann［1942–44＝1963: 372–374］, Cassirer［1946＝1960: 377–379］）、これらは得てして非理性的・情動的・呪術的とされ、明示的・暗黙的に西欧の正統なる政治的様式、すなわち理性と討論に基づく議会制民主主義からの逸脱として処理されてきた。

こうした見方に対して、ジョージ・L・モッセ（Mosse［1975＝1994］）はこの祝祭的な大衆集会を人民主権プロジェクトの到達点として位置づける。つまりモッセによれば、これらの政治的祝祭は、民衆が自らを崇拝する世俗宗教の「公的祝祭」Public Festival であり、議会制民主主義とは異なるかたちで政治的統合をはかる試みであった。モッセの研究は、政治的領域への参入を排除されてきた者たちの政治的ダイナミズムを洞察する視点を確保し、「公的祝祭」を議会制－政党制とは異なる民主主義、人民の意志を具現化する民主主義として分析するものである。同様の指摘は、ハーバーマスの「市民的公共性」とは異なる「公共性」、すなわち「労働者的公共性＝大衆的公共性」「ファシスト的公共性＝国民的公共性」の意義を強調する佐藤［1996b］の議論にも認めることができる。

『起原』ではこのナチスの大衆集会についてそれほど掘り下げられているわけではないが、しかしながら先述したように、この大衆集会の空間はアーレントが語る「公共性」の圏域にある。以下ではこの点について、「公的祝祭」のルーツとなったジャン＝ジャック・ルソーの思想に向かい、ルソーを経由してから再びアーレントに戻ることにしたい。

ルソーと「革命祭典」

ナチズムの政治的祝祭に関する研究では、様々な系譜が指摘されているが、(7) 演劇的祝祭空間の政治性というここでの文脈で重要なのは、ナポレオン戦争やドイツ統一運動を通してフランスから輸入された「革命祭典」la Fête révolutionnaire であり、その母胎となったジャン＝ジャック・ルソーの《祝祭》に関する言及である（cf. Baczko［1978＝1990: 91–103］, Mosse［1975＝1994: 85–86］）。

ルソーは『ダランベール氏への手紙』（一七五八）の中で、新たな共和国市民の娯楽について言及し、市民を啓蒙し教育する観点から、それまでの宮廷演劇とは異なる新しい演劇的催しを推奨している。ここで従来の宮廷演劇は、費やされる金銭的負担、劇場空間の閉鎖性、そして何よりも民衆への悪影響——悲劇では非道な殺人が演じられ、喜劇は善行を嘲笑する——という点が非難され、それに代わる新たな催しとして、人民自身が自分たちを観客あるいは俳優とする《演劇―祝祭》空間の創造が提唱されている。各人が〈見る―見られる〉という二重性によって構成される《演劇―祝祭》空間について、ルソーは以下のように記述している。

> 人々が集まってくるところはどこでも自由とともに安寧が支配しています。広場の真ん中に花を飾った杭を立て、そこに人民を集めてください。そうすれば、あなたがたは一つの祝祭を始めることになるのです。もっと本格的な祭りにするには、観客たちを芝居にしてください。観客自身を俳優にしてください。すべての人びとがよりよく結ばれるように、各人が他人の中に自分を見出し自分を愛するようにしてください（Rousseau［1758＝1979: 151, 強調は石田］）。

このようなかたちで構成される《演劇―祝祭》空間の具体例としては、レスリングや競争などのさまざまな競技会、あるいは男女の舞踏会などが挙げられている。そしてこれらの壮大な催し物はすべて、人民をより良き方向へと啓蒙し、より良き市民を創り出そうとする企てによって貫かれている。

この《祝祭》論の背景にあるのはルソーのジュネーヴでの経験であるが、そのモデルとして推奨されているのは古代ギリシアのスパルタであった。というのもそれが「虚飾がなく、贅沢がなく、華やかさもなく、それらの祝祭を興味深いものにしている祖国愛のひそかな魅力とともに、すべてがそこでは自由人にふさわしい一種の軍人的な精神を発散して」いるからであった（Rousseau［1758＝1979：161–162］）。このルソーの《祝祭》論は、より実践的な政治的提言の色彩の強い『ポーランド統治論』（一七七一）でも繰り返されている。つまり、かつて祖国たるポリスの繁栄のために様々な競技が行われていたように、「祖国の子供がつねに祖国に意を用いるようになるために、祖国自身がしばしばそれら〔＝多くの公的な競技〕を取り仕切るべき」であるとルソーは主張している（Rousseau［1771＝1979：372］）。

ルソーが夢想するこの《祝祭》空間は、『社会契約論』（一七六二）における主権のための人民集会、すなわち代表者を媒介しない市民集会を想起させる（Rousseau［1762＝1979：198–201］, cf. Baczko［1978＝1990：267］）。この空間において「見る者」と「見られる者」とが合致することで、哲学的に言えば近代合理主義的な「主体」と「客体」との断絶が止揚され、政治的に言えば「支配者」と「被支配者」との断絶が超克されることになる。そしてここでの文脈で重要なのは、この政治的《祝祭》が伝統的な「お祭り」と同様に、その場に集うこと自体が高揚感・躍動感を生み出す「ユートピア」

的側面と、参加者を共同体に相応しい存在へ教導する「教育」的側面の両方を兼ね備えていることである。

つまり、サートゥルナーリア（農神祭）に代表される伝統的祝祭が、主人と奴隷の逆転など、既存秩序を転倒させた「あべこべ」のユートピア空間を創出し、古の神話が〈再現前《レプリゼンテーション》〉される場であるのに対して[8]、ルソーの政治的祝祭は、「市民宗教」religion civile を基軸とした新しい秩序を創出し、未来において実現されるであろうユートピア――平等、平和、幸福、そして自然な相互交流、すなわち「透明な関係」が達成された社会――を〈再現前〉させる（Starobinski［1957＝1973］）。つまり「仮面《ペルソナ》」による虚偽や虚飾を排し、心からの交流が実現された社会、その「どこにもない」の社会の夢と願望が「いま―ここ」に先取りされた空間である。この独特の空間と時間こそ、不可視の「神話」が現実での政治的ダイナミズムを獲得するために必要不可欠なものであり、理念と現実とが交錯する通路に他ならない。

眼差しの交差によって成立する《演劇―祝祭》空間は、このようなユートピア的機能と教育的機能を有しているが、この二つの機能が活用されたのは皮肉なことにフランスの「革命祭典」よりもナチスの「公的祝祭」であったようである。フランス革命研究者モナ・オズーフに拠れば、フランス革命後の新政府は「革命祭典」の暴走を怖れて演出に消極的だったため、その政治的利用に成功したとは言えなかった[9]。これに対して、積極的にこの《祝祭》空間を創出し、そのユートピア的機能・教育的機能を活用したのがナチスの政治運動に他ならなかった。「大衆を国民主義に教育するのは『社会的高揚』だけだというのは、ヒトラーの最も強い信念だった」(Mosse [1975＝1994: 219])。「ヒトラー主義は古代の祝祭の二つの基本的機能を結びつけている、というよりうまく言うことはできない。集団の全体性を苦行と良き配置で確保し (アポロン的機能)、その再生を過剰と激発で確保すること (ディオニソス的機能)」(Simon [1976＝1990: 298]) で、秩序と無秩序とが統合される。ルソーの夢見た《祝祭》は、フランス革命という正統継嗣ではなく、ナチズムという望まれざる後継者によって実現されたのだった。

ルソーとアーレントの《演劇—祝祭》

アーレント自身が以上のようなルソーの議論を理解していた痕跡はない。アーレントの理解するルソーとは、「同情《コンパッション》」を政治に持ち込むことで他者との健全な距離感を消失させ、「一般意志」において多様な政治的意見を圧殺させた思想家であり、肯定的な評価はほとんど行われていない [OR: chap. II-2〜3]。しかしながら、例えばアーレントの描く公的自由と、ルソーのそれとが近接しているという指摘にもあるように (Miller [1979: 198])、アーレントが拒絶するほど両者の思想的隔たりが大きいわけではない。「公共性」の空間的イメージについても両者に共有される思想的モチーフは少なくない。前述したルソーの《演劇—祝祭》空間の特質、すなわち観客が同時に演者であるという空間は、アーレントの論じる公共空間「現れの空間」の特質でもある。「演技者《アクター》(＝見られる者)」が同時に「見物人《スペクテーター》(＝見る者)」であるような公共空間、〈見る—見られる〉という二重性によって成立する「現れの空間」について、アーレントは以下のように記述している。

> この空間（ポリスの真の空間）は最も広い意味での現れ《アピアランス》の空間である。すなわちそれは、そこで他者が私に対して現れるように、私が他者に対して現れるような空間であり、人々が単に他の生物や無生物のように存在するのではなく、その現れをはっきりと示す空間である［HC: 198–199＝320, 強調は石田］。

冒頭で述べたように「現れの空間」とは、アーレントの「公的領域」の重要な資質であり、言葉や行いを他者と共有することでリアリティの次元を構成するものであった。ここではこの「現れの空間」が、〈見る―見られる〉という相互主観性によって構成されていることに注目しなければならない。つまり都市での人混みのように、人がそこに存在しても無意識的に通り過ぎるものではなく、見る者と見られる者双方が相互にその存在を意識することで経験が共有されるような空間こそ、「現れの空間」に他ならない。この「現れの空間」のリアリティはしばしば演劇の舞台に喩えられており、公的なるもののリアリティは、私的なもの（個人の感情、身体的苦痛、愛、思考作用など）が他者と共有され得ないことと対比されている。その場に居合わせた者が、同じ現象を目の当たりにし、同じ経験を共有すること、そしてその者たちの存在が透明な観察者ではなく、一人一人がその場の当事者であり、「現れ」としてリアリティの一部を構成していること。多様な目的・価値判断を一度括弧に入れることで立ち顕れるこうした現象こそ、アーレントが「公的領域」として措定するものなのである。

このようなアーレントの議論については、主として演劇性《ドラマトゥルギー》という視点から解釈が行われ、その政治的可能性あるいは不毛性が論じられてきた（Wolin［1977：96＝1988：222］, Villa［1999：137＝2004：214］）。しかしながら、ここでルソーの議論と重ね合わせることで問題となるのは、演劇性《ドラマトゥルギー》の是非ではなく、それがナチズムの政治運動・政治集会をも内包するという点にある。

冒頭で言及したように、この「公的領域」の原型とされる古代ギリシア・ポリスの政治経験、とりわけアテナイ指導者ペリクレスの政治演説は、同胞アテナイ市民へ訴えかけ戦争を鼓舞するという構図において、ナチスの政治集会での「指導者《フューラー》」の姿において反復されている。逆にペリクレスの政治演説のリアリティをわれわれが知り得るのは、アメリカ革命でもハンガリー革命などでもなく、『意志の勝利』などで描かれたアドルフ・ヒトラーの姿と言っても過言ではない。ヒトラーが「何者であるか」について、つまりその人がニュルンベルク党大会など数々の政治集会あるいは公的祝祭において、文字通り「演技者《アクター》」として自己の偉大さを演じたことについてわれわれはよく知っている。

同様に、アーレントは「公的自由」の実践事例を語る際に、審議・討議・決議の過程それ自体を享受するアメリカ型とは異なるものとして、フランス革命「球技場の誓い」でのロベスピエールの姿を引証しているが（[OR：120＝184], cf. Kateb［1983：29–30］）、このような大衆の声援と喚起の声に陶酔するロベスピエールと同様の光景は、ローマの教皇、フランスの絶対君主、アメリカの大統領、そしてドイツの独裁者の身振りに共通して見出すことができるものである。

アーレントがなにゆえにこのようなファシズムをも内包するような「公共性」を提示したかは定かではない。しかしながら、例えばハーバーマスの「文芸的公共性」などでは捉えきれないこのファシズムの公共圏を汲み取ることのできる点にこそ、アーレントの語る「公共性」の思想的意義が存在すると本書は考えている。ここで重要なのは、アーレントの「公共性」がファシズムを除外するのではなくそれを内包しながらも、決してそれに終わるわけではなく、逆にそれを内側から解体させる方向性を提起したという点にある。端的に言えば、アーレントの「現れの空間」は、一方においてルソーの《演劇—祝祭》空間のように「来るべき市民《シトワイヤン》」の表象装置となり、あるいは「民族共同体」の夢を共有する空間となる可能性を示しながらも、それと同時にその空間を規定する「物語」の一義的な支配から逸脱することで、同一性の神話を内側から解体させるということに他ならない。

例えば、アーレントが、過去と現在とを結びつけていたアリアドネの糸が途切れてしまったと語り、伝統や権威というアウラによって聖化された「物語」を拒絶するとき、〈表象—再現前《レプリゼント》〉されるべき特権的な黄金時代は存在しない。あるいはまた、「活動が完全にその姿を現すのは、物語作者である歴史家が過去を眺めるときだけである」［HC: 192＝310］のだから、輝かしい未来を担保にして「いま—ここ」にアウラを付与することはできない。要するに、アーレントの祝祭的な公共空間は、「神話—物語」からの意味づけが行われる危うさと共に、その「神話—物語」それ自体を解体させる別の「歴史《ゲシヒテ》—物語」が生起《ゲシェーエン》し得るような場、そのような両義性を孕んだものとして理解されるべきなのである。端的に言えば、「王様は偉大である」ことを祝うはずの祝祭で、「王様は裸である」と露呈されてしまうこと、そうした「物語」の反転、別の「物語」の可能性が織り込まれているのである。

このようにアーレントをルソーから隔てるモメントを、さしあたりここで「遍在性」と「潜在性」という言葉で捉えることにしたい。つまり、〈見る―見られる〉という相互主観性を契機とする公共空間は、ルソーが企てたように体制側の主催によって管理・運営されるようなものではなく、多様な形態で・あらゆる場所で・突発的に生じ得るものである。

この《祝祭》空間は、普段はどこにも存在しないが、人びとが複数存在しているところで生起する契機が「潜在」し「遍在」している。つまりそれは、「共に行動し共に語るというこの目的のために共生する人々の間に生まれるのであって、それらの人々が、たまたまどこにいるかということとは無関係である」。そして、どのような祝祭にも必ず始まりと終わりがあるように、この空間の成立期間も限定されており、「常に存在するとは限らない」し、その一方で、「誰もこの空間にずっと住むことはできない」のである［以上、HC：198–199＝320–321］。アーレントはこの「現れの空間」としての「公的領域」の特性を、砂漠に点在するオアシス、あるいは大海に浮かぶ島［OR：275＝435］になぞらえているが[10]、それは以上のような文脈でこの空間の祝祭的特性として捉えることができよう。

アーレントの「公的領域」は曖昧な点が多く、解釈者によってその理解は多様だが、以上のような形でルソーの《祝祭》論を下敷きにして読むことで、その現代的意義が明らかになる。そして以下では同様に、ハイデガーの《祝祭》論を手がかりにして、アーレントの議論の意味を見ていくことにしたい。

3　ハイデガーとアーレントの《ポリス—祝祭》

「政治的なるもの《ダス・ポリティッシュ》」の根源としての「ポリス」

アーレントは「公的領域」の原型として古代ギリシアの「ポリス」に注目した。「政治」politics の根源としての「ポリス」polis に着目する議論自体は新奇なものではないが、アーレントの議論の大きな特色は、「ポリス」という空間に人びとが「現れる」(appearance; Erscheinung) ことそれ自体に意味があるという点にある。つまり「ポリス」は、何かの集団的決議を採択すること以前に、他者と共に語らい・討議し・演説することで、自己が「どのような者か」who を露わにする場であり、その「現れ」を奪われた《デ・プライヴド》領域である「オイコス」と対置されている。ある場所に集い言論を闘わせる場としての「ポリス」、それは自己の卓越性を示さんとする「競技精神」agonal spirit が具現される空間であると同時に、言葉や行為を共有することで、その存在を記憶に留める「記憶の共同体」としての意味を有するものでもあった。

だがこのようなギリシア人の「ポリス」も決してそれ自体がオリジナルなものであったわけではない。アーレントによると、この「ポリス」の先行形態にあるのは、それ以前の古代ギリシアの英雄たちの経験であり、吟遊詩人ホメロスが描いたトロイア戦争の英雄物語であった。つまり「ポリス」創設以前においては、住み慣れた故郷を去ってトロイア戦争という「尋常ならざる類い希な企て」an extraordinary and infrequent enterprise に身を投じた英雄たちだけが、自らの卓越性を示すことができたわけだが、それと同様の経験を獲得する機会を与えることこそポリスの第一の機能であった。ギリシア人にとってのポリスとは、「そのために家を去らなければならないような、尋常ならざる類い希な企てとしてのみ可能であったことを、永続的に——もちろん一定の制限下においてではあるが——行えるようにする」［HC: 197＝317, 強調は石田］ような存在であった。

ここで明らかなのは、アーレントにおける「ポリス」の政治的重要性とは、それが都市国家という物理的存在にも、人員の同質性による社会的安定性にもあるのではなく、「尋常ならざるもの」the extraordinary に継続的に関与するという逆説性にあった、ということである。トロイア戦争に代表されるような冒険には必ず始まりと終わりが存在するが、その非日常的な冒険「尋常ならざるもの」を継続して享受することこそが「ポリス」の第一の目的であった。

だが冒険とは言っても、それは暴力的な政権の簒奪や内部抗争を意味するものではない。言葉と行いによって「尋常ならざるもの」に到達するとは、既存の自明な社会的関係性を揺さぶるような瞬間を意味している。

> 人間の振る舞い behaivior については、ギリシア人もすべての文明化した民族と同様、一方では動機や意図を、他方では目的や結果を考慮に入れて「道徳的基準」で判断した。しかしこのような人間の振る舞いとは違って、活動 action を判断できるのは、ただ偉大さという基準だけである。なぜなら、一

般に受け容れられていることを打ち破り、尋常ならざるもの the extraordinary に到達するのは、活動の本性によるからである。その場合、一般の日常生活で真実であるとされるものがもはやそうでなくなるのは、存在するものの一切がユニークであり、比類のない（*sui generis*）ものだからである［HC：205＝330, 強調は石田］。

日常のルーティンワーク化された「振る舞い」behaivior ではなく、日常には希有な傑出した行為としての「活動」action との遭遇を可能にする空間こそ、アーレントの想定する「ポリス」に他ならない。つまり、既存の社会的諸関係の自明性が覆され・再編される場所、そのような《祝祭》性を帯びた場所として、アーレントの「ポリス」は位置づけられているのである。

以上のようなアーレントの「ポリス」理解が、アリストテレス的共同体主義の単なる復権ではなく、ハイデガーの哲学が色濃く投影されていることはこれまでにも言及されてきた（川崎［1986；1989］，Hinchman; Hinchman［1984］, Villa［1996＝2004: chap. 4］)。

例えば、この「ポリス／オイコス」の対比が、ハイデガーの「本来性／非本来性」Eigentlichkeit/Uneigentlichkeit という区分に対応し、人間の生の二重性を照らし出すものであることなどはその顕著な事例である。あるいは「世界」を人間の外部に客観的に観察可能なものとして措定するのではなく、それ自体が人間存在の一部を構成すること（世界―内―存在）、そしてその「世界」の自明性が解体される非日常的契機――アーレントにおいては「労働」labor の生命循環サイクルとも「制作」work の目的—手段連関からも解放された「活動」、ハイデガーにおいては「不気味さ」Umheimlichkeit——を重視する態度なども両者に共有されている。「ポリス」それ自体を《祝祭》として捉える視点も、この「本来性/非本来性」という対比の延長上にあると考えられる。それでは、ハイデガー自身は「ポリス」という言葉をどう理解し、またそこからどのような政治哲学を構想していたのだろうか。それを辿っていくと、日常的な意味秩序を覆す《祝祭》的契機を「政治的なるもの」とするモチーフをアーレントと共有していることが明らかになる。

ハイデガーの《ポリス—祝祭》と、全体主義の公的祝祭

一九三三年五月、大学総長就任演説「ドイツ大学の自己主張」で、ハイデガーはナチズムへの献身と知的闘争を宣言するものの、権力闘争の挫折から翌年には大学総長を辞任した。しかしながら、この大学総長辞任は決してナチズムそれ自体からの離反ではないこと、その後の一連の講義、とりわけフリードリヒ・ヘルダーリンの詩作をめぐる講義が、「政治的なるもの」の「本来性」——そして本来的なナチズムの提起であることについては、フィリップ・ラクー=ラバルト、ユルゲン・ハーバーマス、小野紀明らによって指摘されている。(11)

例えば、一九三四年から一九三五年にかけての講義「ヘルダーリンの『ゲルマーニエン』と『ライン』」では、ハイデガーは「民族」の存在の根源、「創造する者らの時としての、諸民族の歴史的時」について以下のように言及している。

民族の歴史的現存在 geschichtliches Dasein、その勃興、隆盛そして没落は詩作から生まれ出るのであり、そしてまたこの詩作から哲学の意味における本来的な知が生まれ、この両者から国家、すなわち政治による民族の現存在の成就が生ずるのであった。それゆえこの諸民族の根源的歴史的時は詩人、思想家、国家建設者の時、すなわち、民族の歴史的現存在を本来的に基礎づけ根拠づけられる者らの時、すなわち、本来的に創造する者らの時なのである（Heidegger［1934–35→1980: 51＝1986: 62–63］）。

このような「思索者」「詩作者」「建国者」の三位一体によって構成されるこの「現存在」あるいは「民族」の起点《アルファ・ポイント》こそ、「ポリス」として指示されているものである。「形而上学入門」（一九三五）や「ヘルダーリンの讃歌『イスター』」（一九四二）などでは、この本来的な「場」としての「ポリス」に関する思索が展開されている。ここで注目すべきは、この「ポリス」が古代ギリシアにおける「現存在」の本来的な空間であるのと同じように、本来的な時間として「祝祭」Fest という表現が用いられ、両者が交錯している点である。ハイデガーは「ヘルダーリンの讃歌『回想』」（一九四一–四二）で、「祝祭」が暦の上の単なる催事ではなく、逆に暦—歴史に先行しそれを規定するものであるとし、「祝祭」が「それ自体、歴史の根底および本質である」としている。つまりこの「祝祭」は、日常的—非本来的な思考様式から自由となって、本来的なものを省察し経験する時間であるが（以上、Heidegger［1941–1942→1982: 68＝1989: 92, 89, 強調は原文］）、これは古代ギリシアにおいては、「ポリ

ス」の在り方と深く関与していたとハイデガーは語る。すなわち、

ギリシアの悲劇は、近代の意味においては何ら〈演劇〉ではない。それらは祝いであり、それ故、祝祭へと向けて整えられているのである。その言わんとするところは今や、それらが神々と人間との関係に関わるということであり、つまりそれらはその都度、凡そ一つのポリスが人間と神々とのかかる迎え合う対向という真性において、どのように立っているものか、その様相を決定することを包含しており、またそれを同時に達成するものだというわけである（Heidegger［1941–42→1982: 72＝1989: 97］）。

ハイデガーはテクスト上では、「ポリス」を「政治的なるもの」das Politisch と安易に同一視しないよう強調しているが（Heidegger［1942→1984: 106＝1989: 125］）、それはこれが非政治的な考察だからではなく、逆に「政治的なるもの」を前もって規定するのが「ポリス」であるからである。こうした語源解釈によって「政治的なるもの」を刷新し再構成しようとするハイデガーの姿勢は極めて政治的である。

つまりハイデガーに従うならば、「政治的なるもの」の本来性とは、「存在忘却」に陥っている「世人」das Man が、《ポリス―祝祭》において「歴史的現存在」としての――『存在と時間』では本来的な共同存在として規定されていた――「民族」Volk へと覚醒することに他ならない。

ただ、こうした存在の明るみを照らし出す《ポリス―祝祭》というモチーフが当時の政治の現場で

繰り広げられていた「公的祝祭」を少なくとも直接には指示するわけではない。というのもハイデガーの「祝祭」は人間の企てによって作られるのではなく静かにその到来を待望するものであるし[12]、その「ポリス」は直接的な宗教的活動あるいは政治行動として示されてはいないからである（Heidegger [1941–42: 141＝1989: 184]）。

さらに言えば、この《ポリス—祝祭》は、日常的な意味秩序を解体させる詩的な空間—時間であって、ディオニソス的な陶酔や興奮という意味での祝祭空間を惹起するものではない。ヘルダーリン講義におけるハイデガーの思索が当時のナチス体制知識人——アルフレート・ローゼンベルク、エルンスト・クリーク、アルフレート・ボイムラー等——との対決であったならば（Harbermas [1989＝1990: 14–16]）、この《ポリス—祝祭》は当局の過剰演出的な公的祝祭とは別に、ドイツ民族の「本来性」を想起させるような空間—時間を提示すると解するのが妥当であろう[13]。

しかしながら、この本来的現存在の場としての《ポリス—祝祭》は、ハイデガーの「哲学」とは無関係に、ナチズムの「政治」を裏書きするものとして利用され得ることは否定できない。テクストの内在的な解釈ではなく、そのテクストが登場する文脈を考慮するならば、実際ハイデガー自身がナチス当局の催す数々の「公的祝祭」において、ドイツ民族の本来性を想起するような演説を行っていた以上、こうした《ポリス—祝祭》と「公的祝祭」、あるいは「詩人—思索者—創始者」と「指導者《フューラー》」とは重なり合う。例えば、ハイデガーが「祝祭」について述べているヘルダーリンの論文「回想 *Andenken*」は、ナチスが主催した一九四三年のヘルダーリン没後百周年記念の中で公開されている[14]。

ファリアスによると、この年帝国全土でヘルダーリンを祝う三百以上の祝典が党の主導下で開催されたが、「ヘルダーリン」と「祝祭」を扱ったハイデガーの論文がこのような文脈で登場する以上、これらの「公的祝祭」を支持するものと受け取られない方が不思議である。例えば、この論文には以下のようなフレーズが現れる。

> 祝祭がある人類 Menchentum の歴史の本性根源であり、詩人が祝祭に由来するのであれば、そこでは詩人は人類の歴史の創設者になる。彼は詩的なものを準備するが、その上にそれを根拠として歴史的な人類が住む。婚礼日の祝祭は歴史「の《ママ》」誕生日、即ちここではドイツ人の歴史「の《ママ》」隠された誕生日である。それゆえ諸王と諸民族の歴史はゲルマンの祝日の祭りに相応しい定めに、しかもこの祝日のみに組み合わされる（Heidegger［1936–1968→1981: 106–107＝1997: 147, 強調は原文］）。

ここで言う「創設者としての詩人」は、テクストでは詩作―思索を行う者とされているだけで、特定人物が指示されているわけではない。しかし「ゲルマンの祝日の祭り」たる「公的祝祭」においては「歴史の創設者」としての「詩人」とはハイデガーその人かもしれないし、「総統」を意味するかもしれない。以上のような《ポリス―祝祭》論において、「本来的な」ナチズムを構想していたにせよ、政治的含意が何も存在しないにせよ、それが実際当時のナチズムの政治レトリックに回収され、その文脈で読まれ得る可能性に対してハイデガーは無頓着であったように思える。そしてハイデガーとアーレントとを隔てるものこそ、この「政治」と「哲学」との深淵に対する認識に他ならなかった。

「ポリス」と「政治―哲学」

第1章で見たように、アーレントの学位論文『アウグスティヌスにおける愛の概念』においてすでにハイデガーの独我論を克服する志向性が展開されていた。戦後アメリカに渡った後にハイデガーについて書き記した、「実存哲学とは何か」（一九四六）、「ハイデガー八〇歳の誕生日によせて」（一九六九）、『精神の生活』第二部「意志」第15章「ハイデガーの意志しない意志」（一九七八）などではより明示的な批判を認めることができる。

その批判は無論、ナチズムへの荷担という点に重点が置かれているが、しかしながらアーレントはハイデガーの哲学それ自体をナチズムの本質を構成するものとして告発しているわけではない。彼女はハイデガーの戦後の弁明に従い、その政治参加を不本意で一時的なものとし、それを「許す」ことで戦後に関係を回復させている（Ettinger［1995＝1996：96–113］, Young-Bruehl［1984：246f.＝1999：339f.］）。そして川崎［1989：76–77］が指摘するように、ハイデガーの独我論や現実逃避を非難するにしても、その思索それ自体が必然的にナチズムと結びつくものとしているわけではない。アーレントがハイデガーを「最後のロマン主義者」として語るとき、その有する政治性はせいぜいナショナリズムや権威主義であり、彼女が規定する「全体主義」運動としてのナチズム、すなわちそのトランス・ナショナルな性格、一公理から演繹的に導出されたテロルの自己展開などとは無縁である。

以上のような点を踏まえた上で、アーレントの古代ギリシア「ポリス」論に再び戻るならば、それを一つのハイデガー批判として読むことも可能である。[15] だがそれ以上にここでの文脈で重要なのは、それが単なるハイデガー批判に留まらず、「政治」と「哲学」との通訳不可能性についての興味深い視点を提供していることにある。つまりアーレントとハイデガー、両者の《ポリス―祝祭》というモチーフを比較することで明らかになるのは、両者が《祝祭》としての「政治」という類似したイメージを強調しながらも、「哲学」との距離感の相違によって相異なる言説を紡ぎ出したということに他ならない。ここではその「政治」と「哲学」を論じる次元の相違（cf. 森［1998b］）について、「真理／虚偽」と「他者」といった点を中心に比較してみることにしたい。

（1）第一に、ハイデガーの「ポリス」が、〈存在〉の「真理《アレーテイア》」を露わにする「芸術作品」として、つまり既存の慣れ親しんだ意味秩序を解体し〈存在〉自体を生起せしめる「闘争」Streit, polemosとして論じられる時（Heidegger［1935→1977：42ff.＝1988：56ff.］）、その「闘争」は政治と美とを融合するものとして、既存の倫理性とは別次元で展開されるものである。ハイデガーの〈存在〉の問いにおいて、あらゆる倫理、ヒューマニズムは非本来的なものであった（Steiner［1978→1989＝1980→2000：42］）。またそのより具体化された共同性のモデルが、死を前にした前線兵士の同胞意識（Heidegger［1934-35→1980：72-73＝1986：83］）として論じられる時、それは限りなく陳腐な軍国主義の言説へと翻訳される危うさを孕んでいる。

アーレントが「ポリス」をめぐる「闘争」の事例として、アキレウスらの英雄や、ペリクレスを挙げる場合［HC: 193–194＝312–313］、同様の危うさが見受けられるが、しかしそこでは、トロイア戦争やペロポネソス戦争という直接的な物理的「暴力」の次元と、「闘争」の次元とが異なるレヴェルに置かれている。つまりそれは、言葉と行いによる個々人の「卓越性」をめぐるものとして、すなわち詩的な「闘争」であることが強調され、その「卓越性」を承認する存在としての「他者」の現前が必要とされている。アキレウスやペリクレスが「偉大」であったのは、彼と競合し、彼の姿を観、彼の声を聴く存在として、「他者」がその場に存在したからであり、それゆえアーレントの「活動」は政治行為の芸術性と親和的でありながらも、「表現主義」としての政治テロルとは切り離されている［OT (III) : 332＝49］。

(2) 第二に、このハイデガーの「ポリス」論においては、その〈存在〉の担い手であったギリシア人の正統継承者として、現代のドイツ人が特権的な役割を付与されている (Heidegger［1934–35→1980: 205f. ＝1986: 230f.］)。ヘルダーリンの一連の詩作も、この古代ギリシアと現代ドイツとを橋渡しする存在として注目されている。無論、古代ギリシアと二十世紀のドイツとが等号で結ばれるわけではないが、しかしながらそれはアナクロニズムとして、限りなく凡庸な選民思想やナショナリズムへと陥りやすい。

これに対して、アーレントの注目する「ポリス」が、「民族」としてのギリシア人ではなく「自由人」としてのギリシア人によって組織され、ホメロスやヘロドトスがそうであったように文化や言語に関わりなく、偉大なる言葉・行為の人物が称賛され記憶される場合、「ポリス」の空間は言語・文化・民族の制約にとらわれることがない。実際、アーレントが論じる「ポリス」の空間は、ソビエトの革命評議会、アメリカ公民権運動、ハンガリーの革命運動など、多様な文化的「他者」に対して開かれた空間として設定されている。

（3）そして第三に、アーレントの「ポリス」には、ハイデガーのように「臆見《ドクサ》＝意見」と「真理」との区別を行う特権的な「思索者―詩作者―創設者」は存在しない。「ポリス」が記憶の共同体として、ホメロスのような詩人なしに「活動」を保存するというペリクレスの言葉が引用されるとき [HC: 197＝318]、それは同時に「真理」を特権的に解釈する政治的存在を排除することをも意味している。つまりハイデガーが「開示や露呈を真理 (aletheia) と見なし、それによってギリシア人たちの輝かしい行為を臆見による政治活動ではなく、詩的あるいは創造的行為と結びつけた」(Villa [1996: 154＝2004: 256]) のに対して、アーレントはその偽りや誤りを含む「臆見《ドクサ》＝意見」それ自体の政治性を肯定する。

さらに言えば、アーレントの「ポリス」では単に一元的な「真理」を強制する哲学者が排除されているだけではない。そこには、意図的欺瞞を生み出し得る「自己提示」self-presentation ――それは生物すべてが自らを現す「自己表示」self-display と異なる――を行う者、すなわち嘘をつく動物としての人間が政治的存在として肯定されているのである [LM (I): 36-37＝43] (cf. 石田 [2001])。

こうした点の中に、「政治」と「哲学」とを論じる位相の決定的な違いがあると、本書は考える (これについては第6章、第7章も参照)。ハイデガーの「哲学」が、現実世界から遊離した観念論哲学と決別し、日常生活の中で隠蔽された〈存在〉の探求として自らの「哲学」を展開させていったとき、それは世界と自己との関係性を考察する過程で必然的に「政治」に向かわざるを得なかったのかもしれない。しかしながら、ハイデガーの「政治―哲学」が、小野［1999］が言う「破局《カタストローフ》」としての政治」として、つまり既成社会の意味秩序が解体される契機、あるいは隠蔽された〈存在〉が露呈される出来事を「政治」と位置づけるとき、それは現実政治のプログラム化はもとより、「政治学」が前提とする社会的共同性、自由や平等や責任といった概念から根本的に断絶することで成立している。

逆に言えば、こうした〈存在〉を露わにする契機を「政治」とするハイデガーの「政治―哲学」は、一方においては本章で見たように「公的祝祭」へと翻訳されることでナチズムの運動と結びつくか、あるいは、その安易な翻訳を拒み「哲学」の自立性に立て籠もるか、という不毛な二者択一しかなかったのかもしれない。

アーレントが「政治」と「哲学」との関係について、ハイデガーよりはその安易な接続について批判的であったのは疑いない。しかしながら、このことはアーレントの思想が「哲学」とは切り離された次元で展開されていることを意味するわけではない（第7章参照）。確かに彼女は「政治」を「哲学に濁らされていない目で見ようと」した［EU: 2＝3］のかもしれない。しかしながら本章でも見てきたように、アーレントもハイデガーやヤスパースらの「哲学」を批判的に継承した上で自己の「政治」を論じる言葉を構築していったのであり、「現れ」「世界」といったキーワードの多くは、「自由」や「権力」とは異なる政治言語の空間を構成している。

それゆえ両者の相違は、ハイデガーを「哲学」に、アーレントを「政治」の側に置くことで片付けられるものではなく、前者が「哲学」の展開過程の上で「政治」を再構成しようとしたのに対して、後者が「政治」を理解する方法論として「哲学」の言語を必要とした、とするのが妥当であるように思える。

以上のような点を踏まえるならば、ハイデガー、アーレント両者の《祝祭》の政治的位置づけの深淵にも目を向ける必要があるだろう。つまり両者が共に日常の裂け目としての《祝祭》を「政治」として読み取りながらも、その裂け目の強度と質には決定的な断絶がある。アーレントが古代ギリシア「ポリス」を範にして、日常の秩序を打ち破る《祝祭》を政治活動の原型とするとき、そこで論じられているのは、既成のアイデンティティが打破される契機、あるいは異質なパースペクティヴが統合されるような経験である。これに対してハイデガーが、有意味な連関が剥がれ落ち、事物の〈存在〉が垣間見られる時と場を《祝祭》とする場合、そこではアイデンティティやパースペクティヴそれ自体がもはや存立し得ないような瞬間が指示されている。あるいは仮にそうしたアイデンティティやパースペクティヴが（先述したような、死を前にした前線兵士の同胞意識など）一時的に成立したとしても、その既成化と日常化は〈存在〉の隠蔽を意味するわけであるから、それは絶えずその都度その都度解体され続けねばならないことになる。

極論すれば、何かが「ある」、誰かが「居る」という剝き出しの〈存在〉に曝される「不気味さ」がハイデガーにとっての《祝祭》であるとするならば、そこにはヴァン・ゴッホの靴の絵などと同様に、無造作に積み上げられた死体の山や、旅客機の衝突によって倒壊するビルなども含まれるかもしれない。これに対してアーレントはそれらを「暴力」（あるいは「強制力」force）として「政治」の領域の外部に置き、言葉によって共同性が誕生する瞬間を《祝祭》とした、と対比することができるだろう。

「哲学」が（ハイデガーのみならず）何かを根源的に理解する試みであるならば、その思考の歩みは中途半端な倫理性や罪悪感などを超えた次元へと足を踏み入れねばならないのかもしれない。そしてそうした試みが全く不毛であるとは私は思わない。しかしながら、「哲学」ではなく「政治」の次元において重要なのは、何かを理解することの以前に、共同性が形成される／破壊されることにある（そのための言語としてあるときには「神話」「倫理」「法」が用いられ、あるときには「科学」や「哲学」が用いられる）。アーレントの言葉を用いるならば、異様な経験それ自体ではなく、その経験を共有する同輩者と「ともに行動する」可能性の構築にこそ、「政治」の領域が存在するのである。

4　結　び——《祝祭》の政治学へ向けて

本章では、アーレントの「公共性」がファシズムの政治運動を排除するものではなく、それを内包する部分にこそ思想的核心があることについて、《祝祭》性という言葉で読み解いてきた。つまりアーレントとファシズムとの近接は、単なるノイズや危うさとして切り捨てられるものではなく、「われわれ」を構成する秩序の再編を意味することでその本質にかかわるのではないかという問題提起を行ってきた。

このように《祝祭》という点から「公共性」を捉え返すことは、単に「市民運動」と「大衆運動」との流動性への眼差しに寄与するだけではない。重要なのは、この「公共性」の空間が、人びとの「現れ」においてその都度その都度生起し、われわれの日常生活に「潜在」し「遍在」するという点にある。

つまりそれは、選ばれた一部の政治家による議会や国際会議だけでなく、その会議の欺瞞に反発する市民集会でもあり得るし、あるいはその敵対する両者のあいだで繰り広げられるスペクタクルの空間であるかもしれない。人びとが何かのために集い、意見を述べ、賛同／反対を表明し、示威行進し、それがときに平和的な訴えかけとなり、あるいは暴力的な闘争へと転回すること。それは、古代であろうが現代であろうが、東洋であろうが西洋であろうが、資本主義だろうが社会主義だろうが、ナチス・ドイツだろうが民主主義のアメリカであろうが、遍く一般的に見られる現象である。

アーレントがナチス時代のみならず現代の大衆社会を「暗い時代」と表現するとき、それは古典的な「私的領域＝闇」「公的領域＝光」という対比とは別の「暗さ」が強調されている。(16) つまりそれは、単に意見を表明する「現れ」を奪われた「公共性」の喪失というよりも、むしろ言葉それ自体への信頼性の喪失による不透明さ（ハイデガー風に言えば「空話」）に由来するものである。「公的なものの輝きがあらゆるものの光輝を奪う」という状況、すなわち言葉が本質を露わにするのではなく見え透いた欺瞞となり、あるいは通俗的な道徳へと貶められる状況こそが「暗い時代」なのであり［MDT: viii=3］、この薄明かりの中で異質な「光」をはなつ瞬間への眼差しこそ、《祝祭》の政治学が問いかけるものである。

従って問われるべき「公共性」とは、ベンハビブが言うように、ゴシップに満ちた親しい者同士の親密圏にあるのではなく（Benhabib［1996: 130］）、むしろ名も知らぬ見知らぬ他者と遭遇することから成立するような「現れ」の公共圏である。われわれは社会で無数の他者と接しながらも、その言葉、表情に配慮することはほとんどなく、それを透明なものとして素通りしている。いまここにいる私と彼ら／彼女らとのあいだには、何らかの崇高な理念も重大な利害も存在せず、偶然その場に居合わせたに過ぎず、その時点では私も彼ら／彼女らも群衆の一人である。それはなるほど、アーレントが語るように大衆社会で「孤立」したわれわれの状況であるかもしれない。

しかしながら、アーレントがそうした大衆社会の中にあっても、同時代のアメリカの公民権運動や学生運動、あるいはハンガリー革命に依然として公的な輝きを見出したように、「孤立」した他者の言葉に偉大さが見出され、新たな「物語」は常に生み出されるものである。

大統領や首相など国家元首の演説よりも、ときに街頭での訴えかけこそが、私と見知らぬ他者とに共有される詩的な言葉として響くかもしれない。あるいは事件や事故などに偶然居合わせた他者と、利害《インタレスト》―関心を共有する言葉が紡ぎ出されるかもしれない。あるいは文字通りのお祭りの空間や、演劇・スポーツ観戦の場で発せられる一つのメッセージが、議会での「空話」を切り裂く強烈な「光」

を発するかもしれない。このように人間事象の領域に「潜在」「遍在」する《祝祭》として「公共性」を読み解くこと。アーレントが論じる「公共性」の可能性はそうした方向性にあると私は思う。

註

（1）　アーレントが語る「公的領域」は、一見すると私的利害から離れて「共通善」（common good）を目指す場のように見えるが、「共通善」という観念は中世以後のキリスト教に基づくものとされ、古代のポリス論とは切り離されている［HC: 35＝56］。アーレントは本来私的領域に属する「労働」や「意見」の多様性を圧殺する「真理」などを公的次元にそぐわないものとするが、それと同様にあるいはそれ以上に「善」や「愛」といった観念を反政治的な観念として位置づけている［HC: 74＝105］。宗教的信仰による「善」や最も親密な間柄における「愛」は私的暗闇に隠されるべきものであって、それが公的な光に晒されると、陳腐で偽善的なものに堕落するか、あるいは「同情」や「憐れみ」などの感覚と結びついてテロルを生み出す、というのがアーレントの基本的な「公／私」の枠組みとなっている（cf. Kateb［1983: 25 f.］）。

（2）　もっともこのトゥキュディデス『歴史』でのペリクレス演説［chap. II–35～46］が引用されるとき、意図的に士気高揚のコンテクストは言及されていないことが多い。この問題については第6章参照。ただアーレント自身は「政治」の議題が「戦争」となること自体を否定しておらず、「暴力」を組織する「活動」があることを認めている（Arendt［1972→1979: 316］）。

（3）　ナチズムにおける政治言語の特質に関しては、さしあたり、宮田［1991］を参照。宮田は、ナチスにおける政治言語の特徴の一つとして、技術用語・官庁用語と並んで、軍事的用語――「闘争」Kampf, Schlacht,「攻撃」Angriff,「突撃」Sturm,「規律」Disziplin――の多用を挙げている（宮田［1991: 161–163］）。

また、アドルノ（Adorno［1964＝1993］）は、ハイデガーやヤスパース等の実存哲学に典型的に見られる《本来性》Eigentlichkeit という言葉が、批評意識を欠落した呪術的な専門用語《ジャーゴン》として用いられることで、閉鎖的な共同体のエートスを再生産するものとして批判している。こうした《本来性》という言葉が孕む危険性は、ハイデガーとヤスパースの実存哲学を継承しているアーレントにも部分的に認められるかもしれない。

（4）戦後アーレントとヤスパースとのあいだに密接な関係があり、それが両者の思想形成に大きな影響を及ぼしたことは確かである。アーレントに対するヤスパースの影響については、小野［1994: 359-437］に従って、①「全体主義」の「悪の陳腐さ」をめぐる議論、②活動的生と思考との関係、そして③ハイデガーの独断論的決断主義への批判、という点を確認しておく必要があるだろう（cf. Hinchman; Hinchman［1994b］）。ヤスパースの側も、全体主義論やドイツ・ナショナリズム論の修正など、彼女から多大な影響を受けている。つまり、両者の関係は単なる師弟関係といったものではなく、貴重な知的交流を行う友人関係のようなものであった。両者の知的交流の背後には、全体主義や核の恐怖など同時代の世界情勢への危機が存在したことは疑いない。その危機感から両者は共に国民国家を超える構想なども共有していた。

しかしながら、アーレントとヤスパース両者の政治思想における隔たりも大きい。例えば、

①方法論とりわけウェーバーに対する両者の態度の相違。これについては第1章を参照。

②政治的責任論についての見解の隔たり。アーレントはヤスパースの戦争責任論（『罪責論』）に対して率直に違和感を表明している（Arendt: Jaspers, L. 43［1992: 51＝2004: 60］）。「罪」と「責任」をめぐる両者の認識相違については、山田［2000］を参照。書簡ではアーレントは穏当に批評しているが、しかし夫ブリュッヒャーの手厳しい批判（一九四六年七月十五日付「ヤスパースの罪責論は、確かに美しく高潔ですが、非難すべきヘーゲル的な戯事、すなわちキリスト教的敬虔の偽善に満ちた戯言（Gewäsch）です」）［Arendt; Blücher: 146＝84］などを踏まえると、両者のあいだには文面以上に大きな断絶があったようにも思える。

③「政治」の基礎づけの問題。アーレントはヤスパースのように「超越者」Transzendenz「超政治的なもの」Überpolitischen といった政治神学を論じることはなかった（cf. 寺脇［1991］）し、あるいは「歴史の起源と目標」といった大きな物語を共有することもなかった。

（5） 実際アーレント自身、このファルンハーゲン論をあまり評価していない。一九五二年九月七日付のヤスパース宛の手紙では、これを出版する意思がなく、「個人的にはいまの私は、この本に多くの点で——おそらくまさにそのナイーブさゆえに——違和感をもっています」と述べている（Arendt; Jaspers, L. 135［197＝229］）。

（6） 解釈コードの相違については以下のように説明されている。「指導者《フューラー》」の公式発言を鵜呑みにする「支持者」は、運動の外部に対しては正常性を偽装する役割を果たすが、「一般党員」はその発言が外部世界を欺くための優れた嘘であることを賞賛し、「支持者」のナイーブさを軽蔑する。公式発言の嘘を、体系的教義に基づく首尾一貫した世界を構築するために了承する「一般党員」に対して、「精鋭部隊」はそうした発言の真偽には無関心であり、「あらゆる事実認定を直ちに意思表明に解消してしまう能力」によって「〝ユダヤ人は劣等人種である〟という説明が〝ユダヤ人が絶滅される〟意味であることを直ちに了解する」［OT (III): 385＝135］。

「精鋭組織」は「指導者」の無謬性を信じ、彼の発話を常に「行為遂行的《パフォーマティヴ》」に解するが、より内部に位置するシニカルな「側近」が「指導者」の無謬性を信じるのはただ演技でしかなく、運動展開のため道具としてしか見なしていない。「玉葱構造」の中心点は何も存在しない空虚な場であり、秘匿されるべき奥義などこの秘密結社には最初から存在しない。

こうした形で、何を現実とし何を虚構とするかを、各アクターがそれぞれ異なるコードで解釈し、またそうしたアクターが絶えず運動し増殖し続ける全体主義組織の特異性について、アーレントは「絶えず新しい階層や機関を付け加え、絶えず権力中枢を移動させるという流動的なヒエラルキー」［OT (III): 369＝108］という表現で注目している。

（7） 「公的祝祭」の系譜については、Mosse［1975＝1994: 85–108］, Vondung［1971＝1988: 13–35］。ここで取り上げたフランス革命の「革命祭典」の他に、ドイツ・プロテスタンティズムの典礼、ゲルマン人の部族集会「民会《ティング》」が大きな系譜として挙げられている。ヒトラー自身は、ウィーン市長カール・ルエーガーから政治的演出に関して大きな影響を受けたことを言明している（Hitler［1925–27＝1973a: 149–164］, cf. Mosse［1975＝1994: 126–127］）。また、当時ナチスと敵対関係にあった社会民主党（SPD）も、祭祀的な党集会を催して民衆を魅了したからこそ、社会主義者鎮圧法下においても存続できたという指摘もある（佐藤［1996a: 10–59］）。

（8） 神話世界の表象としての祝祭については、Berger［1967＝1979］、祝祭空間としてのユートピアについては、川端

[1971→1993: 60–66] を参照。

(9) オズーフは、「革命祭典」の評価が歴史家によって二分すること、つまり一方では、規律化され集合的高揚を促すデュルケーム型の祝祭、他方では、暴力の解放やタブーの侵犯を招くフロイト型の祝祭という二つの極端な見解に分かれることを指摘している。革命政府は、前者型の祭典を企画しつつも、その単調さ・退屈さ・窮屈さを払拭するために、後者の要素を取り入れざるを得ず、それはしばしば予想外の暴力を生み出すこととなった（Ozouf [1971=1988: 102–103]）。

(10) このように「公的領域」が、ルソーの《演劇―祝祭》空間としての側面を持つと了解すると、アーレントが「公的領域」の具現化として挙げている数々の「評議会」――フランス人民協会《ソシエテ・ポピュレール》、パリ・コミューン、ドイツのレーテ、ロシアのソビエト――にも、こうした側面が備わっていることに注目せねばならない。例えば、アンリ・ルフェーヴルはパリ・コミューンの祝祭性を以下のように語っている。「コミューン〔パリ・コミューン〕においては、人民戦線（一九三六年）およびパリ解放（一九四四年）におけると同じく、祭りの部分があった。すなわち、人民の祭り、都市の祭り、喜びの爆発、創造力ある沸騰。現代革命の「ユートピア」的であると同時に「革新的」なこの側面は、強調するに値する」（Lefebvre [1965=1967: xiv]）。

(11) 本書はハイデガー―ナチズム問題について詳しく論じることはできない。これについては中田 [2002a/b] の浩瀚かつ詳細な研究があるのでそちらを参照して頂くことにして、ここでは簡略して述べるにとどめたい。ヴィクトル・ファリアスやフーゴ・オットーらの詳細な伝記的研究は、ハイデガーのナチズムへの関与が、彼自身が主張するような一時的で不本意なものではなく、その思想の展開と深く結びついていたことを明らかにした（Farias [1987=1990], Ott [1988=1995]）。ハイデガー―ナチズム問題を早くから指摘してきたハーバーマスは、こうした実証的研究を踏まえつつ、一九三〇／三一年に実存論的存在論から「存在史的」思考への「転回《ケーレ》」が行われたとするハイデガーの自己解釈が疑わしいものであるとし、「転回」の意味を以下のように論じている。「一九二九年以後、ハイデガーにおいて「転回」(Kehre) なるものが生じたとすれば、それはさしあたり以下のような意味においてのみである。(a) 頽落の歴史と解釈された形而上学的思考の運動に、現存在の分析論を反省的に関連させていること、(b) こうした現存在と関連させた再構成に、学問的に吟味されていない危機診断の世界観的モティーフを挿入していること、(c) 真理と非真理の弁証法を、自己の現存在に対する個人的な憂慮から切り離して、その都度の共同体の歴史的運命との決然たる対決へ挑発する出来事として解釈していることである」(Harbermas [1989＝1990：11])。

こうしたハイデガー—ナチズム問題は、ドイツ国内よりも主としてフランスで展開されてきた。その代表者ラクー＝ラバルトは、ポスト・モダニズムの先駆者としてのハイデガーを考察する過程で、そのナチズムとの関係を検証している。ラクー＝ラバルトは、三十四年以降のヘルダーリン解釈における一見非政治的な哲学的記述、「詩と芸術」論の中に、ハイデガーの政治的考察が潜在していること、またそれがもっぱら当時のナチ体制との対決として描かれていることを指摘している。「ここでの私の仮説とは、ようするに、「ハイデガーの政治哲学」を求めるべきは、三十三年の言説のなかにではまったくなく……、「決裂」後の（または「隠遁」後の）言説のなかだということである。いずれにしてもこの言説は、その真理という名目で、国家—社会主義との「対決」たらんとしているのだ」(Lacoue-Labarthe [1988＝1992：100])。

このようなポストモダニズムでのハイデガー研究を念頭に置きながら、小野 [1999] は、「転回」の意味が、現存在の決断による「企投」から静寂主義的な「放下」へという思想的（政治的）態度の変更を意味するのではないことを、ハイデガー自身の「転回」理解を基に論証し、「ケーレとは、思想そのものの転向ではなく思索の深化を意味しているにすぎない」と指摘する。そして、この思索の展開過程に登場するハイデガーの政治思想を以下のように論じている。ハイデガーにおける「政治とは、暴力をもって存在の不覆蔵態と覆蔵態の闘争に勝利を収め、存在の明け透きの場所としての国家という「作品」を設立し、かつ不断にこの場所を再生させる営みである。具体的に言うならば、政治とは、歴史を担う民族であるドイツ人の手によってポリスを現代に蘇らせ、再—現前《レープレゼンタツイオン》させようとする企てである。したがって、政治はたんなる政治ではない。それは、存在忘却の時代にあって存在の現れとしての美を享受しえたギリシア人の生そのものを取り戻す《ヴィーダーホールング》という意味で、実存を賭したすぐれて文化的な闘争なのである」（以上、小野 [1996：52, 76]）。そしてこの「闘争」という主意主義的態度の残滓が一掃され、日常を覆う意味秩序の解体から〈存在〉が——現前と不在の戯れとして——「性起 Ereignis」する瞬間を待望し身を委ねる静謐な態度と共に、その真の「転回」が開始されるとしている（小野 [1999：334-341]）。

(12) 例えば、「この祝祭は、人間の作為によって限定されてはいない。この祝祭は、〈なんらかの〉祝祭を、なんらかの或る時点において自ら外に〈設定し〉（ansetzen）、何処かの場所で〈舞台にかける〉（inszenieren）といった人間の作為によるものではない」（Heidegger［1941–1942→1982: 69＝1989: 94］）。

(13)　ここでルソーとハイデガー、それぞれの《祝祭》について付言しておきたい。前述したように、ルソーの〈演劇—祝祭〉空間は、〈見る者＝見られる者〉という二重性において主—客未分離の関係性を志向しているが、こうした主—客二元論の解体は、ハイデガーが一貫して前提としているモチーフ——客体を自己の眼前に立てる（vor-stellen）認識行為を〈存在〉の根本に据える西洋形而上学的伝統の脱構築——であり、そのような本来的な「共同存在」の開示というモチーフを両者は共有している。

しかしながら、デリダの批判的解釈に従うならば、このルソーの祝祭空間が、スペクタクルとディスクールの「自己への現前」を志向するような場、「一種の絶対的な今、現在の**生命**、生きた現在に特権を与える」ような、根源的な「音声言語《パロール》」を取り戻す場であるならば、その所謂「現前の形而上学」métaphysique de la présence こそ、ハイデガーが決別しようとしたものであった。つまり、ルソーの祝祭空間が幸福と安寧を「いま—ここ」に充溢させ、「……或る本質（起源、権利、理念的限界という形における）を把握し直そうとするたびごとに、いつもわれわれをもう一度充溢した現前の一地点にまで導いていく」のに対して（以上、Derrida［1967＝1972b: 319］）、ハイデガーの祝祭は、幸福と安寧よりはむしろ「不安」を喚起する場であり、日常の自明な意味秩序を解体させ〈存在〉それ自体を顕現させる場である。「何となれば祝う《ママ》は、通常のものから自由となり、免れることであり、その際、昼間が夜間と違って祝祭の時になるという、通常ではないことに対して、自由となるということが与っているからである。ここで通常のものと謂うのは、常に且つ真っ先に出会うところの、事物なり人間なりの連関のことである」（Heidegger［1941–1942→1982: 65＝1989: 89］）。

(14)　Farias［1987＝90: 311–312］。この「回想 *Andenken*」は一九四一–四二年のフライブルクでの講義を基に、後に論文としてまとめられたもので、一九四三年ヘルダーリンの没後百年に対する記念誌に寄稿された。また同年フライブルク大学でのヘルダーリン講演「帰郷」は、一九三六年のローマでの講演と共に『ヘルダーリンの詩作の解明』というタイトルで一九四四年に刊行された（Heidegger［1936–1968→1981: 203–204＝1997: 279］）。

(15)　アーレントがその思想的基本モチーフについて、ハイデガーから強い影響を受けていることは確かであるにしても、その古代ギリシア「ポリス」論自体がどの程度ハイデガーのものを意識していたかは不明である。しかしながら、彼女が一貫してハイデガーに強い関心を抱いていた以上、その「ポリス」論についても把握していた、としてもあながち的外れではないかもしれない。

例えば、この「ポリス」論を論じたハイデガーのヘルダーリン論についても、アーレントは早い時期から知っていた。彼女は一九四七年十月十六日ヘルマン・ブロッホに宛てた手紙の中で、ハイデガーの「ヘルダーリン講演」Hölderlin-Vortrag が近々手に入る予定であることを告げている(Arendt; Broch [1995: 52])。編者はこれを、ハイデガーが一九三六年に行ったローマでのヘルダーリン講演を元に、ミュンヘンから刊行された『ヘルダーリンと詩作の本性』(*Hölderlin und das Wesen der Dichtung*)と推測している。それと同一であるかは分からないが、アーレントはハイデガーのヘルダーリン論についてヤスパース宛の手紙の中で言及し、手厳しく批判している(Arendt; Jaspers [L. 93, 178=163])。

付言すると、こうした《ポリス―祝祭》のモチーフは、ヤスパースには見受けられない。ヤスパースが古代ギリシアに言及するのは古代中国や古代インドと同様に「基軸時代」die Aschsenzeit の一つとしてであって、「ポリス」は特権的な位置に置かれていない(寺脇 [1991: 145–150])。

(16) アーレントは「公共性」を議論として取り上げることと、それを肯定/否定することとを区分して論じている。例えば、「公的雰囲気には、私が好ましく思うものも、嫌悪するものもあります。しかし、好ましいと思ったその雰囲気を醸成したり、おぞましいと思った際にバリケードに行ったりすることが『私の』務めであるとは思いません」(Arendt [1972→1979: 309])。

第4章
《祝祭》の政治学（2）――「敵／味方」の境界を越えて

1　序――政治空間における同一性／差異

複数性 plurality が人間活動の条件であるというのは、私たちが人間であるという点ですべて同一でありながら、だれ一人として、過去に生きた他人、現に生きている他人、将来生きるであろう他人と、けっして同一ではないからである〔HC: 8＝21〕。

アーレントにとって「複数性」とは「政治」の目標ではなく「条件」に他ならない。つまり「私は……だ」（国民、民族、性別 etc.）という表象に還元されない「この私」の唯一性《ユニークネス》の裏返しとしての人間の多様性こそ「複数性」であり、「この私」とは決して重ならない「他者」との深淵を跳躍あるい

は架橋する試みが「政治」なのである。(1)

しかしながら、アーレントにおけるアイデンティティ/差異の問題はこれで終わるわけではない。前章で見たように、アーレントの公共空間――「現れの空間」としての「公的領域」――は、「この私」と「他者」とが架橋される場であり、《祝祭》と形容するに相応しい空間であった。さらにここで言う、異なる「他者」との結びつきが「ネーション」のような集団的表象を排除するものではなく、逆にそれと結びつき得ることについても確認したとおりである。したがって、アーレントが「政治」の範例とするギリシア「ポリス」、その「ポリス」でアテナイ市民へ訴えかけるペリクレスと、ドイツ国民の前で演説するアドルフ・ヒトラーとが同じ構図にあるとするならば、その「ポリス=ネーション」という集団的表象が、彼女の政治思想においてどのような位置にあるかを検証する必要があるだろう。

むろん、アーレント自身はドイツ・ナショナリズムに対して終始批判的であったし、(2)近代国民国家の成立を、古代ポリス的な公共空間の縮減として――「公的」でも「私的」でもない「社会的領域」の成立――描いていた点[HC: 28=49]を想起するならば、彼女をナショナリズムの思想家と位置づけることは甚だ不当である。ただ、ナショナリズムがしばしば「ポリス」の反復として論じられることを想起するならば、アーレントの公共空間を集団的表象の問題から捉え直すことは、現代政治の文脈においても今なお重要な課題であると考えられる。

本章ではこの《祝祭》空間における集団性の「代表―再現前《レプリゼンテーション》」という問題について、カール・シュミットの「再現前」Repräsentation 論と重ね合わせ、両者の距離を測定することによって、その内実を検証していくことにする。このシュミットとの比較を通じて、アーレントの「公的領域」は「代表―再現前」に対して両義的な関係にあり、ネーションの再構築と解体の両方のベクトルが存在すること、その両義性にこそ彼女の政治論のユニークさがあることを明らかにしていきたい。つまり一方においては、アテナイ市民に訴えかけるペリクレスの姿は、ドイツ国民に対して、ドイツ―ゲルマン的なものを「再現前」させるアドルフ・ヒトラーの身振りと同じ構図にあり、その点でネーションの再構築の要素を認めないわけにはいかない。しかし他方で、革命評議会やタウンミーティング等、それが多種多様な空間として提示される際、それは必ずしもネーションという政治ユニットに回収されないばかりか、逆にそれを解体する運動を孕むものである。本章ではこうした集団的表象と「公的領域」の両義的な関係について見ていきたい[3]。

2　アーレント「公的領域」の両義性

「公的領域」と、ポリス―ネーションの「再現前」

第2章で見たように、アーレントはナチスの政治運動の中に「代表」をめぐる二重の戦略を見出した。つまり一方で、ナチスは「代表」装置としての政党制―議会制民主主義の欺瞞を暴き立て、その政治的有効性を失墜させ、他方においては政党《パーティ》（＝部分《パート》）を越えた国民の全体性《トータリテート》を「代表」するという戦略を展開した。「国民社会主義ドイツ労働者党」NSDAP (National-Sozialistische Deutsche Arbeiterpartei) という党名、ネーション＋社会主義＋ドイツ＋労働者というキマイラ的な党名に表象される運動は、議会で繰り広げられる政党政治が見せかけの闘争に過ぎないという感覚を蔓延させると同時に、それと反比例する形で、議会以外の場——大衆集会や街頭行進等——において、大衆を「代表」する政党として支持を獲得していったとアーレントは語る。

この大衆集会において、無定形《アモルファス》な「大衆」に形式《フォルム》を付与する存在、彼らの具現的「代表」representationが「指導者《フューラー》」であった点については、第3章で見たとおりである。アーレントに従えば、「指導者」とは独裁者や暴君といった恣意的な支配者ではない。代表する者／代表される者との関係は、支配者／被支配者、命令者／服従者という伝統的な政治関係と一線を画する。「代表する者—指導者」は、ドイツというネーションあるいはゲルマンというフォルクの全体性を表象する存在であり、その「指導者」の身体の中に「代表される者—大衆」はネーション—フォルクという不可視のフォルムを投影し、自己のアイデンティティを獲得するという相補的な関係にあるのであった。

しかしワイマール・ドイツにおける議会制民主主義の崩壊とそれを補完する形での「指導者」民主主義というテーゼそれ自体は、実際のところそれほど新奇なものではない。ここで重要なのは、前章でも見たようにアーレントの公共空間、「現れの空間」としての「公的領域」が、ギリシア「ポリス」という回路を通じてネーションの「代表—再現前」的公共空間と重なり合うという点に他ならない。

ここで再び、アーレントにとってギリシア「ポリス」とはどういう存在なのかを確認してみたい。

「公的領域」が、「現れの空間」と「共通世界」という二つの重なり合う「公共性」の次元から構成されていることについては前章で論じたが、これについては以下のように言及されている。

ペリクレスは、ペロポネソス戦争の戦没者を弔う有名な演説を行ったが、その演説の言葉を信じるならば、ポリスというのは、すべての海と陸を制圧して自分たちの冒険の舞台とした人々の証人となるものであり、そのような人々を称賛する言葉の扱い方を知っているホメロスやその他の詩人が別にいなくてもやっていけるような保証を与えるものであった。つまりポリスというのは、活動した人々が自分たちの行った善行や悪行を、詩人たちの援助を受けることなく、永遠に記憶にとどめ、現在と未来にわたって称賛を呼び覚ますためのものであった［HC：197＝318］。

「現れの空間」は「愛」や「肉体的苦痛」という私的感覚ではなく、他者と共有される経験のリアリティにおいて形成されるが、そのリアリティを「共通世界」に繋ぎ止めるものこそ、このペリクレスを通じて語られる「記憶の共同体」としての「ポリス」に他ならない。

つまり「現れの空間」は《祝祭》と同じ様に、演技を見る者、言葉を聞く者が現前し、経験を共有することにおいてのみ成立する空間であるが、それは「祭りの後」には何もなかったかのように霧散を運命づけられている。また言葉による他者への働きかけは、それが結果的に何も生み出さないばかりか、ときに全く予期せぬものを生じさせることもあり得る。

このような「人間事情の脆さ」を救済する存在こそが「記憶の共同体」としての「ポリス」であり、それは過去のトロイア戦争でホメロスのような吟遊詩人が果たした役割、すなわち偉大な行為を英雄物語として語り継ぎ、永久に記憶に留めるという役割を代替したのだとされている。前章で見たように、アーレントは「ポリス」の主たる目的が、平凡な日常を「尋常ならざるもの」the extraordinary にすることとしたが、それとならぶ第二の目的こそ、言論を虚無から救出し記憶に留め、「共通世界」の一部とすることであった。これによって、「現れの空間」での言葉と行為のリアリティは「共通世界」に存続し続けることが可能となり、その場に居合わせた当事者の一生を超え、世代を超えて共有されるリアリティとなるというわけである。

アーレントが以上のように語るこの「記憶の共同体」としての「ポリス」は、一方においては「想像の共同体」に限りなく近接することになる。つまり、不在の死者を記憶に留め、また存在を想起することにより、共同体の規模は顔見知り《フェイス・トウ・フェイス》の単位を超えて、想像《イマジン》され得る限りまで拡大されることになる。そしてその共同体の拡大は、同時にその構成員を制限するアイデンティティの再生産と表裏一体である。この葬送演説でペリクレスは、「アテナイ」国制のオリジナリティを賞賛するが、それは明示的にあるいは暗黙的な「他者」としてのペルシア、スパルタの否定を意味している（Thoukydides［1942＝2000: chap. II-39］）。逆に言えば、ペレクレスは、アテナイ的なものが、ペルシア的なものやスパルタ的なものとは異なることを強調し、「われわれ」と「彼ら」の境界線を強固なものとすることで、葬送演説という場で戦争遂行を継続する連帯感を惹起しているのである。(4)

アーレントのテクストでは、こうした葬送演説での士気高揚というコンテクストを切断することで（本書はそれは偶発的な欠落ではなく、第6章で見るように意図的な捨象と考えている）、「記憶の共同体」としてのポリスが成立している。しかしながら、この「記憶の共同体」としての「ポリス」が、ネーションへと接続され「祖国のために死ぬこと《プロ・パトリア・モリー》」を称揚する言説に結びつく――例えばペリクレスの葬送演説は、ファシズム的文脈で戦争賛美として位置づけられ得る（Lacoue-Labarthe [1988＝1992: 178–181]）――という批判はこれまでにも行われてきた（Wolin [1994: 293]、高橋 [1994b: 35, 41]）。だがこれまで確認してきたように、「祖国のために死ぬこと」を良しとする「ポリス」の言説が、ナショナリズムを媒介にしてファシズムと容易に結びつくことにアーレントが無自覚だったとは考えにくい。それゆえ必要となるのは、こうした言説を当時の思想史的状況に再配置した上で、その意味と方向性を理解することであろう。以下では、アーレントとシュミットにおける「再現前」と「公共性」の位置づけを比較検証し、その思想的意味を明らかにしていくことにする。

3　シュミットとアーレントにおける「再現前」と「公共性」

超越―不死の場としての公共空間

カール・シュミットは、『現代議会主義の精神史的地位』（一九二三）を中心として同時代の議会制民主主義への批判を展開したが、こうした批判の中心部分を構成するのは、大衆民主主義状況下における議会制「原理」――モンテスキュー的な意味での「原理」――の喪失、すなわち「討論」と「公開性」という「原理」の形骸化という点であった。シュミットは、「公開性」を前提とした議会での「討論」が、利害に基づきその妥協を引き出す「交渉」とは異なることを強調し、「合理的な主張を以て意見の持つ真理性と正当性とを信じるように相手を説得すること、言い換えれば自己が真理性と正当性とについて説得されるということを目的によって支配されているところの意見の交換を意味する」(Schmitt [1923→1961: 9＝1972: 9]) と語る。つまりこうした「真理性と正当性とについて説得される」過程を通じてのみ、議会は「代表」Repräsentation としての意義を有するのであって、その根本的「原理」の形骸化こそ、議会制民主主義の危機の本質を意味している (Schmitt [1928→1954: 208–209＝1974: 243–244])。こうした議会制度における「代表」の喪失は、むろん当時のワイマール・ドイツにおけるライヒ議会の状況を率直に表明したものであるが、シュミットはそれを特殊ドイツ的状況のみならず、近代成立における「超越性」の没落と、経済的・技術的合理性によるものと位置づけたのだった。

シュミットが以上のような状況認識にあたって、いわゆる敵／味方を規定する「決断主義」の立場を提起したという議論は、問題を著しく狭隘化するものである。和仁 [1990] は、シュミットの思想がこうした経済的・技術的合理性への対抗としてのカトリック的秩序概念・ヨーロッパ公法概念によって規定されているとし、カトリック教会 (あるいはそのパートナーである初期近代フランス絶対主義王政) を範にした秩序概念の復権という「再現前」Repräsentation――不可視のカトリック的権威の可視化・具現化――こそがシュミットの思想的独創性（そしてその限界）であるとしている[5]。

つまりシュミットの「決断」とは、無からの「決断」を意味するものではない。「『決断主義法学者』シュミットにおいては、フォルムと決断とが矛盾しないどころか、制度に支えられた決断こそが法フォルムに他ならない」（和仁［1990: 182–183］）。和仁は、こうした初期近代の教会／国家秩序に範型を見出すシュミットの「再現前」論を、カントロヴィッツ『王の二つの体』（可死的―生物的身体《コルプス》と不死的―象徴的身体との二重性）や、あるいはエリアスの『宮廷社会』（宮廷社会での演劇的所作が指示する秩序の体系）の議論と結びつける。そして、公共性を創出させるこうした「再現前」の中核に、「ペルソーン＝公人＝役柄による何らかのイデアー＝理想像の具体的現出という観念が存在し、従って、公共／公衆／観衆（Öffentlichkeit, Publikum）を前にして行うこと＝公共性（Öffentlichkeit, Publizität）と、それに結びついた（やはり多義的な概念である）可視性（Sichtbarkeit）と密接な関係にある」と論じている（和仁［1990: 171–2］[6]）。

アーレントの「公共性」をこのようなシュミットの視点から捉え返すと、どのような思想的風景が見えてくるだろうか。前章で示したように、古代ギリシア「ポリス」を範例とする議論、その人が「どんな人か《フー》」を露わにする「現れの空間」としての「公的領域」は、単なる「差異の政治」や自己実現の政治などとは別の次元にあり、アーレント独自の問題構成から論じられている。この「公的領域」の構成指標とされる「公的自由」に関する議論も、この彼女独特の問題圏に連なるものでる。

アーレントは私的自由と公的自由とを区分し、また「自由」freedom を「解放」liberty とは異なるものとして論じたが、その際に注目すべき点は、この「自由」という抽象的な言葉・理念を「可視化」されるものとして、つまり個々の身体によって演じられ、視覚的に認知されるようなものとして理解していることである。例えば、

> 解放のために必要であった活動や行為のおかげで彼らは公的な仕事の中に投げ込まれたが、そこで彼らは意図して、あるいはそれ以上に意図に反して、自由がその魔力を広げることのできるような空間、すなわち自由が眼に見え（visible）、感覚にとらえられうる（tangible）リアリティになるような現れの空間を構成し始めた［OR：33＝44-45, 強調は石田］。

「自由が眼に見える」とはどういうことだろうか。この特殊な「公的自由」のイメージは、共同体への政治参加の「権利」や共和主義的な自治精神では捉えることができない。この自由がパフォーマンス芸術の「至芸」virtuosity に喩えられている点などを鑑みると［BPF：153＝206-208］、それは発話や演説それ自体の身体感覚の喜びのようなものに近いことをうかがわせる。つまり、音楽やスポーツをするのが何か別の目的のためでなく（自己を表現するためでもなく）その行為自体を享受することにあるように、自己の姿を他者の前に現し／他者の姿を眺め、自己の言葉を紡ぎ出し／他者の言葉を聴き入ることとそれ自体が、アーレントの「公的自由」の根幹となっているのである。

こうした議論は、前章でも指摘した《祝祭》空間としての「ポリス」、すなわち日常経験の非日常

化を「ポリス」の根源と見るアーレントの議論と重なるものである。ここで重要なのは、こうした行為は単に遊びやおしゃべりなどではなく、共同性を創出する重要な契機であったということである。例えば、アーレントは例によって政治家ペリクレスに注目し、以下のように語る。

トゥキュディデスが伝えているペリクレスの言葉は、以下のことに最大の確信を抱く唯一のものである。すなわち、人はいわば同じ一つの身振り《ジェスチャー》で、自分の偉大さを演じ、そして同時に救うことができるということ、そうした演技（performance）はそれだけで権力（dynamis）を生むのに十分である……ということである〔HC：205＝329, 強調は原文〕。

パフォーマンスとは単に自己実現や自己充足ではなく、他者との新たな関係性を打ち立てる技術であり、その演説の身振りそれ自体が「権力」に直結するものであること。アーレントはこのように「ポリス」の政治空間を理解している（「自由」と「権力」との関係については第5章参照）。

カントロヴィッツの「王の二つの身体」、すなわち可死的―生物的身体《コルプス》と不死的―象徴的身体との二重性は、象徴的世界と現実世界とを媒介することで、秩序を再生産する。前章で見たように《祝祭》は過去の神話を再現し、あるいは未来の神話を先取りすることで、共同性のダイナミズムを獲得する。ペリクレスの身振りに対するアーレントの眼差しも、これと同じような文脈に、つまり「記憶の共同体」としての「ポリス」の同一性の再現前という文脈に位置づけることができるだろう。

しかし正確に言えば、アーレントがペリクレスを通じて呼び起こしているのは、アテナイやスパルタといった特定のポリスの同一性や歴史的記憶ではなく、ギリシア世界全体に共有された世界観、「不死性」というものに対する信仰に他ならない。つまり、この世界の「不死性」への信仰が共有されていればこそ、「記憶の共同体」たる「ポリス」が存続し得るのであり、逆に言えば「この世での潜在的な不死性へと向かう、こうした超越性が存在しない限り、厳密にいって、いかなる政治も、いかなる共通世界も、いかなる公的領域もあり得ない」[HC: 55=82]。アーレントの論じる「闘技《アゴーン》」、すなわち「卓越性《アレーテー》」をめぐる「闘技《アゴーン》」を通じて「最良の者であること」*aien aristeuein* を示すという特殊ギリシア的な価値観も、それは可死性を運命づけられた人間が、自己の生を賭して「不死性」に与えることを意味している。この世界の「不死性」への参与については、以下のような説明が行われている。

> 死すべきものは、それら〈=存在に値する偉大な事物を産み出す能力〉によって、自分を除いては一切が不死である宇宙の中に、自分たちの場所を見つけることができたのである。不死の偉業に対する能力、不朽の痕跡を残しうる能力によって、人間はその個体の可死性にも関わらず、自分たちの不死を獲得し、自分たち自身が「神」の性格を持つ者であることを証明する [HC: 19=34]。

こうした人間世界の「不死性」は、自然の「永遠性」——生産—消費の循環、動物と種としてのヒトの反復——と対比されることで［HC: 18＝33］、本来的な「政治」の次元に関わるものとされている。要するに、トロイア戦争でアキレウスの名が呼び出され、神話の英雄の名が政治の舞台に召還されるのも、その眼目は「ポリス」の偉大な過去の想起にあるのではなく、言葉や行為が人びとに記憶され共有されることで「不死性」を獲得し、動物的な生や肉体的快楽とは別次元にある人間世界の連続性と継続性、すなわち「共通世界」の「不死性」を示すことにあるのである。

ここまでアーレントの議論を辿ることで、ようやくシュミットの「再現前」的公共空間との関係性を論じることができるわけだが、その関係は、ウェーバーという補助線を引くことによって浮き彫りになる。

ウェーバーが新カント派的二元論に依拠して、政治—経済領域の合理化・専門化、組織の経営《ベトリーブ》化を諦念と共に受け入れ、「責任倫理」を具えた「職業としての政治家」の必要性を敢えて戦略的に説いたのに対して（脇［1973: 87–96］）、シュミット—アーレントは、「政治」と「経済」とが不可分であることを承知しながらも、前者の後者に対する優位を説き、その範型を一方はカトリック的「超越性」、他方はギリシア・ポリスの「不死性」に見出そうと試みたと、図式化できる。むろん、シュミットもアーレントも、ウェーバー同様に、当時のロマン主義的政治運動に影響を受けつつもそれを批判し(7)、その近代的主観意識の肥大化と自閉性、政治的プラグマティズムの欠落を問題視しているのは疑いない。それは、公法学者シュミットと作家であるユンガーとを分かち、政治思想家アーレントと哲学者ハイデガーとを区分するものでもあるだろう(8)。

しかしそうしたプラグマティックな思考様式にもかかわらず、シュミットがカトリック的秩序観念を政治的・公法的秩序の範型として、技術的・経済的合理性と対置させ、またアーレントが「ポリス―公的領域」と「オイコス―私的領域」とを峻別し、「公共性」「政治」の根源を失われた過去に見出そうとするとき、それはやはり、彼（女）等が批判した「政治的ロマン主義」同様に、「神話」の再構築に寄与しているという批判から免れられない。

前出の和仁は、このシュミットの反時代的なアプローチが、カトリック・公法学・近代合理主義に関するユニークな問題圏を構成しながらも、その反時代性ゆえに理論的袋小路に陥ったことを強調した。アーレントの思想的道程も同様の隘路に陥っているのだろうか。ここで両者のあいだに大きな隔たり・分岐点があることも確認しておく必要があるだろう。つまりワイマール・ドイツの政治に対し、著名な公法学者という立場で当事者として関与したシュミットと、ナチス台頭によって亡命を余儀なくされ、国外から回顧的な眼差しで見つめるアーレントとのあいだには大きな断絶がある。

繰り返し述べてきたように、ギリシア・ポリスへの回帰による「公共性」の復権というアーレントのスタンスは、自明なものではない。例えば、このペリクレス的な「権力」を生み出す身振りがアドルフ・ヒトラーと重なり、あるいは「不死性」というタームがナチズムの千年王国論に回収され得ることをアーレントは身をもって知っていた。それゆえ、アーレントが「公共性」について古代ギリシア世界を参照しつつも、そこにはニーチェ―ハイデガー的な古代ギリシアの「反復」Wiederholung、あるいは「保守革命」という思想運動(9)を突き破る思想モメント、シュミットとは異なる「再現前」と

「公共性」との関係性に注目する必要があるだろう。以下では、そうしたアーレントとシュミットの隔たりについて、両者の革命論に焦点を合わせて見ていくことにしたい。

「革命」における「再現前」――「ネーション」と「建国の父祖」

シュミットは、カトリック教会―絶対王政の超越性に準拠した「再現前」Repräsentation を公共性の範型としたが、それは彼の『憲法論』での近代革命以後の国民国家においても国家原理の中枢を構成している。(10) そこで「再現前」は、ネーションの「同一性」Identität と対立的・相補的な概念として提示され、国制の分類（君主制、貴族制、民主制、共和制）に先立ってメタ・レヴェルで国家の構造を規定するものとされている。シュミットに従えば、「政治生活の実際においては、再現前のあらゆる構造的要素を放棄する国家がないのと同様、同一性原理のあらゆる構造的要素を放棄する国家も存在しない」のであり、「同一性と再現前というこれら二つの可能性は排除し合うものではなく、政治的統一体の具体的形成にとっての二つの対立する指向点にすぎない」(Schmitt [1928→1954: 204–205＝1974: 240–241])。

この「再現前」は、近代市民革命における「憲法制定権力」を論じる場面においてより重要な位置を占めることになる。ここでシュミットは、国家建設と憲法制定が同時であったアメリカ革命ではなく、国家機構が連続性のうちにありながら、「自分自身の政治的実存の態様と形式を意識的な決断により自ら決定した」フランス革命を、近代市民革命の名に値する本来的な革命として位置づける。ここでアベ・シェイエスの革命理論が参照され、ネーションが「憲法制定権力」pouvoir constituantの主体として、「それ自身は決して自己の政治的実存を究極的な形式化に従属させることのないあらゆる力の源泉」として措定される（以上、Schmitt［1928→1954: 73, 79＝1974: 102, 103］）。こうした「憲法制定権力」という超越性の準拠点とされたネーションは、抽象的・観念的存在ではない。シュミットはこのネーションが顕在化する政治シーンを、人民集会等の直接的政治活動に見出し、「直接的意思表示の自然な形式は、集合した多数者の同意または拒否の呼び声、喝采（Akklamation）である」としている（Schmitt［1928→1954: 83＝1974: 107］）。

　ネーションが顕在化し、その意思が直接的に表明される空間。それはルソーにあっては主権を持つ人民の集会、代表者を媒介しない市民の主権表明の人民集会であるが、それはシュミットにあっては自らの「同一性」を尖鋭にした場であると同時に、不可視のネーションが「再現前」する場である。要するに、「時どきに現存している人民が政治統一体としての自己と完全、絶対的に同一であるということは、いかなる場所、いかなる瞬間においてもありえない」。「したがって再現前を伴わない国家は存在しない。というのも国家形体《フォルム》のない国家は存在せず、形体《フォルム》には本質的に政治統一体の示顕＝上演（Darstellung）が不可欠だからである。いかなる国家にも、われわれは国家である《レタ・セ・ヌ》、といいうる人間がいなければならない」（Schmitt［1928→1954: 207＝1974: 242］）。

　以上のようなシュミットの革命論について、和仁はそれが復古カトリック的＝アンシャンレジーム的秩序概念を君主政から切断し、ネーション＝フォルク的フォルムへと読み替えることによって、当時のワイマール憲法体制と接合させる試みであること、そしてその近代性と復古性を融合させようとする試みが本来的に破綻せざえるを得なかったことを指摘している（和仁［1990: 295–297］）。

しかしここでの文脈で確認しておきたいのは、こうしたネーションーフォルクの「再現前」論、それによって構成される公共空間に関する言説が、ナチスの「公的祝祭」と連動していた点である。むろん前章で見たように、こうした大衆を動員する「公的祝祭」はナチスだけのものではないし、またシュミット自身がこうした大衆操作的な政治活動に批判的であったわけだが（Schmitt［1923→1961: 11＝1972: 11］）、大衆の喝采に応える指導者《フューラー》の存在が、ネーションのフォルムを「再現前」させる存在として、カトリック秩序を「再現前」させる教皇とアナロジーにあることは否定できない。「公的祝祭」の典型であるニュルンベルク党大会は、「このような雰囲気では、ヒトラーの語ることひとことが、天から響く神の啓示のように聞こえるらしいのも不思議はない」（Schirer［1941＝1977: 21］）という報告にあるように、シュミットの「再現前」的公共空間の現代的復権であると言えるだろう。もっともそうした公共空間は、拡声器であれ、サーチライトを駆使した光のカテドラルであれ、シュミットが対置したテクノロジーとの融合によって創出されたわけであるが。

以上のようなシュミットの革命論に対して、アーレントの議論はその対極に位置している。[11]『革命について』でアーレントは、人民（国家）主権―国民国家の範型となったフランス革命と、「自由の構成」としての連邦共和政のモデルを創出したアメリカ革命とを対置し、前者がその革命テロルの絶えざる進行によって着地点を失ったこと、それとは反対に後者が新体制の「創設」foundation に成功して政治的安定を獲得したことを一貫して強調する。アーレントはこのフランス革命におけるテロルの背後にある、無制約的な「憲法制定権力」としてのネーションの暴力性を指摘し、その理論モデルをルソーの「一般意志」へ、その経験モデルを——カントロヴィッツの王権論を踏まえつつ——「法と権力が一体化している神的根源を現世で具現していた」絶対君主に見出している。

　このようにアーレントは、シュミットが憲法制定の最高審級としたネーション―フォルクの神聖視を批判した。そしてその代替として、アメリカ建国の父祖たちがモデルとした古代ローマの建国理念、とりわけその「権威」auctoritas 概念に注目する。ここで言うローマ的「権威」概念とは、最初の創設の〈原理〉principium に遡ってそれと結合し、創設者の偉業を「増大させる」augere ことであり、これについては以下のように言明されている。

> ローマ元老院すなわちローマ共和国の父たち (patres) が権威を持っていたのは、彼らが先祖を再現していた (represented) からであり、あるいは、むしろその化身であった (reincarnated) からである。ひるがえってこの先祖たちが政治体における権威たりえた理由はただ一つ、まさに彼らがこの政治体を創設したためであり、彼らこそ「建国の父」だったからである。いいかえると、ローマの都市国家の創設者たちは、ローマ元老院議院を通じて姿を現し《プレゼント》、彼らとともに創設の精神、すなわち創設以後ローマ人の歴史を形成することになった偉業のはじまりと原理は現前《プレゼント》した」のだった [OR: 200–201 = 321,

強調は原文〕。

建国という「始まり」beginning の偉大さの「再現前」すなわち「権威」であること。このローマ的「権威」概念の再生による制度の創出こそが、アメリカ革命をフランス革命の絶えざるテロルから分かつものであったとアーレントは指摘する。

しかしながら、この古代ローマと近代アメリカとの関係は、連続的・無媒介に接続されているわけではない（この点の詳細については第5章を参照）。アメリカ革命が単に「ローマを新たに」創設したのではなく、「新しいローマ」の創設であるとアーレントが語るとき、それは古代ローマとの決定的切断において、はじめて可能となるような「権威」を想定している。要するにそれは、偉大なる古代ローマの復興というアナクロニズムなのではなく、新たな「始まり」がその後の行為の範例となる（「始まり＝原理」princium-principle）という「権威」モデルを再生させることを通じて、古代ローマの理念を蘇らせることを意味している。アーレントは古代ローマにおいては元老院が担っていた「権威」の制度的所在を、アメリカでの司法制度あるいは上院に見出しているが、それは「権力は人民にあり」「権威は元老院にあり」という古代ローマの箴言、実質的な「権力」の所在とは別の場所に「権威」は存在しなくてはならないという政治理念を、アメリカ的な形で再生させたものであったことを示唆している。

ここで先述の古代ギリシア世界での「不死性」への信仰と、この古代ローマ的な「権威」概念とを重ね合わせるならば、以下のように図式化できるだろう。つまり、建国の父祖の言葉とその理念を「再現」させ「不死性」を示すこと、それは偉大なる父祖たちを忘却の淵から救出することであり、その言葉と理念の色褪せないリアリティを露わにすることこそが、「権威」と成り得るということである。

端的に言えば、ペリクレスやアキレウスという忘れられた英雄の偉業を単純に称えることではなく、その名前すら知らない人間でさえも／あるいはそれゆえに、ペリクレスのようなリーダーシップ、あるいはアキレウスのような勇敢さを示し得ること、そしてそうした類い希なリーダーシップや勇敢さを「再現」することが従うべき規範となり、政治体の永続的な「権威」のモデルとなり、ペリクレスやアキレウスとともに「不死性」を獲得する、ということを示しているのである。

以上のように、シュミットとアーレントの「再現前」を、両者の革命論と重ね合わせ、その思想的地平における位置を測定することで明らかになったのは、シュミットの「再現前」が「同一性」と相補的な概念として、つまりネーションという空間に画定・限定されることによって成立しているのに対して、アーレントには、シュミット同様に空間的に制約されたモメントとそれを乗り越えるモメントが併存しているということである。

一方でアーレントが、古代のギリシア・ローマの政治形態を「公的領域」の経験的事例として提示するとき、その領域が予め規定され制度化されている以上、「再現前」に寄与する人員は——ギリシア人・アテナイ市民・戦士・男性・自由人という「同一性」の指標によって——制限されている。しかしながら、他方では、そうした共同体によって制度化された空間とは別に、「行動をともにする」act in concert 際に、人びとの〈あいだ〉に遍在的に生起する空間もまた同様に、「再現前」的公共空間であることをアーレントは示している。

従って、両者の相違は、シュミットを「同一性」の側に、アーレントを「複数性」の側に位置づけることで顕わになるのではなく（シュミットにおいてもパースペクティヴの「複数性」は存在するし、アーレントにしても何らかの「同一性」がなければ公共空間は成立しない）、シュミットが「再現前」空間を静態的図式において把握するのに対して、アーレントがそうした空間の動態性・遍在的生起性を念頭に置いている点に存在する。要するに、シュミットが「再現前」の基盤となる集団を「同一性」によって予め規定しているのに対して、アーレントはそうした規定を一方で認めながらも、他方ではそれとは逆の回路、すなわち、その都度その都度の「再現前」空間において異なる集団的「同一性」が構成される経路を提示している。

こうした両者の「再現前」空間の質的相違は、「友／敵」という政治概念との関係性においてより一層明白となる。周知のように、「友／敵」の境界設定を政治的なるものの本質と捉えていたシュミットにおいては、「友」を「友」として、「敵」を「敵」として同定する場が「再現前」空間であるのに対して、アーレントの場合には、「友」と「敵」との遭遇の場それ自体がそうした空間として措定されているのである。

例えば、古代ギリシア・ポリスの政治空間の原型とされるトロイア戦争の「闘技《アゴーン》」、ホメロスの英雄同士の「闘技《アゴーン》」とは、ある場合には「友」に対する激しい憤りの場面であり、あるいは「敵」に対する戦場での口上の場面でもあるのであって、「友／敵」の境界の設定それ自体が争われるものである。また、ローマの地で交戦したトロイアの末裔とラテン人とが——トロイア戦争の帰結が一方の殲滅に陥ったのとは対照的に——契約というかたちで同盟者になった点が注目され、「最も敵対的な人間の遭遇すらも、彼らに共有されるものを引き起こす」というホメロスの発見が政治的関係の原型とされるとき［WP: 90＝107］、それは共同体の外での「他者」——それは絶えず「敵」であり得るのだが——との遭遇によって成立する場が、絶えざる「公共性」を孕むものであることを示している。そうした危険な「他者」との遭遇によって遍在的に立ち現れる公共空間は、相対立するパースペクティヴによって、それだけ一層普遍的で高次の「不死性」を「再現前」させることを志向する。そうした「友／敵」の境界を括弧に入れ、その自明性を喪失させ、新たに再編するスリリングな場、そうした公共空間への洞察こそが、アーレントをシュミットから分かつものに他ならない。

4　結　び——「再現前」と現代政治

シュミットであれアーレントであれ、彼ら／彼女らの試みが純粋なる「ポリス」の再生、失われた公共性の復権（カトリックの秩序あるいはギリシア・ローマの公共空間）であるならば、それはアナクロニズム以外のなにものでもない。だが本章で見てきたように、両者の試みは、カトリックあるいは古代ギリシア・ローマの「再現前」空間を歴史的実在から一度切断して括弧に入れ、一般性を形成することで、政治のリアルな次元へと接続しようとするものであった。

現代社会において、ネーションを志向する「再現前」的公共空間は衰えるばかりか、逆に政治の一般風景に組み込まれている。例えばワシントンやリンカーンら過去の偉大な政治家の言によって、いま現在のネーションの統合を訴えるのはアメリカ大統領演説の常套手段である。そして人びとに共有される「物語」を提示する、この「再現前」空間はすでに政治の専有物ではなく、経済や文化など多様な次元へ拡散し、多彩なイベント空間としてわれわれの生活の一部を形成している。

冒頭でも述べたように、アーレントの「政治」とは単に人びとの多様な差異の承認ではないのであって、人びとの〈あいだ〉をつなぐ「物語」の生成と深く結びついている。自由、平和、正義、変革といった抽象的な政治理念は、しばしば過去の「物語」の語りによって精気を吹き込まれ、その「物語」を語る者の身体を通じて具現化され、人びとを突き動かす力とリアリティを持つ。勇気という言葉のリアリティとしてアキレウスが範例として想起され、善という言葉が空虚なものでない確証としてナザレのイエスや聖フランチェスコが思い起こされ、行為する際に模倣される［BPF：248＝337］。そのような「物語」を再生させ具現させるアクターの身体性、すなわちレトリック、表情、パフォーマティヴな身振りが示す権力性、アーレントの言葉で言えば「行動をともにする」ように人びとを誘う力の問題は、依然として「政治」の古くて新しい問題の一つである。

しばしばこれは「演劇としての政治」という用語で対象化される。ギリシアの将軍、ローマの教皇、フランスの絶対君主、ドイツの独裁者、そしてアメリカの大統領あるいは映画スタアの言葉の持つ権力性に対しては、むろんその危険性を留意する必要があるだろう。しかしながらその危うさは、例えばハーバーマス流の「討議理性」などによって浄化・抹消できるものでもない。というのも、理性的に対話し説得するという政治スタイルそれ自体がすでに、一つの演劇的な行為様式をパフォーマティヴに選択しているのであり、その点でそれは、その対極にある専制君主の威圧的命令や、定型句を連呼する大衆の熱狂などと同様に、政治という舞台の演出に大きく拘束されているのである。

アーレントとシュミットとの違いは、前者が後者の静態的な空間構成の制約を超え、動態的な「遍在性」において多様な場面へ適用される機会を得た点にあった。このことは「聖なるもの」が「新しいもの」に取って代わり、「物語」が消費され陳腐化を余儀なくされている現代社会において大きな意味を持つと本書では考えている。つまり現代社会では、かつて神話や伝統が生きていた時代のように、教皇の聖性や王の偉大さを呈示することはできず、逆にその「再現前」空間の演出・企画は絶えず凡庸さに陥ることから免れられない。「演技者《アクター》」の不用意な一つの言葉、一人の「見物人《スペクテーター》」の怒声によって、「王様は偉大である」ことを示すはずの集会が「王様は裸である」と露呈させてしまうこともあるだろう。しかしながら、その公的空間の本来的な不確実性は、凡庸な「物語」を再現することを拒絶すると共に、新しく魅力的な「物語」が上演され、あるいは既存のものが書き換えられる契機となることを意味している。というのも、アーレントが認めていたように現代の「英雄」hero は、何か英雄的 heroic な特別の能力や資格を持つ者ではないのであり、求められる「勇気」とは「ともかく自ら進んで活動し、語り、自身を世界の中に挿入し、自分の物語を始めるという自発性の中にすでに現れている」のだから［HC: 186＝302］。旧く色褪せた「神話」の再生ではなく、誰もが「英雄」として新たな「物語」を生み出し得ること。アーレントの公的空間はそうした可能性に開かれているのである。

註

（1）例えば以下のような記述を参照。「人間相互の絶対的な差異は、民族や国民や人種の相対的な差異よりも大きい。神による一人の人間の創造もその複数性に含まれている。しかしながら政治はそれと必ずしも関係があるわけではない。政治とは、相対的に異なるのとは違って絶対的に異なる者たちを、相対的な同等性を考慮して、最初から組織することである」［Denk（I）: 18＝25］。

（2）アーレントはヤスパースのウェーバー研究に言及した書簡の中で、「情熱に由来する合理性と人間性」としての「ドイツ的本質」German essence; Deutsches Wesen という言葉に困惑を表明し、「私にとってのドイツとは、母語、哲学、文学を意味します」と返答している（一九三三年一月一日付）。こうしたアーレントの批評に対してヤスパースは、その母語・哲学・文学が、歴史的・政治的運命と不可分であるとし、その古き栄光の再生がヨーロッパの統一によってのみ達成されると示唆するが（一九三三年一月三日付）、アーレントはそうした歴史的政治的運命でユダヤ人が疎外されてきたとし、「古き栄光にあるドイツとは、あなたの過去です」と反論している（一九三三年一月六日付）（Arendt; Jaspers［1985: 52–55＝1992: 15–19］）。両者の書簡集を編纂したロッテ・ケーラーとハンス・ザーナーは、敗戦後にヤスパースがナショナリズムへの批判的姿勢を強めていく背景に、こうしたアーレントとの応答が存在したことを指摘している。

ただアーレントの「全体主義」にとって「ナショナリズム」は中核にあるわけではない。『全体主義の起原』第二巻「帝国主義」では、ヨーロッパにおけるナショナリズムと人種主義との関係が検証されているが、そこでは、イギリス－フランス的な先発資本主義国家ナショナリズムと、ドイツ－汎スラブ地域の後発資本主義国家のナショナリズムとが対比されている。前者は「全体主義」の膨張政策への防波堤として位置づけられているのに対し、後者は「種族的ナショナリズム」tribal nationalism として、「伝統、政治的諸制度、文化など、自民族の眼に見える存在に属する一切のものを基本的にこの〝血〟という虚構の基準によって判定し断罪する点」でその当初から全体主義運動と親和的であったとされている［OT (II): 227＝170］。アーレントとナショナリズムとの関係性を、現代政治の文脈で捉え返した研究としては、黒宮［2007］を参照。

（3） 集団的な「表象」representation の次元が、アーレントの「現れ」appearance から切断されているという解釈も存在する。例えば齋藤［2008: 67–99］は、アーレントの「現れの空間」（個々人が「何者か」who を表す場）が、シュミット的な「表象」の公共空間（個々人が「何」what なのか――国民、民族、性、階級――を規定する場）から切り離された所で成立するとし、そうした「現れを表象から純化しようとするアーレントの戦略は有効なのだろうか」と批判する。

しかしながら、果たしてこうした「表象／現れ」の切断がそもそもアーレントに存在するだろうか。例えば彼女自身が「ユダヤ人として攻撃されたら、ユダヤ人として自分を守らなければならない」と応答している点［EU: 12＝17］や、代表制民主主義を批判しながらも、「代表」それ自体を否定していないこと［OR: 227, 278＝368, 438–439］を鑑みても、そうした「表象／現れ」の切断が行われているとは本書では捉えていない。

この一般名詞で捉え得る政治的「表象」と、個々人の政治的「現れ」とが相互排他的なものではない点については、アーレントの「ペルソナ」の比喩が参考になる。要するに政治の舞台での actor は「ペルソナ」を通じて何らかの役割を割り当てられているが、各々の「どんな人か」who はこの「ペルソナ」の背後ではなく、それを通じて露わになるということである。つまりその人が「何か」what（役柄、役職）を一般名詞で語ることはできるが、その演じ方は千差万別であって、役柄という「ペルソナ」と同時にその人の独自性が表現される、ということである。

（4） アーレントのテクストでは、このペリクレスの葬送演説が行われる背景――ペロポネソス軍の侵攻に備えてアテナイ市民が窮屈な籠城生活を強いられていたこと［chap. II–16〜17］、市民たちは先祖伝来の家屋や田畑が蹂躙されるのに苛立ち、迎撃を制止するペリクレスに不満を募らせていたこと［chap. II–21］等——が、意図的に言及されておらず、以下のような、戦争遂行のための士気高揚というコンテクストも捨象されている。「むしろ吾々は全陸海をして吾々の武勇に接せしめ、至る所に禍福両方の永遠の記念碑を建てたのである。そしてかくの如きポリスが奪われるのを防ぐためにこそ、この人々は高貴に戦って死んだのであるから、残された人々も全員が進んでポリスのために苦難を担うべきであろう」（Thoukydides［1942＝2000: II–41］）。

（5）ドイツ・カトリシズムにおけるシュミットの位置に関しては、古賀［1999: 159–198］、和仁［1990: 67–120］、シュミットと中央党との関係に関しては、古賀［1999: 297–340］を参照。和仁は、シュミットが、中央党の「政治的カトリシズム」politischer Katholizismus とも、十九世紀の道徳神学に規定されたネオスコラ学からも断絶した、俗人のカトリック公法学者であったがゆえに、独創的な議論を展開し得た点を指摘している。

（6）和仁は、こうしたシュミットの「再現前」概念の背後に、シュティルナーに影響を受けた「無政治的個人主義」が存在することを指摘している（和仁［1990: 22–31］）。つまりシュミットにおける個人の自由が、無限定的で制度化され得ないアモルファスなものであったがゆえに、政治的・公法的次元においては、カトリック的階層秩序、あるいは尊厳《ヴュルデ》や栄誉《エーレ》、そしてネーションやフォルクといった諸価値の「再現前」によるフォルムを要請したのであったという（こうしたシュミットの自由論の特質に関しては、毛利透氏からも御教示を頂いた）。このシュミットにおける自由の無定形性《アモルフィズム》が、アーレントが志向する自由のフォルム化・「再現前」と対立関係にあることは留意する必要があると思われる。またこうしたシュミットの「再現前」概念が、戦後ドイツの国法学においては黙殺されながらも、H・G・ガダマー、J・ハーバーマス、N・ルーマン等他の学科で批判的に受容された点に関しては和仁［1990: 212–213, n. 100］公共性と近代に関するシュミットとハーバーマスとの相違については、谷［1997］を参照。

（7）ウェーバーとドイツ青年運動、ゲオルゲ派との関係については、上山［1984: 1–58］を参照。周知のように、シュミットは『政治的ロマン主義』（一九二五）において、アダム・ミュラーに代表されるドイツ・ロマン主義の機会原因論とその非生産性を批判した。一方においてアーレントも『全体主義の起原』第二巻「帝国主義」で、このシュミットのロマン主義批判に依拠しつつ、ナチズムに至る思想的関係をその「個性」と「天才」崇拝に見出している［OR（II）: 167–170＝73–79］。

(8) 前出の和仁は、シュミットとユンガーが同じ「無政治的個人主義」——社会性を欠落した個人主義——でありながら、ユンガーがどこまでも「審美主義」「直観主義」に基づいていたのに対し、シュミットが公法学という「学知・主知主義」の立場から思想を展開している点に両者の差異を見出している（和仁［1990: 12–53］）。また先述したように、アーレントは、自分の思想的出自をドイツ実存哲学に置きながらも、その師ハイデガーを「最期のロマン主義者」と批判したが、その批判の視座は、自己の研究を「哲学」ではなく「政治理論」poltical theory と捉えることに依拠している。

(9) 原点・根源への回帰・反復という発想は、「革命 re-volution」という政治概念に内包されている（第5章参照）。ピーター・ゲイは、ワイマール期の混沌とした思想状況において、「全体性への渇望」hunger for wholeness に駆り立てられ、過去のドイツ的なるものに回帰したのが青年運動や民族主義的な思想家だけでないこと、当時の著名な歴史学者までもが「過去への郷愁や英雄崇拝を売り込んだ」ことを指摘している（Gay［1968＝1970→1987: 84–122］）。山下［1986: 89–154］, Herf［1984＝1991: 203–211］等では、シュミットはこうした〈保守革命〉の第一人者として論じられているが、本章では、Bendersky［1983＝1984: 66–68］、和仁［1990: 94–96］に従い、シュミットと〈保守革命〉との関連性は消極的なものと理解している。

(10) 和仁は、このシュミットの「再現前／同一性」が、より初期の著作（『政治的ロマン主義』『独裁者』『ローマカトリック教会と政治形態』）では対立項として——旧体制《アンシャンレジーム》—再現前 対 革命的正統性—同一性——規定されていながら、『憲法論』においてはその対立構図が緩和され、相補的な関係へと変転することによってワイマール憲法体制へと結びつくことができたと指摘している（和仁［1990: 274–277］）。

(11) アーレントとシュミットの革命論の比較と、その問題点については、Scheuerman［1997］を参照。シュミットの学生ヴァルデマール・ギュリアンとアーレントとのあいだで、シュミットに関して議論が行われたのではないかというショイアーマンの推測は興味深い（Scheuerman［1997: 142（n. 2）］）。しかしながら、フランソワ・フュレやインゲボルグ・マウスの革命研究に依拠して、シュミットとアーレントの革命解釈が一面的であるという批判は、フランス／アメリカ「革命解釈」批判としては妥当かもしれないが、シュミットやアーレントの問題設定に対しては外在的であるように思える。シュミットとギュリアンに関しては、Bendersky［1983＝1984：57–59］、古賀［1999：249–296］、アーレントのギュリアン観については、［MDT：251–261＝307–320］）を参照。また「前線世代」としてのE・ユンガー、シュミットと、アーレントとの比較については、伊藤［2001］を参照。

第5章
「世界」の変革は可能か
――「革命」論から見た「法」と「権力」

1　序――アーレントの「法」と「権力」

アーレントは「法」と「権力」をどのように理解し、どう「公共性」の中に位置づけたのか。「公的領域」が「現れの空間」と「共通世界」の二つの位相から構成されている点については先に見たが、これらと「法」「権力」の議論はどのような関係にあるのだろうか。本章ではこの点について、アーレントの「革命」論を手がかりにしながら考えていきたい。

本章では主として『革命について』（一九六三）で論じられる「革命」論に注目するが、その消極的な理由としては、『人間の条件』など古代ギリシア「ポリス」論での「法」への考察が極めて限定的なもの――「政治」の外部に「立法」が存在すること、「公的領域／私的領域」を制限する「境界」

としての「法」［HC：63＝93］――であるからであり、(1) 積極的な理由としては「革命」という既存秩序の解体／再構築においてこそ「法」「権力」の本質が露わになると判断できるからである。この法秩序の解体／再構築という問題が「公的領域」にどのように組み込まれているのか、換言すれば、「現れの空間」というミクロな次元の公共性と「共通世界」というマクロな次元のそれとがどのように接合されているのかを理解する途上で、アーレントの「革命」論は思想的要所を占めている。

以上を踏まえた上で、本章では「革命のアポリア」に対するアーレントの記述、とりわけその記述の揺らぎに着目することで、「法」「権力」論の位相を浮かび上がらせることにしたい。ここで言う「革命のアポリア」とは、次のような問題を意味している。すなわち、「革命」によって新しい制度をスタートさせる政治体は、それ以前の体制に拘束されない新たな「始まり」となり、新しい出発を志向しようとすればするほど、それだけ一層「法」と「権力」の正統性の問題、恣意性を克服する「権威」の問題から免れられない、ということである。この「革命のアポリア」に対して、アーレントは二つの相異なる記述を行っており、この記述のズレが果たして思想上の重要な転回を意味するのかどうか考えてみたい。

本章では、このアポリアをめぐる記述のズレは転回や内的矛盾などではなく、論じる対象の強調点の相違であり、その相違を相補的なものと捉えることによって、アーレント「革命」論の内実を明らかにしていく予定である。つまりアーレントにとって「始まり」となる「革命」とは、人間社会を根本的に作り変える運動（＝マルクスの「自由の王国」）ではなく、「法」と「権力」の再編であり、世界の「関係の網の目」の刷新を意味すること、そしてそれが「関係の網の目」の転換という文脈において本書で言う《祝祭》と重なり合うことを明らかにしていきたい。

2 「創設」「始まり」としての「革命」と、そのアポリア

「革命」の指標としての「自由の構成」

「革命のアポリア」に進む前に、まずアーレント「革命」論の概要を再確認しておこう。そのポイントを簡潔に言えば、(1)「革命」とは単なる旧秩序からの「解放」ではなく新たな制度の「創設」であること、(2)その「創設」にアメリカ革命は成功し、フランス革命は失敗したこと、の二点にまとめることができる。

(1)「創設」――「自由の構成」と新しい「始まり」

アーレントに従えば、「革命」とは単なる暴力を伴う政治的争乱ではない。「革命」は、ポリス内部の「党派闘争」stasis、プラトンの語る統治形態の「変化」metabolai、ローマ史の「事物の流転」mutatio rerum、ポリュビオスの「政体の循環」politeion anakuklosisと異なり、また「反抗」revolt、「謀反」rebellion、「クーデタ」coup d'étatとも一線を画する。その最大の分岐点は、「革命」が制度それ自体を作り変える試み、新しい「始まり」を構想するものであり、その点で「革命」が近代の政治現象であるという点にある。

アーレントは、政治社会の「始まり」に付随する根源的暴力（アベルのカイン殺し、ロムルスのレムルス殺し等）を認めた上で、「はじめに言葉ありき」というヨハネの言葉を、新しい社会の設立が「暴力」ではなく言葉によって行われることのアレゴリーとして用いる。「暴力」による解体ではなくて「構成すること《コンスティテューティング》」（＝「自由の構成」Constitutio Libertatis）、「暴力」を「法」の支配下に置き新たな体制を「創設」することにこそ、「革命」の成否が存在するというわけである。

（2）アメリカの成功とフランスの失敗

この新たな「創設」に成功したのがアメリカ革命であり、これに対してフランス革命は最後までその「創設」を首尾良く行うことができなかった、というのが『革命について』の基本構図となっている。この対比は、前者が「自由」のイメージと結びつけられるのに対して、後者が「必然性」の軛から脱することができなかったという叙述によって強調されている。

占星術で天体の運行を意味していたrivoluzioneが政治の言葉として導入されたとき、それは人間の意志を超えた不可抗的な運動を意味するようになった。アーレントに従えば、その不可抗的な必然性のイメージに強く拘束されたのがフランス革命に他ならなかった。一七八九年七月のバスティーユ襲撃から、度重なる議会の召集と憲法の発布、ロベスピエールによる一連のテロル、そしてナポレオンの登場に至るまで、フランス革命は錯綜した進路を突き進んでいったが、これら一連の事件の推移は、個々人の意志を超越した力によって支配されていると見なされていた。そしてこの「革命」のイメージは、ゲオルク・W・F・ヘーゲルの歴史哲学、あるいはカール・マルクスの唯物史観において、歴史的「必然性」として位置づけられるようになったと言う。

アーレントは、こうしたフランス革命の主旋律となる「必然性」が、天体循環の合法則性のみならず、人間の生命過程の有機的循環とも密接に関係していたと説く。「必然性―窮乏《ニセスティ》」すなわち貧民の困窮という「社会問題」social problem は、誰もが免れることのできないがゆえに政治的原動力と成った。それは財の分配と人民の福祉を最高の審級とすることで、「意見」の多様性を圧殺し、絶えざる粛清のテロルを喚起し、「創設」という着地点を失わせることになった。「群衆がフランス革命の援助に殺到し、それを鼓舞し、前進させ、そして最後にそれを滅亡に追い込んだのも、この必然性〔貧窮〕が彼らを支配したからであった」[OR: 60=91] とアーレントは語っている。

アメリカにおいても貧困・経済的窮乏が存在しないわけではなかった。しかしアメリカで貧困はフランスのように不幸《ミゼリー》や欠乏《ウオント》として「同情心」を呼び起こし「社会問題」となることはなかった、とアーレントは論じる。建国の父の一人ジョン・アダムズにとって、貧困の問題は不幸や欠乏という言葉によってではなく、「無名状態」obscurity という言葉で論じられ、他者に認知されない暗闇が人間の尊厳を剥奪するというかたちで問題化されたことが、その証左とされる。つまり、アメリカ革命の父たちが争点としたのは「社会問題」ではなく、他者に認められ卓越性への情熱を満たす「公的領域」をいかに形成するかという点にあり、「革命」の目的は単に抑圧的な旧体制からの「解放」liberation で終わるのではなく、誰もが発言し他者と行動を共にできるような「自由」freedom の空間を樹立することにあった。「人びとが町の集会に出かけていくのは、義務のためでもなく、ましてや、自分自身の利害に奉仕するためでもなく、もっぱら討論や審議や決議を楽しむためであったということは、アメリカ人たちには非常に良く知られていた」わけだが［OR：119＝183］、それを制度化するプロジェクトこそが「革命」の本義であったのだ、とアーレントは主張する。

「革命のアポリア」に対するフランスとアメリカの対応

このようにアーレントは、「暴力」を制度化する新しい政治体の「創設」を「革命」の指標とし、その成功例としてアメリカ革命を描き、その失敗例をフランス革命に見出した。この対比は「創設」に付随する難問に対して、二つの革命がそれぞれ異なる回答を行ったというかたちでいっそう浮き彫りにされている。

ここで「創設」に付随する難問とは、以下のような事柄を指す。すなわち、「創設」によって新しい制度をスタートさせることは、それ以前の政権体制に拘束されない新たな「始まり」を目指すものであるが、その新しさを強調することは同時に「法」と「権力」の正統性の問題、恣意性を克服する「権威」の問題を抱え込む、ということである。(2) 本章ではこの問題をさしあたり「革命のアポリア」と呼び、それに対してアーレントがどのような記述を行っているかを見ていくことにしたい。

最初にフランス革命での対応について。アーレントによると、この「革命のアポリア」に対するフランス的解決は、絶対君主——それも元来は教皇の法衣を引き継いだのだが——に代わる法と権力の究極的源泉を新たに作り出すことにあり、「主権」モデルを再構成することで回答を提示しようとするものであった。フランス革命期の政治理論家アベ・シェイエスは、「まず第一に、周知のように、憲法制定権力《プヴワール・コンスティテュアン》と憲法によって・制定された《プヴワール・コンスティテュエ》権力との間に区別を設け、第二に、憲法制定権力である国民（la nation）を、絶えざる『自然状態』のなかに置くことによって」［OR：162–163＝252］問題を解消しようとしたのだった。

つまり法の上に憲法を、憲法の上に「国民」あるいは「人民《ル・プープル》」を置くことで、人民をあらゆる権力と法の源泉としたが、それが可能であったのは、「自然状態」における人民こそが、ルソーが定式化した「一般意志」の発動者であると見なされたからであった。その帰結としてフランス革命政府は、国民の「貧窮―必然」の解消、すなわち人民の福祉の追求を革命の最終目的《テロス》としたのであり、「人民を代表し、すべての正当な権力は人民に求めなければならないと確信していた人びとの人格的正統性は……同情を最高の政治的熱情と最高の政治的徳の地位にまで引き上げる意志を持ちつつ『広大無辺な貧民の階級』とともに苦悩する能力にのみ存在することができた」のだった［OR：75＝113］。しかしながらこうした「社会問題」の前衛化と、それを解消しようとする「同情」の圧力は、意見と多様性に基づく政治を圧殺し、言論を超えた「一般意志」を究極原理としてあらゆる行為を正当化したため、際限ないテロルを呼び込むことになったとアーレントは説く。

フランスが「主権」を有する「人民」という新しい神を創造し、「人民の意志」という威光《アウラ》を法と制度に纏わせたのに対して、アメリカではこれとは異なる対応が行われた。アーレントは一度「権力」の問題と、「権威」の問題とを切り離し、それぞれ別の方向からの回答を読み込んでいる。

まず「権力」の問題については、外部の超越者というフランス革命的設定を徹底して排除し、「革命」以前の政治的経験が参照される。つまり、州政府、州議会の権力がその下位団体である地区《デイストリクト》、郡《カウンティ》、郡区《タウンシップ》それぞれの自治組織や政治団体を承認しそれを再構成することで調達されたように、〈憲法《コンスティテューション》〉を制定する連邦政府、連邦議会の権力は州政府、州議会の権力を保証し〈構成《コンスティテュート》〉することで形づくられた、ということを強調する。「憲法を制定する権力、すなわち、憲法をつくる権力を与えられた人びとは、構成された団体の正式に選ばれた代表であった」のであり、「彼らはその権威を下から受け取った」のだが、「彼らが権力の座は人民にあるというローマ的原理に忠実であったとき、それを一つの虚構や絶対者としてではなく、つまりあらゆる権威を超越しすべての法を免れている国民というかたちで考えていたのではなく、その権力が法によって行使され、法によって制限されているところの組織された複数者〔集団〕という、現実に動いているリアリティのかたちで考えていた」のであった［OR：166＝257］。従って、アメリカ革命においては、「憲法制定権力」と「憲法によって制定された権力」との循環パラドクスは生じなかったとアーレントは語るが、それは同時に政治体の外部に「主権」を設定せずにパラドクスを回避する唯一の方法でもあった。

こうした「権力」の構成の仕方は、抽象的推論やトートロジーではなく、革命以前の植民地時代のリアリティに基づくものであったとアーレントは主張する。その際に参照されるのが、ピルグリム・ファーザーズたちのメイフラワー・コンパクトである。(3) このピルグリム・ファーザーズの物語は、「ともに行動する」act in consert ための「権力」の生成――ここでは植民のための共同行為の形成

――が、ただ単に「約束する」行為それ自体によって行われたこと、それを裏づける権威や強制力を伴わずに行われたことに重要な示唆を与えたものとなっている。「約束」という言葉それ自体に含意される「互恵性」reciprocityと「相互性」mutualityこそが、アメリカの政治的経験の根源において力強く脈動しており、それは「約束をなし約束を守る人間の能力の中に、人間の世界建設能力の要素がある」ことを端的に示すものであることをアーレントは強調するのである［OR：175＝270］。

アーレントはこのように、「権力」生成の問題が、「革命」以前のアメリカの政治的経験、とりわけピルグリム・ファーザーズに象徴される政治的経験においてすでに解消されているとした。それゆえ「アメリカ革命の中心問題は、権力ではなく権威の樹立と創設となった」［OR：178＝275］とし、「法」を「権威」づける問題こそが「革命」の中心論点とするに至る。換言すれば、アメリカでは「権力は人民にあり」potestas in populoというローマ的権力観がリアルなものと認識されたため「権力」生成の問題は意識化されずにいたが、これに対応する「権威は元老院にあり」auctoritas in senatuという「権威」の問題は大きな難問としてアメリカ革命の父祖たちの前に立ちはだかったのだった。

「始まり」としての「革命」――その可能性と不可能性

以上の議論を確認することで、ここでようやく「革命のアポリア」に対する記述のズレについて言及することが可能となる。その記述のズレを簡単にをまとめると以下のように対比することができる。

（1）『革命について』では、政治体を最初に構成する方法それ自体が「原理」principiumとして

「権威」を有するという、「始まり」と「原理」の同一性によってアポリアの解消が図られていた。つまり「革命」とはもはや「ローマを新たに」再定立することではなく、「新しいローマ」の創設を意味すると論じていた。(2) しかしその後の『精神の生活』(一九七八)第二部「意志」では、同様の問題を論じながらもアポリア解消への積極的言及はなく、純粋自発的な「始まり」としての「創設」へ疑念が提示され、その不可能性が強調されている。これに付随するように、「革命」とは「新しいローマ」を創設する試みではなく、内実は「ローマを新たに」再創設する行為であると述べられている。

以下ではこの「権威」をめぐる議論の相違について見ていくことにしたい。[4] 前述したように、アメリカ革命では「権力」が、革命以前の政治的経験に由来する諸関係を承認するかたちで構成されていったのに対して、「権威」は「法」に正統性を付与する力としてそれとは異なる源泉を要求した。アメリカにおいても、フランス革命同様「法」を上位から正当化する「より高い法」への希求が存在したが、「新しい共和国の安定を保障したのは、不滅の立法者にたいする信仰とか、『来世』における報いの約束や罰の恐れなどではなく、また独立宣言の前文に挙げられている真理の疑わしい自明性でさえなく、実際は、創設の行為そのものが含んでいた権威であった」[OR : 199＝318]。つまり、「憲法」constitution を正当化し「権威」を賦与するのは、それを超越する形而上学的存在——神、自然法、理性 etc.——ではなく、その「憲法」という書かれた文書《エクリチュール》それ自体、「創設行為」constitute それ自体への崇拝であった[OR : 204＝326]。アーレントは「創設」という「始まり」が有する「原理」が、それ自身「権威」を帯びることについて以下のように語る。

始まり（beginning）の行為がその恣意性から救われるのは、その行為がそれ自身のなかに、その原理（principle）をもっているからである。もっと正確に言えば、*beginning* と principle、principium と principle は互いに関連しているだけでなく、同時的なものだからである。始まりは自己の妥当性の根拠となり、いわば、それに内在する恣意性から自分を救ってくれる絶対者を必要とするが、そのような絶対者とは、始まりとともに世界にその姿を現す原理に他ならない。はじめる者が、彼の行おうとすることを開始したそのやり方（way）が、その企てをともに完成させるために加わった人びとの活動の法（the law of action）を定める［OR : 212–213 = 337–338, 強調は原文］。

このようにアーレントは「革命のアポリア」へのアメリカ的解決として、「始まり」と「原理」との同時性・同一性を提示する。つまり最初に「われわれ」を構成した組織原理が、その後の組織運営の範となるわけである。そしてこの「始まり＝原理」の同一性は、ラテン語 principium（principle）のみならず、ギリシャ語 archē の中にも内包されているとし、それがアメリカ革命のみならず政治現象全般に通ずる普遍的なものとして位置づけられているのである。

この「始まり」と「原理」との同一性に基づく「権威」モデルは、近代アメリカと古代ローマとの決定的な断絶において、つまりローマ的「権威」auctoritas が失われたことを前提として可能となったとされている。古代ローマで「権威」とは、「権威」「伝統」「宗教」の三位一体を意味し、元々の「創設」に遡って結びつくこと（元に―結びつける「宗教 re-ligre」）、創設者の偉大さを「増大させる」ことが、それすなわち「権威」と同義語であったと言う。アメリカ革命の父たちは、「創設」の「権威」をめぐって古代ローマを参照しようとしながらも、そうした古代ローマ的「権威」への回帰が不可能であることを自覚し、そこから断絶せざるを得なかった。この点についてアーレントは以下のように古代ローマ的「権威」との断絶を強調する。

> ……アメリカ人がウェルギリウスの詩行を時代の偉大な秩序（magnus ordo saeclorum）から、時代の新しい秩序（novus ordo saeclorum）に変えようと決意したとき、彼らは、問題はもはや「ローマを新たに」建てることではなく、「新しいローマ」を創設することである、と認めていたのであり、西洋の政治を永遠の都ローマの創設に遡って結びつけ、この創設をさらにギリシアとトロイの歴史以前の記憶に遡って結びつけていた連続の糸は断ち切られ、もはや、元に戻すことはできないことを知っていたのである［OR：212＝337-338，強調は原文］。

古い「物語」を再生させることではなく、新たな「物語」を生み出すこと。その自覚は新たな「始まり」を要請し、アメリカ的文脈における「権威」の創出を促したのであった。

以上の議論は、『精神の生活』第二部「意志」の結論部（16「自由の深淵と〝時代の新秩序〟」）において再び展開されている。ここでは「意志」という精神現象の有する政治的意味が考察される過程で、「意志」の自由と政治的自由との違い――私は意志する（I will）と、私は成し得る（I can）の相違――が強調され、その事例の一つとして「世界を変革すること」に成功したアメリカ革命が取り上げられている。

ここでも問題の中心とされているのは、圧政からの「解放」と新しい政治体の「始まり」とのあいだの隔たり、すなわち「自由の深淵」the abyss of freedom であり、古き善き政治体を再建しようとする試み（「ローマを新たに《ローマ・アニュー》」）が、いつしか完全に新しいものの設立（「新しいローマ《ニュー・ローマ》」）へと変質したことであった。そしてこの「自由の深淵」の問題に対して、アメリカ建国の父たちが、人間社会の外部に超越的存在による基礎づけを求める誘惑を排して、詩人ウェルギリウスによるローマの建国神話に範を求めたこと、ローマの建国それ自体がすでに絶対的な「始まり」ではなく、トロイアの再生であること、そしてそれ以前の世界（サティルヌスの世）には「始まり」も「終わり」もないことを彼らが知ったことにアーレントは言及する。

ここまでのアーレントによる議論の展開は『革命について』とほぼ同じ経路を辿っている。しかしこれ以降、古代ローマ人たちがローマの建国自体をトロイアの再生―再建であったと理解していたこと、また古代に範を求めたアメリカ建国の父たちがそのことに辿り着いたことの持つ意味は異なる様相を呈し、「革命のアポリア」への対応は分岐していく。(5)

先述のように『革命について』では「始まり」と「原理」との同一性において「革命のアポリア」

の解消がはかられ、古代ローマと近代アメリカ革命との断絶が強調された。これに対して『精神の生活』では、この「始まり＝原理」によるアポリアの解消というテーゼは後退し、またそれに代わるアポリア解消へ向けた積極的言及は見受けられない。そればかりか、アメリカ革命が古代ローマを参照した帰結として、純粋自発的な政治体の「始まり」と「創設」への疑念が提起される。起源《オリジナル》として依拠すべきローマ自体がすでに再生《コピー》であったことから分かったのは、

〝新しいローマ〟を建国する希望は幻想である、ということのみであった。彼ら〔＝ローマ建国に範を求めようとしたアメリカ人たち〕がせいぜい希望しうることは、太古の建国を繰り返し、〝ローマを新たに〟創設することであった［LM（II）: 214–215＝255］。

このように「新しいローマ」への疑念と、再―建設、再―創設としての建国を強調する『精神の生活』の論調は、「自分たちの企ては絶対的に新しいものであるという意識が強迫観念にまでなっていたアメリカ革命の人びと」に焦点を当てた『革命について』の論調と強い対照をなしている。

そして『精神の生活』では、先行する歴史や慣習から断絶した「新しいローマ」を創設する試み、純粋自発的な政治体を創出しようとする試みは、マルクスの「自由の王国」としてのみ可能であるとされているが、それはむしろアーレントにとっては否定的な存在として語られている。すなわち、

純粋な自発性という深淵……は、新しいものとは古いものを改善して再確立したものとする西洋的伝統の仕掛けによって、すっかり隠蔽されてしまった（この西洋的伝統とは、自由が常にあらゆる政治の"存在理由《レゾン・デートル》"とされてきた唯一の伝統なのだが）。本来的に完全なる自由は、政治理論において、つまり政治活動のために考案された理論において、最後の「自由の王国」というユートピア的で根拠のない約束のなかでのみ生き残った。この王国は、少なくともそのマルクス版では、「万物の終わり」という一切の人間活動が衰退するような永遠平和を実際にもたらすとされている［LM (II) : 216＝257, 強調は原文］。

要するに、圧政からの解放の後に政治制度を新たに構築する際、それが先行するあらゆる政治的事象に拘束されない制度として、つまり純粋に自発的な制度として出発しようとするならば、それはただマルクスの「自由の王国」においてのみ可能となる。というのも、西洋政治思想の根源とされた最初のローマ建国でさえも（伝説上の）過去の再建《ゲシヒテ》であった以上、新しく時間を開始するという試みを成功させるには、事象の連鎖としての歴史の外部に立たねばならないからである。そしてもし仮にこの絶対的な「始まり」としての「自由の王国」が実現されたとしたら、そこではもはや何も新たな出来事は生じないであろうから、「始まり」と「終わり」は同義となり、この言葉自体が不要となるのである。

このような、政治体の純粋自発的な出発という構想が、何も新たものを生み出さない「一切の人間活動が衰退する」「自由の王国」に至ることに、アーレントが不満を抱いていることは、それに続けて「こうした結論への到達は当然ながら不満が残る」［LM（II）: 216＝257］としていることからも明らかである。『精神の生活』の末尾では、この結論に対抗する「唯一の試験的代案」として、アウグスティヌスの意志論に内包する政治的意味があらためて提示される。アーレントは、「始まりがあるようにと人間が創造された、それ以前には何人も存在しなかった」というアウグスティヌスの言葉（『神の国』第12巻21章[6]）を引用し、何か新しいことを始める能力が人間活動に内在していること、またその能力が人間の「出生」natality それ自体に由来することを強調する。

しかしながら、この「出生」は「革命のアポリア」への回答としては全く不十分である。というのも、「出生」とはあくまで個々の人間の政治的自由の次元にあるのであって、政治体という人間集団の、「始まり」と「創設」の根拠とはならない。「アウグスティヌスによるこうした議論でさえ幾分不透明であることは十分承知している」、とアーレント自身この回答の不十分さを指摘しており、この問題を「判断力」論へと持ち越している。

しかし周知のように、アーレントは『精神の生活』第三部「判断力」を完成させる前にこの世を去った。今日この未完の「判断力」をめぐる考察は、アーレントの講義録を集成した『カント政治哲学の講義』（一九八二）からうかがい知ることができるが、しかしながらこのテクストでは、カントの『判断力批判』を政治哲学として解釈することに主眼が置かれ、「革命」と「創設」をめぐる問題はほとんど扱われていない。[7]

3 「法」「権力」の変動としての「革命」

ここで、これまでの議論を一度整理してみよう。(1)アーレントは自己の「革命」論の中でフランス革命ではなくアメリカ革命こそが真の「革命」に値するものとした。(2)その理由は、アメリカ革命がフランス革命とは異なり絶えざるテロルの連鎖に陥ることなく、新たな政治体を「創設」し「暴力」を制度化することに成功したからであった。(3)この二つの革命の分岐点は、権力の正統性、法の権威をめぐる「革命のアポリア」に対する対応の相違にあった。(3a)フランス革命は、権力、法の源泉として「憲法制定権力」たる「人民」を神格化したが、それは「人民」の貧困への「同情」を政治の領域にもたらし、その「同情」を最高審級とするテロルをもたらすことになった。これに対してアメリカ革命は、(3b)「権力」については革命以前の州政府の組織が再構成され、「権威」については古代ローマのモデルが参照された。この「権威」に関して『革命について』では、「始まり」と「原理」の同一性による「権威」モデルにそのアポリア解消が見出されていたのに対して、後の『精神の生活』第二部「意志」では、むしろ純粋的な「始まり」自体の政治的不可能性が強調された。

以上のような議論を辿った上で、この二つのテクストのズレをどう位置づけるか、という問題が問われることになる。伝統から断絶した「新しいローマ」が「創設」なのか、あるいは「新しいローマ」とは結局「ローマを新たに」再創設する試みでしかないのか……。「創設」における「権威」の問題について、この二つのテーゼのどちらに真意があるのか、あるいはアーレント自身の思想的な転回となるものが存在するのか。以下ではこの問題について、アーレントの「共通世界」をめぐる議論と接合し、そこでの「法」「権力」論を重ね合わせながら、考察していくことにする。結論を先取りすれば、「革命のアポリア」に対するテクストの相違は、内的矛盾や転回ではなくて同じコインの裏表の関係にあり、何を「始まり」とし何を断絶とするかの論点の違いであることを以下で明らかにしていきたい。

「共通世界」における「法」——安定性と暗黙的同意

まず先述のアウグスティヌス「出生」概念を補足する所からはじめてみたい。「出生《ナタリティ》」は当然ながら「可死性《モータリティ》」という人間の条件に対応するものであり、これがハイデガーの「死への先駆」という人間的条件と対置されている点については第2章で見たとおりである。[5] だがアーレントは単に「出生」を「可死性」より優位に置いたわけではない。「出生」はむしろ「可死性」の相補的な位置に置かれることで、われわれが住まう「共通世界」common world の演劇的構成の一部とされている。つまり、舞台に役者が現れては消えていくように、人間は「出生」によって世界という舞台に現れ、「死」によってそこから退出する。

この演劇性を基調とする「共通世界」は、単に特定の国家や共同体と同一のものではなく、それ以上の時間的・空間的広がりを有している。アーレントの「公的領域」が「現れの世界」と「共通世界」の二つの位相から構成されていたことは先に触れたが、この「共通世界」は「現れの世界」と重なり合いながらも、前者とは異なるより持続的で耐久的な公共性の次元を指示している。

ここで「共通世界」あるいは「世界」の特徴として（1）単なる有機生命体の生存とは異なる人間の生の次元を構成し、自然界ではなく人工的に建設された空間を基盤としていること、（2）私と異なる他者と共有されるものという意味で、リアリティの次元を構成していること、（3）個々の死すべき人間の一生を超えて存続していくものであり、「私たちが、現に一緒に住んでいる人びとと共有しているだけではなく、以前にそこにいた人びとや私たちの後にやってくる人びととも共有しているものである」こと［HC: chap. 7–10］、を挙げることができる。

わたしたちの一生を超えて存続する舞台『共通世界』。その舞台としての「世界」にあって、そこに生まれ来る人は常に「よそ者」としての存在を余儀なくされる。すなわち「……人間はよそ者 strangers あるいは新参者 newcomer として（ギリシア人は若い人を新しい人 *neoi* と呼んでいた）この世界に現れ、人によっては世渡りに『賢く』なるかも知れないだけの経験を積み、ようやく慣れた頃にはこの世を去るのである」［CR: 77＝69］。このように、「よそ者」「新参者」の絶え間ない流入によって舞台としての「世界」は絶えず変化を余儀なくされるが、アーレントはこの変化を一定の枠内に繋ぎ止めるものを「法」として位置づける。

文明とはそのときどきの世代が住まうために創られた人工物だが、それは変化の流れを留めておく安定した枠組みがなければ、どのようなものもありえなかった。安定化の要因となるもので慣習、習俗、伝統よりも持続的で最大のものは、法体系 legal systems であり、その法体系によって世界でのわれわれの生活と互いの日常は制限されているのである。……法体系は、その時と場所いずれの点でも非常に多種多様であるが、しかしそれらすべてに共有する共通点がある。その共通点こそ、ローマ法（lex）、ギリシア法（nomos）、ヘブライ法（torah）といった異なる現象に対してわれわれが同一の言葉を用いる根拠となっている。その共通点とは、それらが安定を確保するためにデザインされたということにある［CR：79＝72］。

つまり、絶えざる変化によって混乱が生じないように、「世界」の同一性を確保する装置が「法」という人工物である。重要なのはここでの「法」が、特定の法律や政策ではなく「法」体系それ自体、共同体の「法」秩序を指しているという点にある。それゆえ、法律の改変あるいは体制への反抗という「新しさ」を目指す運動でさえも、それに先立って、共同体の「法」秩序それ自体への暗黙的同意が存在する。共同体に生まれ落ちることによる「法」秩序への同意、異論を唱える権利に内在する同意とは、法学的・歴史学的には単なるフィクションであるかもしれないが、実存的・理論的には確かなリアリティが存在するのである［CR：87＝80］。

こうした「出生」に伴う共同体秩序への暗黙的同意の先行性は、「暴力について」（一九六九）（『共和国の危機』所収）でも言及されている。ここでアーレントは、アレクサンドル・P・ダントレーヴの「ゲーム」と「ルール」の対比について触れ、政治ゲームへの参加条件として「法」ルールへの先行同意が存在することを確認する。

ダントレーヴが、法を「ゲームでの有効なルール」に比したことは、さらに推し進めることができるように思える。これらのルールの重要な点は、私がそれに自発的に従うとか有効性を理論的に認めるということにあるのではなく、実際にそれに従わない限り、ゲームに参加できないということである。ルールを受け容れる動機はゲームに参加したい欲求であり、人間は複数でのみ存在するから、私がゲームに加わりたいと思うことは、生きることへの欲望と同一である。

ここで注目すべきは、アーレントが「法」の暗黙的同意を強調することで、「法」の本質やその究極的基礎づけ、という厄介な問題を回避しているということにある。すなわち

法とは究極的な効力であるから、その正統性には永遠にして神聖な立法者が必要であるとか、あるいは法とは国家の暴力独占のみを担保とした単なる命令に過ぎない、というよく知られたジレンマは幻想に過ぎない。すべての法は、「命令」imperatives というよりも「指示」directives である。ルールがゲームを指示するごとく、法は人間関係を指示するのである［CR：193–194＝187–188］。

アーレントはここで、法とは「命令」であるより「指示」であり、「強制」以前に「受容」されるものであり、その「制裁」は必ずしも「主権者」による強制力の行使に依存しないというダントレーヴの議論に依拠している（D'Entrèves［1967＝1972：158］）[8]

繰り返すように、このようなゲームのルールとしての「法」への暗黙的同意は、伝統への服従を強調する保守主義と同一のものではない。ゲームのルールに従うことが予め前提とされない限り、それに従わないことも、それを変革することも意味を持たない。「世界」に新しく参入する者は、「革命家の行うようにゲームのルールを変えようと望むかもしれないし、犯罪者のように自分だけを例外としようとするかもしれない。しかしルールを原則として拒絶することは〝不服従〟なのではなくて、人間社会に入ることを拒否することなのである」［CR：193＝187］。

「共通世界」と「関係の網の目」のリアリティ

政治共同体を持続させ安定化させる人工物としての「法」。しかしながらそれはモノと同じように生産、消費、廃棄の対象となるものではなく、人間世界の見えないリアリティとなるものであり、「共通世界」の「関係の網の目」the web of relationships を構築するものである。アーレント流に言えば、「法」はある時点で「制作」work された言葉の集合であるが、その言葉の集合が「権力」を伴って「関係の網の目」の一部とならない場合、それは空疎な言葉の廃墟と化す。つまり先述の法ルールへの暗黙的同意も、それが共同体内部で既に死文化・有名無実化しているものに対しては行われないのであって、それは共同体の「関係の網の目」の中で日々承認され続けることが前提とされている。

このような「法」の有効性の問題、「……してはいけない」「……する権利がある」というルールが遵守されるかどうかの問題は、アーレントの中で「政治的自由」と「意志の自由」との違いとして論じられている。「……してはいけない」と私が意志することと、それが集団全体に共有されるルールとして共有されることのあいだには大きな深淵がある。政治的自由の単位が、個人ではなく集団にあることについて、アーレントは以下のように述べている。

政治的自由を所有するのは人間一般というよりも市民である。この自由は、共同体の中でのみ、すなわち共に生きる多数の者が、法律・習俗・習慣といった非常に多くの「関係」rapports によって規制されながら、言葉と行いによって交流を行う共同体の中でのみ、その姿が明らかになるのである［LM (II)：200＝239］。

「自由」とは一般には法ルールが禁止する事柄の外部にあると考えられている。しかしアーレントの中ではむしろそれとは逆に、他者との共同性を成立させる契機として位置づけられており、「自由」と「権力」とは同じコインの裏表の関係にある。換言すれば、「権力」の反義語は「自由」ではなく「無力」impotence であり、皆が勝手気ままに行動する状況においては、いくら強固な「意志」が存在したとしても、私は／われわれは何も成し得ない。アーレントは「政治的自由」が「権利」に還元できない点を強調するが［BPF : 164＝222］、それは「……する権利がある」という言葉が、その「権利」を支える力たる「権力」の裏づけがない場合「無力」である、ということを意味しているのである。

「革命」における断絶と連続性

さて以上のような議論を辿ることで「革命のアポリア」に対する対応の相違をどう理解するか、という問題に戻ることができる。「革命」とは過去から断絶した「新しいローマ」の創設なのか、あるいは純粋自発的な「新しいローマ」は幻想であり、それは「ローマを新たに」創設することなのか。

本書ではこの記述のズレは、思想的な転回を示すものでものなく、アーレントの議論の強調点の相違を示すものであり、その点を補完する必要があると考えている。『精神の生活』第二部「意志」でも、『革命について』と同様に「革命」が新しい「始まり」であるという点では同じであるが、その「始まり」が何とは異なるかという否定論に重心を移動させることで、「革命」という現象を外側から描き出そうとした、と本書は理解している。それは簡単に言えば、「革命」という現象は、それ以前の政治共同体からの断絶ではあっても、それ以前の人間事象に全く拘束されない純粋自発的な「始まり」ではないこと、歴史の再―出発ではあっても、歴史の外部のユートピアを求めるものではないということである。

先述したように、（ｉ）「法」とは共同体の安定性に寄与し、暗黙的同意を前提とするものであり、また（ⅱ）それは「関係の網の目」の一部として「共通世界」のリアリティを構成するものであった。従って「革命」とは、（ｉ′）共同体の安定性が喪失した中で新たな「始まり」となる法秩序の「創設」に向かう試みではあっても、（ⅱ′）「共通世界」それ自体の「始まり」とはならないのであって、「関係の網の目」の変動ではあってもそれを無に帰することではないということである。逆を言えば、この純粋自発的な「始まり」が仮に可能であるとするならば、それは、「歴史」の外部に立とうとするマルクスの「自由の王国」か、あるいは「歴史」の終わりを待望するキリスト教的千年王国論かであるが、それらを「革命」と呼ぶことはできない。そして第2章で見たように、「世界」それ自体の全体的《トータル》な変革を志向する「全体主義」もやはり、ここで言う「革命」とは全く異なるということになる。

アメリカ革命に従事した建国の父たちは、「解放」と「創設」とが一致しない自由の深淵に直面したとき、自分たちの職務が全く新たな「始まり」を準備するものと知り、古代ローマを手引きにしようとした。そして古代ローマという偉大な起原《オリジナル》でさえも、それがウェルギリウスの詩で詠われるように、トロイアという過去の復興であって、絶対的な「始まり」ではないということを知るに至った。アーレントが、「新しいローマ」を樹立する「革命」は、「ローマを新たに」再―創設させるものであると語るとき、そこにはこうした「共通世界」における時間と記憶の共有・連続性が前提とされているのである。

それでは、晩年の『精神の生活』において、「始まり＝原理」の同一性による「権威」モデル、「新しいローマ」による「時代の新秩序」という以前の議論は全面的に廃棄されてしまったのだろうか。確かに「始まり＝原理」への積極的な言及は当該箇所では見受けられない。しかしながらここでもモンテスキューに依拠しつつ、①政治共同体ごとにそれを突き動かす「原理」が存在すること、②その政治共同体の多種多様性が、「ある時何らかの理由で、ある人びとの集団が自分たちのことを『我々』として考えるようになったという事実」、そうした「始まり」に基づくものであること［LM（II）：202＝241］を考え合わせると、「始まり」と「原理」との結びつきが廃棄されたとするのは早計のように思える。

本書は以上を踏まえた上で、「始まり＝原理」の撤回から「判断力」論へという全面的な転回をアーレントの中に認めるのではなく、むしろ矛盾を生まないようなかたちで理論接合が行えるという解釈を行いたい。つまりそれは、「始まり＝原理」として「新しいローマ」を「創設」しようとする政治的投企は、それ自体がすでに古代ローマ的「権威」概念の受肉化であって、「ローマを新たに」反復させる試みであること、を意味している。要するに、古代ローマの直接的な再生が近代アメリカであるということではなくて、「始まり＝原理」とする古代ローマの「権威」モデルがアメリカ革命の中で範例として息づいている、というような理論接合を行うことができるのではないか、ということである。

先述したように、アーレントは「判断力」論において「革命のアポリア」への解消となるものを明示しなかった。しかし、その「判断力」を構成する理念、特殊性と普遍性とを媒介する「範例的妥当性」exemplary validity という理念に、アポリアへの対応を見出すことができる。この「範例的妥当性」とは、個別特殊な事物の中に普遍的な範例を見出すことができることを意味する。アーレントは、この範例が「その特殊性において、他の仕方では明らかにしえぬような普遍性を露わにする特殊なものであり、またそうあり続ける。例えば、勇気とはアキレスに似ている、等々」[LKPP: 77＝119] と語る。これは同じようなかたちで、「『創設』とは古代ローマの建国に似ている」と言い換えることもできるだろう。つまり古代ローマを全く知らない人であっても、「われわれ」という集団を形成した最初の在り方をモデルとすること、そうした「始まり」に「原理」を認めることが、はからずも古代ローマ的「権威」を範例としているのである。

「革命家のようにゲームのルールを変えようと望む」こと、そのアルファにしてオメガであるのがアーレントの言う「活動」である。先述したように、「法」は「共通世界」を維持させる安定性・持続性として作用するのに対して、「活動」はこれとは逆に変化と新しさをもたらすものである。「たしかに法律はひとたび変化が起きたらそれを安定化させ合法化することができるが、しかし変化そのものはつねに法の外部での活動の結果である」[CR: 80＝73]。「活動」によって新たな「法」が作られることはあっても、その「法」を改変・廃棄させるのもまた「活動」なのである。

以上のことを踏まえるならば、「革命」の本来的な困難さは、変化と新しさを志向する「活動」それ自体にあるということになる。アメリカ建国の活動家たちが古代ローマを参照しつつ、古き善き政治制度の再生を目指しながらも、それがいつしか新しい制度の樹立へと至ったという叙述は、アーレントの語る「活動」の特性を端的に示す事例である。つまり「活動」に伴う行為や発話の影響は多方面に波及し（無制限性）、その帰結を前もって予測できず（不可予言性）、その諸々の行為や発話をなかったことにすることができない（不可逆性）結果として、当初目標とされていた「ローマを新たに」再興させる試みはいつしか「新しいローマ」の創設へと変質せざるを得なかった。

歴史家や物語作家という見物人《スペクテーター》の位置から回顧すれば、革命という物語は「創られた」ものとして見えるかもしれない。しかしながら革命に従事した当事者の活動者《アクター》の側からすれば、その企てが成功するか否かは不透明であり、どのような物語となるかは全く不確定であった。それにもかかわらず、ゲームのルールを根本的に変えるというプロジェクトへの挑戦者が度々登場し、時に成功を収めていること、そのことへの驚きをアーレントと共に確認しておきたい。

「文法」としての「関係の網の目」

最後に、「革命」revolutionという言葉の内実が、現象それ自体の展開過程において変質していったこと、つまり「古き善き秩序への回帰」から「新しい制度の樹立」へ変わらざるを得なかったことの意味を検証しておきたい。

政治の変動と、それを記述する言語の変動とが絶えず折り重ね合い相互に関連していること。そこから言えるのは、リアリティを構成するものとしてアーレントの語る「関係の網の目」が、言葉の意味を規定する「文法」でもあるということ、それらは共に定常性と変動性という条件を共有しているということである。

つまり「革命」という用語がその展開過程で変質し、それ以前にはなかった現象を指すようになった時、それまでとは異なる新しい意味世界を切り開くことになった。そして「革命」という言葉の変質によって切り開かれた意味世界は、もはや元に戻すことはできず、「記憶」という人間の条件によって不可逆的に変更されざるを得ないのであって、それまでとは異なるゲームが行われていくことになったのだった。(9)

このような政治事象の変動と政治用語の変質は、「革命」に限定されているわけではない。周知のように、マキャヴェリの stato「国家」やボダンの souveraineté「主権」、あるいは liberty「自由」や democracy「民主主義」といった政治学のキー・タームも、同様の変質によって新しい意味世界を切り開いてきたのだった。一方ではそれまでにない現実政治の現象を記述するために、他方では新たな政治を生み出すために、あるいはこの両者の相互補完的なプロセスによって、経験世界での「政治」というゲームと、それを論じる「政治学」というゲームは再帰的関係にある。先述したように、アーレントは「革命」を他の暴力を伴う政治現象（「反抗」「謀反」「クーデタ」etc.）から区分し、また「権力」と「暴力」の概念規定を行う上で、「権威」authority、「力」strength、「強制力」force等の政治概念の再検証と再規定を行っている［CR：143–155＝126–138］が、それは、「認識する学の側が認識されるほうのことばのゲームを再構成してしまうこと」、また「政治学の用語は認識対象としての政治のなかで用いられる用語から完全に自由になることはできない」ことを強く想起させるのである。[10]

そうした点を踏まえた上で、アーレントが、人間活動の条件を「誰もゼロから始めるものはない」とし、変化する能力が「過去」に拘束されると語るとき、それは「言語」をゼロから創造するのが不可能であること、それゆえ以前の事象と全くかけ離れた純粋な「始まり」とは、「新しいこと」ではなく「理解不能なこと」を意味している。

また人間活動を維持する能力が「未来」によって制限されるという記述は、既存の言語ゲームを打ち破る力が絶えず到来すること、そしてそれを端的に表すのが人間の「出生」であることを示している。前述したアウグスティヌスの引用を敷衍させて言えば、人間の「出生」と共に世界にもたらされる「始まり」とは新しい言葉の「始まり」であること、つまり一人の人間が固有名を携えてこの世界に到来し新しい言葉を紡ぎ出すこと、そのことによって新しい世界が切り開かれる可能性は常に開かれているのである。

4 結 び——《祝祭》としての「革命」

本書で述べてきたアーレントの「革命」論は、トーマス・クーンの用語を借りて「法」「権力」の「パラダイム」転換と呼ぶのが妥当なのかもしれない（「パラダイム」転換としての「革命」については、すでにシェルドン・ウォーリンによって提示されている（Wolin［1968＝1988: 41–90］）。つまりマルクス的な革命論が、自由の王国へ向けた人類の進歩という大きな「物語」の一部であるのに対して、アーレントの議論には歴史全体を覆う大きな「物語」は不在であり、「革命」以前と以後を隔てる深淵が強調されている。「革命」以前と以後とのあいだには、何らかの優位性——例えばマルクスで言うところのブルジョワに対するプロレタリアの優位——は存在せず、異なるゲーム、異なるルール、異なる物語であることがさしあたり確認されるに過ぎない。

一九八九年以降に生じた一連の東欧革命は、それまで支配的であったマルクス的革命論ではなく、アーレント革命論によってはじめてその意義が理解可能となる、という指摘が行われている（千葉［1996］、Young-Bruehl［2006＝2008］）。ポーランド「連帯」から、ベルリンの壁崩壊、「ビロード革命」に至る東欧諸国での体制変換は、一般民衆が暴力的蜂起ではなく、デモ行進、ストライキ、党政権との対話・交渉といった非暴力な政治手段に訴えることではじめて達成された。実際、革命運動を組織した指導者が、アーレントのテクストから強い影響を受けていたという報告もある（川原［2006: 119f.］）。その点において、「革命」には旧体制の「敵」を暴力によって排除しなければならない、という思いこみを取り去ったアーレント「革命」論の意義は確かに大きい。

しかしながら他方で、アーレントの「革命」論のすべてが東欧革命などの現代的文脈に適用できるものではないことを確認しておくのもまた必要であろう。共産党の一党独裁から民主化への体制転換に成功した東欧諸国では、その多くが複数政党制を目指したのであって、その点でアーレントが政党政治の克服として構想した「評議会—連邦制」という新たな制度モデルが用いられたわけではない。またポーランド「連帯」の独立自主管理労働組合が結成される要因になったのは、国内での経済状況の悪化、食肉価格の引き上げへの大規模な反発であり、それはアーレントが言うところのフランス革命を堕落させた「社会問題」に他ならない（「評議会制」への批判については「結論」を参照）。

またこの東欧の民主化の文脈で、アーレントの思想を「市民社会」論の再生として、つまり国家や市場の外部での「市民」の自発的な政治参加（ボランティア、NPO、地域コミュニティ）を鼓舞するものとして読み解く解釈も存在する（川原［2006：159–206］）。そうした解釈は現代の公共性の在り方に確かに一定の視点を提示するかもしれない。しかしながら、彼女の思想がそうした市民運動論には収まりきらないものであり、その「市民社会」論を逸脱する「公共性」にこそ、その思想的可能性があるように思えてならない。

そうした点で本書では、今日アーレントを論じる可能性は（第3・4章で見たように）、「市民社会」や「市民運動」論に終わるものではなく、むしろ「市民運動」と「大衆運動」との流動性と両義性、その両者を包括する公共性への洞察にあると理解するものである。すなわちその公共性の空間は、「市民」の集会にも、国家元首が「国民」に訴えかける集会にも、その両者が対峙する場にも結びつくとするほうが、より広い視座を得ることができるだろう。

従って、流血の惨事を招いたルーマニアの事例は、非暴力的な体制転換をモチーフとした一連の東欧革命においては痛ましい例外であったかもしれないが、アーレント「革命」論からの逸脱であるわけではない。(11) むしろそこにアーレント「革命」論のユニークな事例を読み取ることができる。というのも、このルーマニアの動乱で注目すべきなのは、「王様《チャウシェスク》は偉大だ」ということを示すはずの体制動員集会で、「王様《チャウシェスク》は裸だ」ということが露わとなり、それが「王殺しの祭典」へと転化したという点にある。それはファシズムの公的祭典で自らの「偉大さ」を示し、大衆を魅了したヒトラーと合わせ鏡の関係にある。この公共空間のドラスティックな変質、すなわち国王が一夜にして反逆者となり、昨日の英雄が明日には道化となるというパラダイム・シフトこそ、「革命」と呼ぶに相応しいだろう。そしてこの意味秩序を一変させる《祝祭》という視点において、アーレントの「公共性」を歴史家の昔話や運動家の幻想としてではなく、現実政治の中で絶えず繰り広げられているものとして認めることができるのである。

以上のように公的空間の意味づけ自体が不確実性を余儀なくされていることは、おそらく大きな「物語」の消失した現代社会の根本条件なのだろう。しかしながらそれはまた同時に、その不確実性のリスクを負う者すべてが自己の卓越性を示し、他者と「行動をともにする」機会を得ることを意味している。アーレントが「一つの行為、ときには一つの言葉でも、あらゆる配置 constellation を変えるのに十分である」[HC : 190＝308] と述べるとき、それはこうした「活動」による世界の変革可能性が人間社会に絶えず潜在し遍在していることを示しているのである。

註

(1) このアーレントの「法」、「私的領域/公的領域」を区分する境界としての「法」へのフェミニズムからの批判的な研究としては、岡野[2002: 49]を参照。「アーレントは、法の起源には自然などの絶対的なものは存在しないと論じながら、絶対的な起源を持たない法によって、私的領域/公的領域、あるいは、自然/人為の境界が設定される、と述べるさいに、法の背後に、これ以上遡れない〈自然〉を忍び込ませてしまうのだ」。

(2) こうした革命と創設のパラドクスに関して、デヴィッド・イングラムとB・ホーニグは、アーレントの革命論と、ジャック・デリダの「合衆国独立宣言」("Déclarations d'Indépendance")とを比較し検証している(Ingram[1996], Honig[1991][1993])。イングラムもホーニグも、創設のパラドクスへの形而上学的(自然法、神、理性 etc.)解決へのアーレントとデリダの批判を、「事実確認的《カンスタティヴ》—行為遂行的《パフォーマティヴ》」発話の問題に着目し、言語行為論的視点から考察する点で共通しているが、その帰結は対照的である。

イングラムは、創設行為における非現前の暴力(「力の一撃」coup of force)とその隠蔽というデリダのモチーフが、あらゆる創設行為に不可避的に伴うわけではないとし、創設行為それ自体に内在する手続き的正当性である合理的対話が、同時に実際の政治活動において漸進的に現実化されていくといった循環的な正当性のモデルを構想している。そして、この起源であると同時に目標である循環的正当性を担保とした創設の地平を切り開き、憲法の漸進的修正、法的進歩の可能性を含意する点において、ポスト・モダニストーデリダよりも、モダニストーアーレントの「独立宣言」解釈に優位を置いている。

これに対してホーニグは、「行為遂行性」と「事実確認性」とを結合させる「独立宣言」の本質主義的契機(essentialist moments)に注目するデリダと、行為遂行的発話が有する権威を強調しながらその事実確認的契機を軽視するアーレントとを対比させる。そしてそれと同時に、アメリカ革命にローマ的権威概念——〈憲法—構成《コンスティテューション》〉という「始まり」への信仰《レ・リジョオン》とその増大(augmentation)と保存(preservation)——を見出すアーレントと、原テクストが単なるコピーとは異なる新しい言語的出来事としての「翻訳」translation によって、絶えず増殖していくと語るデリダとを架橋させ、その媒介項としてニーチェを位置づけている。

私見では、デリダによる言語行為それ自体の暴力性を踏まえている点でホーニグの論稿の方が妥当であると思われるが、しかしながらホーニグも、アメリカ建国におけるローマ的権威概念の意義とその限界に関するアーレントの言及を単純化し過ぎているように思われる。

(3) 周知のように、このピルグリム・ファーザーズのメイフラワー・コンパクトは後年に神話化されたものである。入植者内部に「聖徒」と「よそ者《アウトサイダー》」の対立を抱えていたことや、先住移民と後続組とのあいだで軋轢があったこと、株式会社の延長として政治制度が組織されたこと、そして「ピルグリム」という言葉自体が一七九九年に「発明」されたことなど、この移民物語が後の国民国家の進展と共に神話化されたことなどが明らかになっている（斎藤［1992: 13–17］、大西［1998］）。アレーントもこうした「神話性」を知らなかったわけではないが、それを踏まえながらそれが「約束」による権力創出の原型であったと強調している［OR: 167＝258］。

(4) アーレントの「権威」論の詳細については、「権威とは何か」（『過去と未来の間』所収）［BPF: 91–141＝123–192］を参照。

(5) こうした「革命のアポリア」に対する『革命について』と『精神の生活』での論調の相違については、すでに、川崎［1986: 44–45］によって指摘されている。しかしながら本書は、この相違をアーレントの思想的転回とは見なさない点で、川崎論文とは見解を異にする。後述の註（7）も参照。

(6) ここでアーレントが引用する一節（"Initium ... ergo ut esset, creatus est homo, ante quem nulls fuit." を "That there be a beginning man was created, before whom nobody was."［LM (II): 217＝258］と訳出した一節）に至るアウグスティヌス『神の国』第12巻21章の叙述は以下のとおりである。

アウグスティヌスは、それ以前の章で展開してきた生の循環・回帰説への批判をこの21章でも引き継ぎ、循環説を容認すれば、解放されて神の至福と真理に到達した世界がまた再び悲惨さに陥るという不条理を受け容れねばならないとして、これを一蹴する。そして循環説を否定した後で、悲惨から解放された霊魂の数は増大するか一定なのかという問題に対して、アウグスティヌスは、いずれにせよ霊魂が救済されるには有限でなくてはならず、「人間があるとき造られ、それ以前には人間はいなかったという始めがなければならない」(Augustine［1959＝1981：142］）と回答している（ローブ対訳版による英訳では "But this beginning never before existed in that way. Accordingly, in order that there might be this beginning, a man, before whom none existed, was created." と訳されている（Augustine［1966］)）。アーレントはこうしたコンテクストを知りつつもそれを捨象し、「出生」natality や「始まり」principium, initium といったキー・タームに基づいてそれを実存哲学的に再構成したと思われる。このアウグスティヌス論に注目した研究としては、森川［2004］を参照。

(7) アーレントは『カント政治哲学の講義』において、フランス革命に対するカントの両義的な態度――革命の成果を賛美しながらも、その叛乱という企てを否定する態度――を指摘しながらも［LKPP：48＝69–70］、本章で問題としている「革命のアポリア」、特にアメリカ革命と古代ローマとの関係性については論じていない。

川崎［1986：47–53］は、この「判断力」論から導き出される二つのモチーフ、「共通感覚論」と「見物人《スペクテーター》の優位のテーゼ」によって、アーレントが必ずしも明らかにしなかった結論を引き出している。それは、「共通感覚は政治的共同体の外側に、それを包摂する形で、言いかえればそれ以前に、存在しているのだということ、従って世界は、ある政治的共同体の盛衰と運命を共にしたりするわけではないということ」である。この結論は、「革命のアポリア」への直接的な回答ではないが、本書では大きな示唆を受けている。

(8) このように、法を「命令」ではなく「指示」として理解する点において、アーレントはダントレーヴを経由してハーバート・L・A・ハートの法論に近接しているが、ここではそれを確認するに留めたい。周知のようにハートは、「威嚇を背景とした主権者の命令」といったオースティン流の法実証主義を批判し、法の存在をその黙示的遂行による承認に見出した。アーレントはこうした法の外的根拠づけの排除と、暗黙的遂行可能性を強調する点において、ハートの法理論に間接的に依拠している。

(9) こうした経験と意味を成立させる「関係の網の目」というモチーフにおいて、アーレントは、フッサール－メルロ＝ポンティらの現象学と、ヴィトゲンシュタインらの分析哲学とが交錯する領域に接している（cf. 野家［1993］）。このような現象学や言語哲学に代表される現代哲学と、アーレント政治思想との相関性は、両者がある部分でハイデガーの問題意識を継承していることに由来するものである。この問題を含めた現代哲学と二十世紀における政治思想の展開に関しては、小野［1994］［1996］の卓越した研究を参照。

(10) 引用は共に、森［1997：227］。こうした政治と言語との相関性に関して、政治用語を論じる「文法」の変遷、とりわけ democracy をめぐる変容に関しては、森［1995］を参照。

(11) アーレントの政治論の意義を「非暴力」に求める論者（千葉［1996：91–119］、寺島［2006：257f.］）も存在するが、本書はそれは妥当であると考えていない。アーレントは確かに「権力」と「暴力」とが異なり、それがときに背反関係にあることを論じたが、それはこの両者が異なる位相にあるという（政治学では一般に受容された）前提を強調しているのであって、それはハーバーマスが誤解したように「強制なきコミュニケーションにおいて自己を共同の行為に一致させる能力」ではないし（Habermas［1977＝1984］）、あるいはガンジーなどの「非暴力主義」こそが真の「権力」であるとしているわけでもない。

例えば、アーレント「暴力について」（『共和国の危機』（一九七二）所収）での「権力」と「暴力」との相違について整理すると、

①「権力」power とは脅迫に対する一時的な服従と違い、あらゆる政治集団の存在自体に内在するものである。一般に「支配への服従」と呼ばれる現象は、その背後に何らかの支持や同意が存在する。その点においては民主政は当然として、君主政、専制体制でも広い意味での多数者の同意を必要とする。また全体主義体制でさえも秘密警察と密告者の網目という「権力」なくして存立することはできない。

②「暴力」violence とはこれと違って目的に対する手段という道具性が第一義としてあり、それゆえ手段として行使するための「正当化」が絶えず求められる。「暴力」は個人の「力」strength の延長として存在し、個人／集団どちらによっても行使されるが、集団レヴェルでの「暴力」には「権力」の付与が先行する。つまり「暴力」のみで成立する政治共同体は原則存在しない。仮に「暴力」のみで組織することができるとしたら、それは「人間という要素を完全に抹殺し、おそらく一人がボタンを押せば意のままに破壊することができるロボット兵士の開発によってのみ」である［以上、CR：149＝139］。

③それゆえ「権力」なくして集団的な「暴力」は存在せず、「権力」は通常「暴力」の上位にある。しかしながら「権力」と「暴力」とが衝突した場合、「権力」は「暴力」によって崩壊を余儀なくされる場合が多い。その点でガンジーの非暴力的抵抗の相手がイギリスではなくスターリンやヒトラーあるいは戦前の日本であったら、大虐殺と屈服という別の結末もあり得た［CR：153＝142］。イギリスが剝き出しの「暴力」を回避したのは、それが「権力」の大幅な失墜となるからであり、その点で絶えず「暴力」に頼らざるを得ない専制政治は「権力」の脆弱さの裏返しを意味する。

アーレントは「権力」、「暴力」、「力」、あるいは「権威」authority、「強制力」force といった用語が政治学では混乱しているとし、これらを正確に定義しようと試みた。この「暴力について」の議論も、そうした試みの一部である。しかしながらこのことは「非暴力」の政治理論を構想することと同義ではない。

確かにアーレントは一時期、非暴力が平和運動にとって重要である点に注目し、ノーム・チョムスキーなどに同調したが、一貫してそうした主張を展開したわけではない。アメリカ亡命直後のアーレントがドイツ語ユダヤ系論壇で注目されたのは、ナチス・ドイツとの「話し合いによる解決」の欺瞞を告発し、ユダヤ人軍隊の創設の必要性を訴えたからであった。また一九六七年の中東戦争では、イスラエルの勝利を情熱的に誇らしく語ったという証言もある。「アーレントは攻撃的な参戦と防禦的な参戦とを明確に区別した。そして、一九五六年の戦争が愚かであったのと同じくらい一九六七年の戦争は道理に適ったものだと考えた」（Young-Bruehl［1984：455＝1999：605］）。

そうした個別具体的なケースにおいて「暴力」の是非の判断をアーレントは行っていたようである。この「暴力について」では、黒人や学生の暴動が事例として取り上げられているが、これらの運動に対してアーレントの態度は微妙である。一方では、官僚化が進み、有効な政治的異議申立が困難となる中で、社会変革に対する貢献を行うものとして一定の評価が与えられている。しかしながらその他方、黒人や学生の無謀な要求が突きつけられることで、それに対する白人・警察の「暴力」的な巻き返しが行われ得るという事態も危惧していた。ここでの問題は「暴力か非暴力か」という境界ではなく、「暴力」が「正当化」を確保できるかどうかであり、また予測し得る短期的な目標を実現する手段として適正かどうかという点にあった。

第6章 「物語」の可能性へ向けて
——古代ギリシア〈ポリス〉の廃墟から

1 序——アーレントにとって古代ギリシアとは何か

ハンナ・アーレントは古代ギリシア世界に対して二つの矛盾する理解を行っている。一方には、古代ギリシアの「ポリス」polisを「政治」politicsの原点とし、その失われた公共性を復権させようとする態度が存在する。アーレントはギリシア「ポリス」の政治制度を、支配／被支配関係を免れた「イソノミア」isonomiaとして、「民衆」demosの「支配」kratosとしての「デモクラシー」democracyと峻別したが、そこには古代ギリシアの「哲学」が見失った「ポリス」という本来的な政治の空間を再生させようとする態度が如実に表れている。

無論この失われた公共性の復権というモチーフが単なるアナクロニズムであると批判するのは容易

い[1]。しかしながらその他方において、アーレント自身がその古代ギリシア回帰的なアナクロニズムを強く批判していたことも留意しなくてはならない。「全体主義」という前代未聞の災厄によって西洋思想史には修復不可能な深淵が生み出されたのであり、それゆえ古代ギリシアへの回帰は「概念の虹の架け橋」を渡る以外のなにものでもない、とも彼女は語っている。われわれはアーレントのこうした奇妙な二重性をどのように読み解くべきであろうか。

この点について有益な解釈を提示したのはセイラ・ベンハビブである。ベンハビブは、アーレント自身が公共性を論じる上で、その「制度」と「現象」とをしばしば混同させてきたとし（Benhabib [1996: 123f.]）、前者の「制度」（＝一部の者に参入が制限された「アゴーン」の公的空間）よりも、後者の「現象」（＝誰もが携わる関係の網の目の中での「物語」の共有）こそがアーレントの公共性論において重要であると説く。古代ギリシアで言えば、自由人の男性のみが英雄を目指した「アゴーン」よりも、その「アゴーン」を「物語」として語り・構成する次元が優位にあるのであって、その次元は関係の網の目として人間社会に普遍的に遍在するというわけである[2]。

このベンハビブの指摘はある部分妥当であり、本章での「ポリス＝イソノミア」に対する批判的検証もその議論と重なり合う点が多い。以下ではまず最初に、歴史社会的存在としての「ポリス」が無支配の「イソノミア」であったというアーレントの解釈にはそれを裏づけるものがないことを明らかにし、それを彼女が言うように当時の「制度」として受け入れることは難しいことを確認しておきたい。

そしてそれを踏まえた上で、この「ポリス＝イソノミア」が「制度」ではなく「現象」という次元においてこそ現代的意味を有することを明らかにしていきたい。つまりこの「ポリス」の空間とは、特定の政治体制の一制度として実現されるものではなく、人と人とが「行動をともにする」際に、遍在的に生起するという意味で「無支配」の空間であるということを、ハイデガー、ベンヤミンなどのテクストと重ね合わせながら論証していくことにしたい。

本章での考察がベンハビブと大きく異なるのは、この「ポリス＝イソノミア」が、「アゴーン」か「物語」かという対立軸において捉えられるものではないこと、後者の「物語」の優越性とその多様性によって論じられるものではないという点である。つまりアーレントの公共性の意義は、ベンハビブが言うような親密圏での「物語」の多様性、人の数だけある無数の「物語」の承認にあるのではなく、私―われわれにとって意味のある「物語」を発見し・再生させるという可能性にある、ということである。

それは本書の言葉で言えば、私―われわれが自明視していたテクストを解体させ再編成させる《祝祭》的契機ということであり、ベンハビブ流に言えば「アゴーン」的次元を確保した「物語」の可能性ということになるだろう。そのような形でアーレントの古代ギリシア・ポリスを読み解くことによって、それが単なるアナクロニズムに陥るものではなく、ポリスの空間がわれわれの日常世界に潜在し、絶えず遍在的に生起するものである、ということを明らかにしていきたい。

2 「無支配」としての「ポリス＝イソノミア」とその問題

ハンナ・アーレントは公共性を論じる出発点として、古代ギリシアの「ポリス」polisと「オイコス」oikos（家政）とを対比させた。「公的領域＝ポリス」と「私的領域＝オイコス」はそれぞれ異なる原理によって規定されており、「オイコス」が「労働」laborの領域、すなわち生物学的「必然性」necessityに拘束された領域であるのに対して、「ポリス」はそうした「必然性」を免れた「自由《フリーダム》」の領域、政治的「活動」actionの領域に他ならなかった(3)。この対比については以下のように語られている。

ポリスにはただ「平等者」だけしかいないのに、家政は厳格な不平等の中心であるという点で、両者は区別されていたのである。自由であるということは、生活の必要あるいは他人の命令に従属しないということに加えて、自分を命令する立場に置かないという、二つのことを意味した。それは支配もしなければ支配されもしないということであった［HC: 32＝53, 強調は石田］。

つまり「オイコス」の家長が自由であると考えられていたのは、彼が家族に対して生殺与奪の権を持っていたからではなく、「万人が平等である政治的領域に入ってゆく権力を持っていたから」であった。

このようにアーレントは、「ポリス」における「自由」を「支配もしなければ支配されもしない」無支配の状態として提示するが、これは他方では「イソノミア」isonomiaという用語で指示されている。

政治現象としての自由は、ギリシアの都市国家の出現と時を同じくして生まれた。ヘロドトス以来、それは、市民が支配者と被支配者に分化せず、無支配《ノー・ルール》のもとに集団生活を送っているような政治組織の一形態を意味していた。この無支配という観念はイソノミア（isonomy）という言葉によって表現された。古代人たちが述べているところによると、いろいろな統治形態の顕著な性格は支配の観念（君主政monarchyや寡頭政oligarchyのarchein――統治する――から来た"-archy"や民主政democracyのkratein――支配する――から来た"-cracy"）がそれにはまったく欠けている点にあった。都市国家は民主政ではなくてイソノミアであると思われていた［OR：30＝40］。

ここでアーレントは、「イソノミア」としての「ポリス」の政治体制が、アリストテレスの政体区分――一人支配、少数支配、多数支配――のどれにも該当しないこと、従って「支配」観念と全く切り離されていることを述べている。つまり古代ギリシア・ポリスの政治体制は、「民衆」demosの「力－支配」kratosとしての「デモクラシー」democracyではなく、支配／被支配を免れた自由で平等な関係から成り立つ「イソノミア」であった、というわけである。

アーレントはこの自由で無支配《ノー・ルール》を基調とする「ポリス」の政体(4)の裏づけとして、ヘロドトス『歴史』の第3巻80節から83節の記述に依拠している［HC: 32＝116］。確かにアーレントの依拠するこの『歴史』においては、「イソノミア」は「世にも美しい名目」とされ、独裁者の驕慢や人間生来の嫉妬心を克服した政体を示すものとして語られている（Herodotos［1957＝1971: 339］）。しかしながら、アーレントはこのヘロドトスのテクストを引用する際に二つのコンテクストを意識的に除外している。それは第一に、ここで「イソノミア」を称揚しているのは、ギリシア人ではなくペルシア人であり、ペルシアの政体が論議されていることであり、第二に「イソノミア」が「民主政」demokratia に近いものとして語られていることである。

ここで「イソノミア」が語られるに至る経過は以下のようなものである。ペルシア王カンビュセスがエジプトで客死しているあいだに、王宮ではカンビュセスの弟を名乗る者が王権を簒奪した［第3巻61―67章］。この王位簒奪者に対して、後にペルシア王となるダレイオスは、六人の同志と共に王宮に踏み入ってこれを打倒した［第3巻68―79章］。そしてその後に新しい政治体制についての論議が行われるが、ダレイオスと共に王位簒奪者を打倒したペルシア貴族の一人オタネスこそが、ここで「イソノミア」を称揚する人物である。このオタネスは先の引用の後に続けて、以下のように自己の主張を述べる。

職務の管掌は抽籤により、役人は責任を持って職務に当たり、あらゆる国策は公論によって決せられる。／されば私としては、君主政を断念して多数者に力を得させるとの意見をここに提出する。万事は多数者にかかっているからだ（Herodotos［III–80］）。(5)

「多数者に力を得させること」to plēthos auxein という言葉から明らかなように、オタネスがここで支持を表明しているのは多数者が支配を行う「民主政」であって「無支配」ではない。それはこのオタネスの「イソノミア」支持の後に、同志メガビュゾスによる寡頭政の支持［第3巻81章］、ダレイオスによる君主政の支持［第3巻82章］という形で政体論議が展開されていくことを見ても明らかである。

そして最終的にダレイオスが提唱した君主制を採用することが決定され、誰を支配者として選出するかを論じる段階で、オタネスはまた以下のように語る。

同士の方々よ、かくては籤によってきめるか、あるいはペルシアの国民にその好む者を選ばせるか、あるいはその他の方法によるかはともかく、われらの内の誰か一人が王になる外はあるまいが、私にはそなたらと王位を争うつもりはない。私は人を支配することも、人から支配をうけることも好まぬからだ。そこで私は支配者の地位を断念するが、ただしそれには条件がある。私はもちろん私の子孫も代々にわたり、そなたらのうち何人の支配も受けぬということだ（Herodotos［III–81］, 強調は石田）。

ここで自らの政体構想が受け入れられないことを悟ったオタネスは、王位立候補を辞退する代わりに、自分とその子孫がダレイオスに臣従をとらないことを要求する。つまり、この「支配もしなければ支配されもしない」という言葉は、ポリスの市民全員が支配―被支配を脱した政治体制を享受し、「無支配」に到達することを望んでいるわけではなく、ペルシア人オタネスが自己と子孫の「自治」の権利を要求しているに過ぎない[6]。

従ってアーレントが、「イソノミア」という言葉によって、ギリシア・ポリスの政体が「無支配」であることを示すものは、ここで依拠するヘロドトスのテクストには見出すことはできない。アーレントはこの「イソノミア」に関して、ギリシア史家エレンベルグ（Ehrenberg［1940：293］）に依拠しているが［OR：285＝83］、その典拠によってもギリシア・ポリスの政体が無支配であることは論証されていない。エレンベルグは「イソノミア」の語源には論争が多いとしながらも、*iso-nomos*「法を等しくする、法の前の平等」と、*iso-nemein*「平等な分配」を有力な語源として提示し、前者の「法の前の平等」も、後者の「平等な分配」も、「民主政《デモクラティア》」と結びつくとしているだけであって[7]、いずれにせよアーレントの示す「イソノミア」、「民衆《デーモス》」の「力《クラトス》」とは区分される政治形態として「イソノミア」の論拠とはなっていない。

以上のように、ヘロドトスの「イソノミア」に関する記述やエレンベルグの考証に依拠して、古代ギリシア・ポリスの「制度」が「無支配」であったと語るアーレントの記述に説得力はない。確かにアリストテレスは、ポリスとオイコスとが秩序を異にする点を強調したが、しかしそれはポリスが「無支配」であると言っているのではなく、支配者と被支配者との循環が行われるべきであり、「良く支配すること」を知るために「良く支配されること」が必要であると述べているに過ぎない（Aristoteles［1932＝2001：III-4］）。また「イソノミア」には債務奴隷をなくしたソロンの改革など社会経済的条件が深く関与しているにもかかわらず、アーレントの議論ではそうした文脈が欠落しており（Wolin［1994］）、さらに言えば彼女が好意的に引用する政治家ペリクレスその人が、政権掌握のために民衆に対して行った経済政策（観劇手当や公共土木事業など）についても全く触れられていない。

それゆえ、こうしたアーレントのポリスの記述に対して、それが古代ギリシア世界への郷愁に過ぎないと批判され（O'sullivan［1975＝1977］, Flynn［1992］）、あるいはその古代ギリシア賛美の根底にはドイツ教養主義の病が存在する（Schwartz［1970］, Springborg［1989］）と指摘する声があっても不思議ではない。確かに、「公的領域」の範たる「ポリス」が近代において消失し、公／私を隔てる境界の消失（「社会的領域」の勃興）によって、その輝きを失ったとするアーレントの頽落史観には、「本来的な」政治の原点たる「ポリス」の復権によって、近代の政治的隘路を超克しようとする試み——古代政治哲学の再興によって近代政治思想を克服しようとしたレオ・シュトラウスやエリック・フェーゲリン同様に——が投影されていると解釈でき、その文脈においては彼女の古代回帰が「ノスタルジックな防衛反応」（高橋［1994a：223］）に過ぎないという批判から免れることはできない。

3　アーレント／ハイデガー――「伝統」の破壊／再生

しかしながら、アーレントがハイデガーに従事していた時代を振り返り、ドイツ教養主義の伝統的学問体系、あるいはその復興（新カント派、新ヘーゲル派、新プラトン派）がすでに魅力的ではなかったと論じていることも、ここで想起しなければならない。

確かにアーレントは一方で古代ギリシアの知的世界を愛したが、他方においてそれを神聖化するドイツ教養主義にも批判的であった。第1章で見たように、ドイツの知的伝統が疑わしくなっていた状況において、ハイデガーこそが「伝統」との断絶において過去を新しい眼差しで眺め、そのリアリティを発見した者であった。それを踏まえるならば、古代ギリシア・ポリスに関するアーレントの態度も、単なる郷愁や理想化という言葉で片付けることはできない。

さらに晩年の『精神の生活』（一九七八）を見ると、ここでははっきりと自らの思索には古代世界への郷愁など存在しないという明言が行われている。

私は「概念の虹の架け橋」を渡ろうとはしなかった。それはおそらく私がそれほど郷愁（homesick）を持っていなかったからである。いずれにしても私は、現象の世界から引きこもる能力を備えた人間精神にとって、過去の世界にせよ、未来の世界にせよ、落ち着ける心地よい世界があるとは信じていないからである［LM（II）：158＝189］。

アーレントはこのように述べ、「橋を渡った」ドイツ観念論哲学から自らを峻別する。むろんこのアーレントの自己申告を文字通り受け入れるわけにはいかないにしても、ここで「橋を渡ろうとはしなかった」という言明を理解するために、彼女が――ニーチェ、ハイデガーと同様あるいはそれ以上に――それまでの「体系的」「客観的」な西洋形而上学の解体を志向してきた、ということに注目せねばならない。

つまり、西洋の政治思想を規定してきた「伝統」の解体がアーレントの眼目であり、それが過去との連続性を保証する「権威」というアリアドネの糸が消失した状況に対応しているならば［BPF：94＝127］、「古代世界への郷愁」という西洋知識人の「伝統」――とりわけドイツ教養知識人に共有されてきた「伝統」――もまた解体の対象となる。帰るべき「落ち着ける心地よい世界」などどこにも存在しないこと、そして全体主義の災厄の後ではなおさらそうした世界が不在であることを彼女は了解していたのではなかったのか。従ってむしろ、「伝統」や「権威」という歴史の連続性を保証する「文法」が断ち切られた以上、「もはや確実に評価されない」「断片化された過去」［LM（I）：212＝244］しか遺されていないため、アーレントにおいては過去は「断片的にしか」語ることができなかったと言えるだろう。

こうしたアーレントによる「伝統」「権威」の解体を考察する際に、ハイデガーの歴史学批判を想起する必要があるだろう。前述のアーレントの言及にあるように、ハイデガーは既成の「知」の体系への反逆者であったわけだが、そうした反逆は、カントやヘーゲルの「歴史哲学」Geschichtsphilosophie は無論として、そのヘーゲル歴史哲学を批判し歴史事象の特殊性・個別性・多様性を重視する「歴史主義」Historismus に対しても向けられている。「歴史主義」は、ヘーゲルの単線進歩的な「歴史哲学」を批判し、歴史事象の個別性・多様性・相対性を強調したが、「歴史」それ自体を原理とした新たな「歴史哲学」に陥る可能性は、その当初から存在していた。つまり「ランケにしろブルクハルトにしろ、個別的なものへの類い希な感覚をもちながら、歴史の統一的意味へと誘われ形而上学的思考法へと接近してしまった」のであり、ディルタイにおいても「歴史は統一的意味を要求する全体にほかならない」のであった（伊藤［1994：65–66］）。それゆえ、「歴史哲学」と「歴史主義」に共有されている歴史理解——すなわち近代的な「空間」的にフォーマットされた時間理解、また歴史の全体が人間にとって統一的な意味を持つという想定、つまり人間の主観によって過去を支配する態度——を解体し、それとは異なる歴史解釈によって忘却された存在を取り戻すことこそがハイデガーの眼目であった。

それでは、そうした既存の歴史学とは異なるハイデガーの歴史解釈とはどのようなものか。ハイデガーは『存在と時間』の第72節から77節で、「現存在」の時間的存在様態としての「歴史性」Geschichtlichkeit を分析し、「かつて現存していた実存の可能性に応答する」という「反復」Wiederholung を本来的な歴史的実存の在り方として規定している。ここでハイデガーは、ジンメルによる歴史学的把握の認識論的態度、あるいはリッケルトに代表されるような概念構成の論理学に依拠した歴史学的叙述を、共に歴史を一つの客体として扱う歴史解釈として批判し（Heidegger［1927→1977：496＝1995b：308］）、むしろそうした学としての歴史学を可能にする現存在の時間性＝歴史性が問われねばならないとする。そして、死へと先駆する現存在にとっての本来的な時間性＝歴史性とは、将来への投企として、過去を反復することに他ならない。つまり、「反復とは、われわれが述べたように、おのれを伝承的に付託する覚悟性の様態であって、現存在はこれによってあからさまに運命として実存するのである。ところで、運命が現存在の根源的歴史性を構成するのであるから、歴史の本質的な重みは、過ぎ去ったものにあるのではなく、今日、およびそれと過ぎ去ったものとの「連関」の中にあるのでもなく、現存在の将来から発源する実存の本来的経歴のうちにあるのである」（Heidegger［1927→1977：510＝1995b：328, 強調は原文］）。

このようにハイデガーにおいて「反復」されるべき過去とは、古代ギリシア・ポリスにおける「思索」と「詩作」として提示されている。第3章で示したように、「形而上学入門」（1935）やフリードリヒ・ヘルダーリンの詩作をめぐる一連の講義（1941–42）において、ハイデガーは、時間と歴史の端緒にしてそれを到来させる「詩作―思索」の場を、「ポリス」あるいはその「祝祭」Fest として指示している。つまり「ポリス」とは、「現―存在が歴史的なものとしてあるような、そのような所」（Heidegger［1935→1983：161＝1994：250］）であり、その「〝祝祭〟はそれ自体、歴史の根底および本質なのである」（Heidegger［1941–1942→1982：68＝1989：92］）。そしてこの「歴史的現存在」geschichtliches Dasein の根源としての《ポリス―祝祭》を喚起すること、それは、端緒でありながらも失われたギリシア人の経験を、ドイツ民族の本来的可能性として「反復」することである。

　こうした従来の歴史をめぐる思考様式への批判は、アーレントにも継承されている。例えば彼女はディルタイの歴史主義がハイデガーらに与えた知的影響に疑念を呈し、またフッサールの知的功績を歴史主義的思考様式からの解放に見出している［EU: 138, 166＝(I) 188, 224］。そしてこのような文脈での《ポリス―祝祭》論がアーレントにも見出すことができることは第3章で見た通りである。

　先に見た古代ギリシア「ポリス」を歴史社会学的な「制度」として語るモードと、このハイデガーを媒介にして《ポリス―祝祭》を論じるモードとは明らかに異質である。そしてこの前者の論証が不十分で説得力を欠くとするならば、アーレントの可能性は後者のモードの中に見出されるべきであろう。例えば、

> まさしくこの言葉〔＝政治的 political という言葉〕は、西欧のすべての言語において、ギリシア都市国家という歴史的に例を見ない組織に起源を持ち、しかも単なる語源分析や学識を超えて、政治的なるものの本質と領域を最初に発見した共同体の経験に反響している［BPF: 154＝208, 強調は石田］。

アーレントがこう語る時、「ポリス」とは歴史社会学的な文脈とは別に、「政治」が行われる際に絶えず「反復―再生」されるような「場」として論じられている。[8] 以下では、こうしたハイデガーの解

釈学と重なり合うアーレントの歴史理解、とりわけ「ポリス＝イソノミア」をめぐる解釈について、彼女のベンヤミン論を題材にしながら検証していくことにする。

4　アーレント／ベンヤミン――「断片」と「配置」

アーレントがヴァルター・ベンヤミンの特異な断片的思考様式に注目していること[9]、それが彼女自身の方法論に近接していることはこれまでにも言及されてきたが（川崎［1986: 222–223］, Benhabib［1994: 114–115］, Honohan［1990: 331–330］, Miller［1979: 183］[10]）、以下ではそのベンヤミン論における歴史に関する考察と、ハイデガー「ポリス」論との接点について検証していきたい。

アーレントは「ヴァルター・ベンヤミン 1892–1940」（『暗い時代の人びと』所収）で、ベンヤミンの詩的な思考様式がハイデガーのそれと通底することに触れつつ、以下のように述べる。

過去が伝統として伝えられる限り、それは権威を持つ。権威が歴史的に現れる限り、それは伝統となる。ヴァルター・ベンヤミンは、その生涯に生じた伝統の破産と権威の喪失との回復不可能性を知り、過去を論ずる新しい手法を発見せねばならぬという結論に到達した。過去の伝達可能性は引用可能性によって置き換えられること、そして過去の権威の代わりに、徐々に現在に定着し、また、現在から「心の平和」、すなわち現状に満足する思慮なき平和を奪い去るような、不思議な力が生じていることを発見したとき、彼は過去を論ずる新しい手法についての巨匠（master）になったのである［MDT：193＝233］。

西洋の形而上学的伝統が喪失し、過去を語る「文法」が失われていく中で、前後関係から切り離された「引用文」（＝思想的断片）を独創的に再構成するのは、「蒐集家」としての歴史家である。この「断片」の再構成は、「引用文」が規定されていた過去の「文法」を解体させる点で伝統と権威を破壊し、同時にその伝統と権威が規定している現在の価値体系をも震撼させる。つまりこうした作業を通じて、われわれがすでに「伝統」という海図も「権威」というコンパスもなく、未知の大海に放り出されていることにこの蒐集家は気づかせようとするのである。

他方で蒐集家によって抽出された「引用文」は、喪失した「伝統」や「権威」と共に埋もれることなく、現代において新たな位置づけが行われることで蘇生する。「こうした破壊的な力を発見し愛好した者も本来は全く異なった意図、すなわち保存しようとする意図に動かされていた」のであり、「破壊」は同時に「救済」となるわけである。

以上のようにアーレントは、伝統的な「文法」に依拠せず過去を語るベンヤミンの手法に言及しているが、同時にそれをギリシア・ポリスを論じる方法に敷衍している。

われわれにとっての過去の場合のように、それ自体の過去が疑わしくなるような時代は結局は言語の問題に直面しなければならない。言語には過去が根深く含まれており、そこから一挙に離脱しようとするあらゆる企てを妨害するからである。ギリシアのポリスは、われわれがpoliticsという言葉を使用する限り、われわれの政治生活の根底、すなわち海の底に存在し続けるであろう［MDT：204＝245］。

これはベンヤミンが行った断片的引用による「伝統」の破壊と再生こそ、アーレントが古代ギリシアを語る方法であることを示唆している。このベンヤミンの方法は、「言語上の創造物の功利的または伝達的機能を研究することではなく、〝世界の本質〟を無意図かつ非伝達的に表現したものとして結晶化し、それゆえ断片的な形を取るものの中にそれらを理解する」様式――「詩的な思考様式」と語られているが［MDT：205＝246–247］、これは前述したようにハイデガーの解釈様式に近接している。

つまり、アーレントの「ポリス」は、ハイデガー同様に、「政治」の根源を「無意図かつ非伝達的に表現したものとして結晶化して」おり、それが今日においてもpolitics（Politk, politique）という言葉によって「反復–再生」され得ることを意味している。要するに「ポリス」とはかつて実在した古代ギリシアの政治制度を現代に復権させるものでもなく、「過去をあるがままに甦らせるためでも、また消え去った時代の再生に役立つため」のものでもない［MDT：205–206＝247］。「腐敗の過程は同時に結晶の過程であるとする信念」に基づき、西洋思想の海底たるギリシア世界に赴き、「ポリス＝イソノミア」という腐敗し結晶化した真珠を現代の此岸に持ち帰りその輝きを示そうとした、と言うことになるだろう。

より一般的な言葉に敷衍するならば、人びとが集合し共通のプロジェクトに携わること、その「制度」以前の人間の集団的行為こそ、アーレントが「ポリス」あるいは「イソノミア」という言葉で表しているものではないか、ということである。この「制度」以前の「現象」としての「ポリス」について、例えばアーレントは以下のように論じている。

正確に言えば、ポリスというのはある一定の物理的場所を占める都市＝国家ではない。むしろ、それは共に活動し、共に語ることから生まれる人々の組織である。そしてこのポリスの真の空間は、共に行動し共に語るというこの目的のために共生する人々の間に生まれるのであって、それらの人々が、たまたまどこにいるかということとは無関係である。「汝らの行くところ汝らがポリスなり」という有名な言葉は単にギリシアの植民の合言葉になっただけではない。活動と言論は、それに参加する人々の間に空間を作るのであり、その空間は、ほとんどいかなる時でもいかなる場所にもそれに相応しい場所を見つけることができる［HC：198＝320］。

この「汝らの行くところ、汝らがポリスなり」という言葉は単なるスローガンに留まるものではない。というのもそれは、「行動をともにする」という「活動」の原初形態を意味しており、ホメロスの英雄物語で謳われるトロイア遠征という原ポリス的なプロジェクトにその端緒を認めることができるからである。先述した、ペルシアでのクーデターとそれに続く政体論争も、この「行動をともにすある空間の一つとして位置づけることができるだろう。

以上のように、歴史的に実在した古代ギリシアの「制度」としての「ポリス」以前に、何かのために共に行動し共に語る「現象」それ自体が「ポリス」であること。それはアーレントにおいて「現れの空間」とも呼ばれるものであり、本書ではそれを《祝祭》という言葉で位置づけてきたことはこれまで見てきたとおりである。つまりこの「ポリス」の空間とは、客観的に計測できるような実体を持たず普段はどこにも存在しないものの、人びとが集合し「行動をともにする」ことで生起する《祝祭》的な場であり、またその空間は人間が共同生活を営む際に常に潜在―遍在するものである。付言するならば、この「ポリス」の祝祭空間は、ペルシアであろうが古代ギリシアであろうが、古代であろうが現代であろうが、資本主義であろうが社会主義であろうが、「行動をともにする」際にその都度その都度現れる、ということを意味するだろう。

そしてこの《祝祭》にはもう一つ、失われたモチーフの再生という意味が込められている。ベンヤミンが「歴史哲学テーゼ」で目指したのは、「歴史主義」の呈示する歴史観、すなわち均質的で空間化された時間の連続としての「歴史」を打ち破ることであり、「現在」という時間を何かへの移行の一部として位置づけることを拒絶する態度を取ることであった。その「歴史の連続を打ち砕いてこじ開けようとする意識」が満ちる時こそ、「祝祭の日」「想起（eindenken）の日」であり、ベンヤミンはその具体例として、フランス革命でロベスピエールが古代ローマを引用したことに言及している

(Benjamin [1940→1991＝1995: 659])。

第5章で見たように、アーレントもまたアメリカ革命が「創設」のモチーフとして古代ローマを引証したことに注目していた(第5章参照)[11]。重要なのは、古のローマ建国の「物語」を骨董品として奉ることではなく、それを「創設」というアクチュアルな問題と重ね合わせ、その意味を問い返すことにあった(日本的に置き換えれば「維新」の物語の再現を意味するかもしれない)。それはベンヤミン風に言えば、モードが過去のファッションをアクチュアルな眼差しで引用することであり、アーレント風に言えば、古代ローマ建国という個別具体的な「物語」の中に、「創設」という普遍的問題を読み込む「判断力」に従うことに他ならない。そしてその試みは「創設」に限られるものではない。ある場合には「自由」や「平和」、またある場合には「勇気」や「復讐」を語る言葉として、結晶化された過去の「物語」が参照され、新たな息吹が吹き込まれることになるのである。

5 ハイデガーとの断絶——「政治」と「哲学」との深淵

以上ベンヤミンを媒介にして、ハイデガーとアーレントの歴史論の交錯する部分を検証してきたが、最後にその相違を押さえておく必要があるだろう。

前述したように、アーレントは自らの政治思想が古代世界への郷愁によるものはなく、「概念の虹の架け橋」を渡らなかったとした。ここでは「橋を渡った」ドイツ観念論のみならず、その解体を目指したニーチェ、ハイデガーまでもが結局は「概念のこの幽霊じみた故郷に、彼らの信頼を置くようになった」[LM (II):158＝189] と批判される。つまり、それがいかに「政治」の本来性を取り戻そうとする試みであったとしても、「政治」が人間の意思的行為に基づき、経験世界に関与する限りにおいて、「意志しない意志」will-not-to-will に帰着するハイデガーの思索は「思想の国」への逃避に過ぎないのである [LM (II):22＝27]。

こうした神聖なる起原への回帰という態度に、何か本来的なものを語ろうとするドイツ哲学の病理を認めることができよう。ハイデガーが「存在」の「本来性」をめぐって、近代から古代へ、古代ローマ（ラテン語）からギリシア（ギリシア語）へ、アリストテレスからヘラクレイトスへと、より過去へと遡って行った時（Cassin [1989:26]）、そこには、本質主義的な「始まり」へ回帰する企てこそが、本来的な「政治」であると解釈されても不思議ではない。そうした解釈は、「意志しない意志」によってあらゆる企てを拒絶するハイデガーにとっては不本意であるかもしれない。しかしその「哲学」の言葉と「政治」の言葉との隔たりについて、ハイデガーがどれだけ注意を払っていただろうか。

換言すれば、ハイデガー哲学における「政治」の意味が、「同一性を強制する概念の暴力に脱構築の暴力を対置し、起源を脱構築すること、すなわちアナーキィ〔起源の欠如（an-archê）〕をもたらすこと」、「既存の秩序の能動的解体ではなく、解放の契機である性起の瞬間を諦観して待ち望む静寂主義的態度」（小野 [1999:265, 267]）であったとしても、それが政治の哲学に転化するとき「共同存在」Mitsein たるドイツ民族の新たな「神話」の構築に陥いる可能性――それはナチズムのイデオロギーとして「翻訳」される可能性でもあるのだが――を孕んでいる（Lacou-labart［1988＝1992：170–181］）。

　こうしたハイデガーの政治哲学における政治の存在論の次元と、政治の次元とのズレ[13]、またそれに由来する危うさに対して、アーレントが具体的な明言をしているわけではない。しかしその「政治」と「哲学」とをめぐる対立・緊張関係への言及を踏まえるならば、以下のような対応を認めることができる（この点については第3章・第7章も参照）。

　第一に、アーレントが、古代ギリシアとローマを重ね合わせることで「政治」を抽出し[14]、ソクラテスのうちに哲学者とソフィスト（市民）の二重性を読みとる（Cassin［1989：17–39］, Villa［1999：155–179＝2004：237–270］）時、回帰すべき「始まり」となる「ポリス」は存在せず、ハイデガーよりもラディカルなかたちで「起源の脱構築」が遂行されている、と言えるかもしれない。つまり、歴史的に実在した「制度」ではなく、共同のプロジェクトという「現象」として「ポリス＝イソノミア」が参照されるとき、その「再生―反復」されるべき本来的で根源的な空間は、どこにもない場所《ユートピア》であり続け、逆にその「現象」が人間事象の領域で絶えず「再生―反復」されることによってのみ、根源としての存在が確証される、ということになる。

　そして第二に、能動的な「決断」であれ受動的な「意志しない意志」であれ、もっぱらハイデガーが生活世界の自明性が解体される契機に関心を寄せる場合、その内実への言及が不透明であるの対して、アーレントにとって「政治」とは何よりも言葉による「説得」の技芸にかかわるものであり、私を一人の活動者として認める同輩者の存在を前提にしている。例えばハイデガーの「闘争」が、「世界」と「大地」とのあいだの「真理《アレーテイア》」を賭して繰り広げられるものとされ（Heidegger［1935→1977 : 42ff.＝1988 : 56ff.］）、必ずしも戦争やテロルや自然災害などを排除しないのに対して、アーレントによる「闘争」とは「暴力」から切り離され、言葉と行いによって個々人が「何者であるか」を示す詩的な闘争あるいはパフォーマンス芸術として提示されている。

こうしたアーレントの思想に垣間見える安全装置《リミッター》のようなものは、「哲学」の政治的妥協などではなく、「政治」的思考の帰結に他ならない。つまり、「哲学」と「真理」が人間事象の領域にもたらされる際、それは生活世界の植民地化を引き起こして「意見《ドクサ》」の「複数性」を圧殺するか、あるいはそれ自身が一つの「意見」と化すかを余儀なくされるとアーレントが語るとき、それは、ハイデガーの「哲学」も彼が批判したプラトン同様に、政治的領域では「真理」の強制か私的領域への退却かという不毛な二者択一に陥らざるを得ないことを意味している（Arendt［1954→1990 : 75–80＝1997 : 89–92］）。そして、このような「哲学」の無能さと無力さは、必ずしも直接的にファシズムや全体主義に至るわけではないにしても、それが胚胎する土壌たるニヒリズムを整備することになるだろう。

アーレントはこうした「哲学」と「政治」との相克を終始念頭に置きながら[15]、生活世界である「人間事象の領域」を肯定／否定する一つの契機として、「ポリス」の《祝祭》的生起を提示する。つまりハイデガーのように「作品としての国家」の樹立を企てたり、「聖なるもの」や「神のようなもの《アイン・ゴット》」の到来を待ち望む必要はないのであって、日常生活で接する「他者」とのあいだに、常に「行動をともにする」という「ポリス」の可能性は潜在し、遍在しているのである。それは、ヴィジョンを共有する同志を得ることによる新たな集団の結成であるかもしれないし、既得権益や不平等社会に抗議する異議申し立てであるかもしれないし、地域共同体の福祉向上へ向けた隣人との連帯であるかもしれない。そして第3章で言及したように、それは戦争に反対する人たちかもしれないし、賛成する人たちであるかもしれないし、あるいはこの対立する両者のあいだで繰り広げられるドラマであるかもしれない。いずれにせよ「行動をともにする」契機は誰に対しても開かれているし、「物語」の端緒はあらゆる場所に存在しているのである。

そしてアーレントが、こうした潜在的—遍在的に生起する「ポリス」を、砂漠に浮上する「オアシス」あるいは大海に浮かぶ「島」として語るとき（[OR：275＝435], cf. 小野［1996：141–142］）、それはこの「オアシス」「島」が蜃気楼や幻影であることを了解しながらも、その砂漠あるいは大海をさすらうことを要請しているように思えてならない。つまりプロジェクトの結末がどうなるか、「物語」での自分の役回りは何なのかを予め知ることはできないのであり、「言論と活動を始めた人は、確かに二重の意味で、すなわち活動者であり受難者であるという意味で、物語の主体であるが、物語の作者ではない」［HC：184＝299］のである。自分の行った約束、交わした言葉が多方面へと波及し（「非制限性」）、またその帰結を完全には予想できず（「不可予言性」）、そして深刻な事態に陥ってもそれを元に戻すことはできないこと（「不可逆性」）。そのような言語活動の根源的な一回性を受容しながら、なおもその冒険へと自己を投企することで、「ポリス」の「物語」がはじまるのである。

6 結び――「物語」の多様性から可能性へ

アーレントは「ポリス＝イソノミア」について、「制度」と「現象」とを混同したまま、重要なものとして論じた。この「制度」の議論の再生、すなわち無支配としての「イソノミア」を政治体として現代に再生させようという試みは、「評議会制」についての構想の中に認めることができる。政党―国民国家を超克しようとするこの構想が単なる夢想ではなく、アクチュアリティを持つとされたのは、ハンガリー革命（一九五六年）以後に展開された無数の評議会組織である。アーレントはこのハンガリーでの評議会組織の中に、新たな「ポリス」の可能性を見出していた。

しかしながらこの「評議会」の構想が、「公共性」の具現形態としてどれだけ説得力があるかは疑問も多い（この点については結論部を参照）。アーレントは晩年まで「政治」と「社会」とを区分し、その区分の指標として、何かを決める際に言論・討論が必要なものが「政治」であると論じた（Arendt [1972→1979: 317]）。しかしながらこの指標は「評議会」制度以外にも容易に結びつくものであるし、そもそもこの指標自体を「政治」と「社会」とを分かつものとして受け入れることは到底不可能である。文化、科学技術、芸術、教育等々のあらゆる領域において議論・討論が行われている現代「社会」において、仮にアーレントが純粋なる「ポリス」の空間を構築しようとしていたとするならば、その試みは、歴史的に実在した古代ギリシアの実状ともかけ離れたアナクロニズムとさえ呼び得ない不毛なものにならざるを得ない。

アーレントもまたハイデガー同様に「概念の虹の架け橋」を渡ったのだ、と批判するのは容易かもしれない。しかし本書ではこの「評議会」という「制度」の構想に回収されない「ポリス」論の可能性、すなわち「制度」以前に存在する「現象」としての「ポリス」について《祝祭》という言葉で捉え返し、人と人とが集まり・何かを遂行するために共同作業を行う端緒として論じてきた。

アーレントは「政治」とは区分される「社会」について、「公的領域」と「私的領域」とを隔てる意識が薄れ、その両者が混合することでに成立したと論じたが、それは逆を言えば、この「社会」のあらゆる場面において、公的な「ポリス」の輝きを見出すことができる、ということになるのではないのか。そのような意味で、本章での解釈は、ベンハビブらの「アーレントと共に／アーレントに抗して」その可能性を論じる試みと同じ立場にあると言えるかもしれない。

しかしながら、本章の議論がベンハビブらと根本的に異なるのは、この可能性が単に「大きな物語」「勝者の歴史」に対して「小さな物語」「敗者の歴史」を対置し、行為者《アクター》の数だけ存在するであろう「物語」の多様性を論じることではない、ということにある。確かに、大文字の「歴史」で捉えきれない多様な「物語」に耳を傾けることは必要なのかもしれない。しかし、なぜその「物語」が他の「物語」よりも、私―われわれにとって重要なのだろうか。歴史の記憶からこぼれ落ちた「敗者」の声に耳を傾けるべきであるという主張は、それが何らかの選別や一般化全てを否定するとしたら、実質的に無内容なものとならざるを得ない(16)。

以上の点を踏まえると、アーレントの議論を通じて問われなければならないのは、ベンハビブのように「物語」の多様性を論じるということではない。「世界疎外」「孤立状態」という人間関係の切断、すなわち共有されてきた大きな「物語」(神、国家、啓蒙 etc.)の消失という点を念頭に置くならば、「物語」の増殖と拡散はアーレントの議論の出発点ではあっても、その目的地点ではない。「政治」とは単なる無限に異なる他者の承認にあるのではなく、誰かを肯定し/誰かを否定する結びつきを構成することにある。問われるべきは、勝者(敗者)の歴史の正統性が喪失し、「正義」「自由」「平和」をテーマとする「物語」が絶えず生産/消費される中で、どのようにして他者と共有し得る「物語」の地平を構築するか、ということである。

より平明な表現をするならば、私—われわれを「物語」るのに相応しい一節が、アウラを失った『聖書』から見出されるように、忘却された過去の断片的な記憶の中から紡ぎ出されるということである。つまり「政治」の「物語」とは、「昔々……がありました」という昔話でもなく、日常で消費されるニュースでもなく、ましてや空疎な題目などでもない。それは、私—われわれの「生」のリアリティを語ることを可能とするものであり、想起されることで失われた共同性を呼び起こすものであり、あるいはまた現存する共同性の自明性を喪失させるものである。それは他の対立する「物語」に対して優位を主張し、時にそれを否定することもあるだろう。従ってそこで問題となるのは、ベンハビブの「アゴーン/物語」という対立軸ではなく、「アゴーン」的次元を獲得した「物語」かどうかという点にある。

アーレントの言葉では、それは「物語」と「詩作」とが一致する地点であると言えるかもしれない［MDT：21＝33］［BPF：262＝357］。名も知らぬどこかの誰かと、私―われわれが同じ「物語」の当事者となり得ること。その可能性を紡ぎ出す言葉の探究にこそ「政治」が存在する、と私は思う。

註

（1）アーレントの古代ギリシア・ローマ論には、その哲学・詩学に対する深い造詣が見受けられるが、その他方で歴史社会学的知見については杜撰な記述も多い。それは単にウェーバー的な歴史社会学と距離を置いていた（第1章参照）ということ以上に、古代世界での「政治」と「経済」との関係性をほとんど黙殺（無知ではない）していることに由来する。

アーレントの議論の特徴は「公」と「私」がそれぞれ独立した存在秩序を有することを強調する点にあるが、これは例えば債務奴隷を防止するためのソロンの土地改革などを見れば明らかなように、到底妥当とは言えないものである。なるほど「ポリス」以前のトロイア戦争の英雄たちは自給自足を行うだけの財力を備えていた。しかし彼らが行った戦争も、その発端は寝取られた妻を取り戻すという私的な理由であり、それはギリシアの一夫一妻制と異民族の一夫多妻制という社会制度の相違に由来するものであった（藤縄［2006：85］）。カール・ポランニーの「贈与」論が明らかにしているように（Polanyi［1957＝2003］）、古代世界でも「公的」な秩序と「私的」な秩序とは密接な関係があり、財政負担の問題（例えば「公共奉仕《レイトウルギア》」など）も「ポリス」の問題であったが、こうした文脈はアーレントの議論ではほとんど言及されていない。

（2）ここでのベンハビブの議論は、序論でも言及したように、アーレントにおける「物語」論 narrative を重視する立場と深い関係がある。ベンハビブは、アーレントの一連の議論を、物語的次元とアゴーン的次元との対峙として理解する。

つまり、「シオニズムから帝国主義を通じて、無国籍者の運命とアイヒマン裁判に及ぶ今世紀の問題を通じた思索での、道徳的・政治的普遍主義と、ハイデガーの一九二四―二五年講義を通じてもたらされたギリシア思想の哲学的エートスへの継続的忠誠とのあいだの」緊張関係と解釈しながらも（Benhabib［1996：198］）、前者にその本質と今日的可能性を見出し、新たな道徳的地平を示唆するものを読みとっている（他に、アーレントの「物語論」に注目する研究としては、岡野［2002］、矢野［2002］などを参照。またこれとは異なる形で、アーレントの歴史―政治論を「光の物語」と「闇の記憶」の相関性において理解する試みとしては、柴田［1997］を参照）。

このような「物語」か「アゴーン」かという理解に対しては疑問を投げかける研究もある。デイナ・ヴィラは、「ベンハビブによるアーレント政治理論の討議的次元の救済は、その創始的・パフォーマンス的次元を犠牲にして行われている」（Villa［1996：70＝2004：117］）と批判する。そしてベンハビブの解釈では単なるヒロイズムとして片付けられたアゴーン的次元こそ、演劇的モメントによる「世界性」worldliness の開示という点に関わるものであり、それがアーレントの議論の中核を占めるとしている（Villa［1999：151–154＝2004：232–236］）。

本書では、ベンハビブの議論の意義を認めながらも、ヴィラとは異なる立場からその「物語」論的解釈への批判を提起している。

（3） アーレントが論じる古代の「自由」論にも問題点は多い。例えば、古代ギリシアーローマでの「自由」を扱いながらも（そして freedom と liberty の相違を度々強調しながら）、ギリシャ語の eleutheros やラテン語 liber（自由な）への考察がほとんど行われていない点である（古代ギリシャ世界での「自由」を論じるのであれば、archein〔創始する、始める、支配する〕prattein〔行う、達成する〕を古代自由の原型として論じる前に検証すべきであろう［HC：189＝306］）。アーレントはその遺稿『精神の生活』の第二部「意志」において［LM（II）：19＝23］、eleutheria について若干言及し、それを、自らの欲するように行く「移動の自由」として――「私は意志する」I will とは異なる「私は成し得る」I can として――示している。しかしこうした解釈は語源学で裏づけられるものは何もなく、eleutheros, liber 共に印欧語の語幹 leudh-（民族、人びと）に結びつくものとされている（仲手川［1998：151］）。

アーレントはその註（第1章：原註27）［LM（II）：220＝303］で、印欧語の語幹から eleutheria を導出するこうした語源学が、一九三〇年代ドイツの学問状況に「不愉快にも」uncomfortably 近接していると批判するが、それを反証するには至っていない。

（4）　以下のヘロドトスからの引用は、Herodotos［1957＝1971：322–344］［1957：104–111］を参照。

（5）　用語の統一上、monarchia, oligarchia, demokratia は、それぞれ「君主政」「寡頭政」「民主政」とした。また原文では to plēthos auxein、英訳では increase the power of the multitude とされている箇所（Herodotos［1957：107］）は、「多数者に力を得させる」とした。この訳は、仲手川［1998：25–26］に従っている。

（6）　このヘロドトス「政体論争」の史実性については、ヘロドトスの時代から疑問視されており、政体論についての当時のソフィストの見解を投影させたという説が有力とされていた。近年ではこれに対する異論も展開されており、例えば藤縄［2006：83］は、これをギリシア的要素が混入されたペルシア人の歴史観をヘロドトスが再発見したと解釈している。

（7）　古代アテナイの全盛期に展開された政治が、ペルシアはむろんのことスパルタや他のポリスと比較して、より多くの市民に政治的権利の平等（民会での発言権・投票権、裁判権等）を保証し、それが「イソノミア」という語と強い親和性を有していることは歴史学的に実証されている。古代ギリシア世界の自由と正義の概念を詳細に検証した仲手川［1998：5–52］によると、「イソノミア」は政治的平等を求めるスローガンあるいはそれを目指す制度・法の要求であり、それゆえ政治的に利用される傾向を有していた。そしてそれは「イセーゴリア」「パレーシア」と呼ばれる政治的・社会的発言の自由と相まって、民衆とポリス共同体との一体感を強め、アテナイ民主政の発展を促したとされている。

「イソノミア」が最古に登場するのは、僭主殺しを歌った宴席の歌（Skolion）「ハルモディオスの歌」であるとされている（Ehrenberg［1940–78：294］，仲手川［1998：48］）。この歌では、ハルモディオスとアリストゲイトンというアテナイ市民が僭主を打ち倒し、圧制者からポリスを解放して「イソノミア」をもたらした行為が讃えられているが、トゥキディデス（Thoukydides［I–20］）は、この僭主殺しが実際には政治的意図ではなく私怨によって行われたこと、殺されたのは「僭主」ではなく「僭主の弟」であったことを指摘している。

（8）　こうしたハイデガーに影響を受けたアーレントの歴史解釈の方法論は、それ自体自明で必然的なものではない。先述したように、アーレントはヤスパースの下で、「歴史哲学」とも「歴史主義」とも異なる歴史記述の方法として、ウェーバーの歴史学方法論――「事実」と「価値」との相関と緊張関係、つまり、法則還元主義とは異なる「客観性」の確保と、その歴史対象を主題化する主観的価値判断の先行性、またその多元性（「神々の闘争」）――に触れる機会があったにもかかわらず、それからは意図的に距離を置き、また、ハイデガー解釈学と接合する部分でのヤスパースの学的態度を評価している（第1章参照）。

（9）周知のように、アーレントは、フランス亡命時期にベンヤミンと親交を結んでおり、後に彼から委託されて「歴史哲学テーゼ」を含む遺稿を、ニューヨークでのフランクフルト学派の社会調査研究所のアドルノの元へ送り届けている。しかしながら、その遺稿の一部が紛失したり、依然として出版されない情況に対して、アーレントは憤りを感じ、アドルノをはじめとするフランクフルト学派に対して不信感を募らせるようになった。「ベンヤミンのいくつかの草稿は謄写印刷物の形で配布されたが、一九四五年までは研究所の雑誌に論文のどれ一つも載らなかったし、ベンヤミンの著作は一九五五年まで集成されないままであった。一九六八年に、アーレントは、死んだ友人への変わらぬ誠実さから、英語版の『イルミネーション』〔＝ベンヤミン草稿のアンソロジー〕を編集し、それへの序文を書いた」（Young-Bruehl［1984: 167＝1999: 240］）。

（10）本章では、アーレントという「地」を読み解く「図」として間接的にベンヤミンに言及するに留めたい。ベンヤミンの「根源」Ursprung「根源史」Urgeschichte に関する考察は、その翻訳論における純粋言語の思考、ゲーテの根源的現象（Urphänomene）への言及、また十七世紀ドイツ・バロック悲劇の解釈など、多様な側面から論じられており（今村［1995: 222–267］, Moses［1986＝1991: 208–220］）、その政治哲学的含意をテーマとするには稿を改めねばならないが、ここでは、ベンヤミンが、政治的な「根源」に関して、古代ローマを参照した革命期のロベスピエールに言及していることを想起しておきたい（Benjamin［1940→1991: 701＝1995: 659］）。

（11）アーレントとベンヤミンの歴史論の相違に関して、例えばI・ホノハンは、アーレントの歴史論を、現在において行為の規範となるような過去の解釈を重視する「懐疑的改善主義」とし、失敗に終わった過去の企てを救済するベンヤミンの「終末論的悲観主義」と対置する（Honohan［1990: 322–329］）。しかし本章で記したように、アーレントにおいても過去の救済というモチーフは共有されており、むしろ両者のあいだの深淵は、ベンヤミンのテクストを一貫して規定している神秘主義的なモチーフにあると考えている。

(12) ハイデガー存在論の展開については、小野［1999: 260–262］を参照。

(13) 森政稔は、ウィリアム・コノリーを始めとする「ニーチェ主義的」な政治思想に対して、「政治の存在論レベルの議論が難解かつ雄弁であるのに対して、ニーチェ主義から導かれる具体的な政治のイメージがそれほど明確に描かれるに至っていない」（森［1998: 158］）と批判するが、同様の問題は「ハイデガーの政治哲学」を論じる場合にも存在すると思われる。

(14) もっともアーレントは古代ギリシアのものは好んで読んだが、古代ローマ世界は好きではなかったらしい。古代ローマのテクストを読んだのは、モンテンスキューら影響を受けた思想家が読んだものすべてを読みたい、という消極的な理由によるものだったと語っている（Arendt［1972→1979: 330–331］）。

(15) アーレントは古代世界での「政治」と「哲学」との対立を度々強調するが、そうした対立にどれほど妥当性があるかも疑問の余地がある。例えば「政治」を擁護する者としてソクラテスの言動を賞賛し、また「哲学」の側にプラトンを置いて両者のあいだに超えがたい境界を設定するが、こうした境界設定は今日の研究では否定されつつある。「現代のプラトン研究においては、歴史上のソクラテスにより忠実とされる『初期対話篇』（のすべて、あるいは一部）のみが『ソクラテス対話篇』の名で呼ばれているが、そのような呼び名は、歴史的な呼称に照らせば誤りである。プラトン対話編の内部に、これが『ソクラテスの対話』でこれが『プラトンの創作』という区分を立てることは、本来不可能であり、そのような恣意性は大きな誤解を招きかねない」（納富［2005: 107］）。

(16) 歴史実証主義の「正史」の特権化に対しては、多くの批判が展開されている。例えば、解釈行為それ自体の暴力性に留意しながらも、歴史の記憶から除外されてきた従属民・難民の声を復権させようとする、ポスト・コロニアル批評での「サバルタン研究」、素朴実証主義・素朴実在論を批判し、歴史事象の意味に内在する物語構造の負荷性を強調するアーサー・ダントー、野家啓一等の「物語り論《ナラトロジー》」等々（野家［1996］）。

アーレントやベンヤミンの歴史と記憶に関する議論もこうした大文字の「歴史」批判の文脈で論じられることがある。それは例えば、本論で言及したベンハビブの「物語」論以外にも、「慰安婦」問題など戦争責任論やフェミニズム論として展開されている。

高橋［1994a］らの「忘却の穴」の問題点については第2章註ですでに指摘したが、齋藤［2008］は、「現れ」を奪われた「慰安婦」らの問題は（高橋らを名指しこそしていないが）、「忘却」ではなく「配慮《アテンション》」の問題であるとし、「アテンションのエコノミー」（配慮の分配）という点の政治性に注意を促す。そしてアーレントの責任論を踏まえつつ「集合的責任」と「普遍的責任」という二つの次元から政治的責任を引き受ける必要性を説く。

このような理解が、アーレントの思想を単なる内在的解釈で終わらせるのではなく、その「公共性」論の可能性をリアルな政治イシューに読み解こうとする点において示唆に富む点は多い。しかしながら、それでもなお以下のような点について大きな疑問点があるように思える。

齋藤は「国民的アテンション」という内向きの配慮の在り方を批判するが、そもそもなぜ「戦争責任」が重要なイシューとして配慮されるべき問題なのだろうか。「……何が（ひとりごとや、聴きたい者だけが聴けばよい声ではなくて）他人にも聴かせる正当な要求をもった声であるかを、情報の発信者や受信者はそれぞれ選別している。そして、抑圧された声の数、聴かせたいとする声の数は、ひとが聴くことのできる能力を上回っている。事実上の公共性の中で生きる以上は、こういう選別は不可避であり、公共性を多数性や不可通約性へと転換するだけでは、この事実上の選択作用を対象化するには十分とはいえない」（森［2000：59］）。本論で強調したように、アーレントを通じて問われなければならないのは「戦争」や「責任」といった言葉の強度が失われている中で、如何にしてそれを意味有るものとして語ることができるかという問題であるように思える。

第7章
「政治」と「哲学」とのあいだ
——「全体性」としての政治、「世界性」としての政治

1　序——アーレントとシュトラウスにおける「政治」と「哲学」

ハンナ・アーレントが論じる「政治」「公共性」の位相が、共同性の意味秩序を再編する《祝祭》という点にあること、そしてそのような文脈で古代ギリシア「ポリス」論が読み解かれるべきであることについてこれまで議論を行ってきた。それがドイツに伝統的に見られる古代賛美とは大きく異なること、マルティン・ハイデガーの議論と親和性を孕みながらも、それとは異質な視座を提示するものであることについては前章で確認したとおりである。

しかしながら、ハイデガーへの批判を内在させながらも、このようなギリシア「ポリス」論を展開すること自体決して自明なものではなく、《祝祭》性とは別の視点で「ポリス」を論じ、異なる「政

治」を構想することは可能である。本章ではこのアーレントの「ポリス」論の特異性を、レオ・シュトラウスと対比させることで明らかにしていきたい。

アーレントとシュトラウスが共に戦後アメリカ政治思想の展開に重大な寄与を行った存在であること、また多くの政治的・思想的共時性――ドイツからのユダヤ人亡命者、マルティン・ハイデガーの影響、シカゴ大学での経歴、そして「近代の危機」への対応としての古代回帰 etc.――があることはよく知られている。しかしながらこうした政治的・思想的共時性にもかかわらず、両者のあいだにはほとんど対話らしい対話が見受けられないのは一つの驚きであり、この両者の「沈黙」は、ドイツ時代に両者のあいだで生じたとされる「ゴシップ」で説明され得るものではない(1)。本章ではこの「沈黙」の原因が、両者のあいだにある言説上の根源的な対立、すなわち「政治」と「哲学」をめぐる対立に起因するものとして論じていくことにしたい(2)。

シュトラウスとアーレントとの言説上の隔たり、両者の「政治―哲学」の構成の問題は、アーレントを「政治」の側に、シュトラウスを「哲学」の側に置いて片付けられるほど単純なものではない。本章では、両者が何を「政治」とし何を「哲学」として「政治―哲学」を構成したのか、という点を念頭に置きながら、また「政治」と「哲学」とが異なるかたちで接続されていることに焦点を当てて論じていくことにする。

その考察にあたってはまず、①「ハイデガー問題」への対応という観点から、二人がギリシア「ポリス」からそれぞれ何を「政治」あるいは「哲学」の議論として重要視したかを整理し確認する。そして、②両者の「政治」と「哲学」とを接続するものとして、シュトラウスにおいては「全体」the wholeを、アーレントからは「世界（共通世界）」the worldという言葉をキー・タームとして対比させることで、その相違を明らかにしていく。簡略して言えば、「全体」とは、「政治」を帰属する共同体「全体」の統御にかかわる技芸と見る立場であり、これに対して「世界」とは、「政治」を私と異なる他者とのあいだにおける共同の関係性（＝「共通世界」）の成立契機に見る立場である。そして、③この両者の相違が、「西洋政治哲学史」という「伝統」の崩壊に対する態度の違いに通底していることを論じてみることにしたい。本章は以上のような両者の思想を、一方では内在的に辿り、他方では俯瞰的な観点から対比することによって、難解な両者の思想をより一般的な政治言語において捉え返すことを目指すものである。つまり、両者の思想の対立点を探索することにより、シュトラウス研究あるいはアーレント研究の深化という点に留まらず、「ヨーロッパ」から「アメリカ」に渡った思考の種が、どのような過程で異なる「政治—哲学」を実らせるに至ったのか、という興味深い問題を考察する端緒を提示するものである。

2　ハイデガー以後の「政治」と「哲学」

アーレント——「政治」と「哲学」との抗争

ハンナ・アーレントが「全体主義」を論じる際、ナチズムに至る知的・社会的潮流を描写するものとして度々用いた言葉の一つに、「故郷喪失」homelessness; Heimatlosigkeit という言葉がある。アーレントに拠れば、「故郷喪失」には西洋哲学が自明視していた「思考と存在との一致」の解体が大きく影響しているが、その解体を意識的に引き受けて現代の哲学を出発させたのは「実存哲学」に他ならなかった。「本質」essentia と「実存」existentia との不一致――「これが何か」の説明は「これがここにあること」を説明し得ないこと――を焦点とし、「故郷喪失」を了解することで「実存哲学」は新たな思索を展開させたが、それは「哲学」と「政治」との関係という古くて新しい問題に対して――ヤスパースという例外を除いては――大きな転換をもたらしたとはアーレントは見ていない。アーレントとハイデガーとの相違についてはすでに第3章、第6章でも触れたが、ここで簡単に確認しておきたい。彼女がハイデガーの名を挙げて、そのナチス加担を踏まえつつ「哲学」と「政治」との関係を論じるとき、そこでは大別して二つの不毛な関係性――一つは伝統的な、もう一つは新たな関係性――が提示され批判されている。第一の批判は、プラトン以後伝統的となった「哲学の専制」の最後の残光へ向けられたものである。アーレントに拠れば、そもそも「政治＝ポリス」の領域は、「意見」doxa の複数性を前提とした場であり、唯一的「真理」を探求する「哲学」とは相対立する関係にある。それゆえ「哲学」は「真理の圧制」として「政治」を抑圧するか、あるいは「真理」は「意見」と化してその唯一性を失うかを余儀なくされる。「ナチズムの内的真理の偉大さ」を信じてヒトラーへの賛辞を惜しまなかったハイデガーは、ソクラテスを死に追いやったポリスへの不信から哲人王に理想を抱いたプラトン同様に、「真理」を担う哲学者が、専制君主や独裁者を通じて

「政治」をコントロールしようとする誘惑から免れられなかったということになる。

もう一つは、「実存」を賭した「決意性」Entschlossenheit というタームで表現される「英雄主義《ヒロイズム》」への批判である。ハイデガーの決意性は、ニーチェの運命愛あるいはカミュの反抗と同様に、「世界」のうちで故郷喪失に根ざす人間の条件の不条理に抗して、人間をその思いのままに生きさせようとする試みであった」［EU：171＝232］わけだが、「哲学」のこうした英雄的な身振りは、「政治」の理解には何ら資するものではなく、むしろその英雄的な「決意」は「民族」や「大地」という神話を介して、ナチズムへと吸収されるに至るとアーレントは批判している。「哲学の専制」であれ「英雄主義」であれ、いずれにしてもアーレントがハイデガーの「哲学」に見出したのは、その反－政治性あるいは政治的無力さであり、それはナチズムに接近することはあっても到底それを克服するようなものではあり得なかった。

こうした「ハイデガー問題」を踏まえた上で、アーレントが提示する「政治」のモデルは、「哲学」によって歪められていない古代ギリシア・ポリスの経験を範にする、というものである。「哲学と政治」と題された論稿でアーレントはその点に焦点を当てているが、その指標は以下のように分節化することができる。

①「意見」の複数性：「政治＝ポリス」の場は、「意見」の「複数性」を前提として成立するものであり、相互に異なる多様な人間同士が「私にはこう見える」dokei moi という「意見」doxa によって共通の世界に結び付く場であること。それゆえポリスで行われるのは「意見」による「説得」peitheinであり、その技術としての弁論術は、「哲学」が「真理」や「善」を導出する手続きとしての「問答法」dialegesthaiとは異なること。

②「現れ」による自己の開示：重要であるのは、自己の「意見」を「ポリス」の意志に反映させることよりも、開かれた「ポリス」の空間に直接参与して自己の言葉で語ること。つまり、「自分自身の意見を主張することは自分自身を開示し、他者に見られ、聴かれることが可能になることを前提にしている」こと（Arendt［1954→1990：80＝1997：93］）。

③「名声」と「闘技《アゴーン》」：「『ドクサ』という言葉は、『意見』を意味するだけでなく、栄光と名声をも意味する」ものであり、ポリスには、自己の「意見」が卓越したものであることを同胞に認めさせ、名声と栄光を勝ち取るという「闘技（アゴーン）」の契機が存在していたこと。「ポリスの生活は、万人の万人に対する峻烈かつ不断の闘争、つまり『最良の者たらんとする衝動』によって成立していた」こと（以上、Arendt［1954→1990：80, 82＝1997：93, 95］）。

④「単独性」と「友情」：ソクラテスの「問答法」は、「一者における二者」という対話的思考（思考における「単独性」solitude）をポリスで展開したものであるが、それは何らかの合意の形成よりも、その対話の継続自体が、他者との共生において政治的意義を有すること。「他の人々と共に生きることが、自己自身と共に生きることから始まるということ」（Arendt［1954→1990：86＝1997：98］）を喚起するこのソクラテス的対話は、アリストテレスの「友情」の議論へと接続されていること。

アーレントはこうした指標を挙げながら、「政治＝ポリス」と「哲学」との関係を論じている。

シュトラウス――「政治」をめぐる「哲学」の運動

ところで、「ハイデガー問題」を負の遺産とする「政治」と「哲学」との関係は、レオ・シュトラウスの問題圏においても大きな位置を占めていた。シュトラウスは、師エルンスト・カッシラーを含めた多くのドイツ哲学の既存学派が、ハイデガーによって退位させられた衝撃を伝えている。そしてハイデガーが倫理学の哲学的基礎づけという問題を直視しながらも、その不可能性を宣言したことの重大さを深刻に受け止めているが（Strauss［1989：28＝1996：71］）[(3)]、逆に言えばこのハイデガーが突きつけた不可能性がシュトラウスの「政治―哲学」を突き動かしたとも言えるだろう。シュトラウスは、ハイデガーと対峙し、その哲学をラディカルな「歴史主義」として批判・克服する上で、古代ギリシアの政治哲学に向かっている。

「古典的政治哲学について」と題した論稿で、シュトラウスは「政治＝ポリス」を巡って「哲学」が多様な様相において現れることを、古代ギリシア・ポリスを事例として論じているが、それは以下の五つの指標に整理できよう。

①直接性―ポリス内在性：「政治―哲学」が、実際のポリス内で使用される政治言語（勇敢と臆病、正義と不正義、人間的な優しさと利己心 etc.）の意味区分を受容し、その吟味と明晰化から出発していること。つまり多様な「意見」の吟味と精査から「真理」を導出することが「政治―哲学」の始まりであり、ポリスの政治言語とは異質な専門用語（「自然状態」と「市民状態」、「事実」と「価値」etc.）

によって意見の解析を行うものではないこと（Strauss [1989: 50f.＝1996: 104f.]）。

②対立抗争の裁定・審判：ポリスを構成する人員同士の権利対立を裁定し、抗争の審判を行う知として「政治―哲学」が要請されること。各党派はそれぞれの「権利」「正義」を掲げて抗争を行うが、その党派利害から超越した審級は「政治―哲学」に基づくものでなければならないこと（Strauss [1989: 51–52＝1996: 96–97]）。

③知識の移転可能性：①にあるようにポリスに内在する学知として出発した「政治―哲学」は、その展開の過程において、個々のポリスに拘束されない「移転可能な」(transferable) ものと認識されること。そうした学知は、（i）「弁論術」がその最初の形態であるが、その最も高度な形態は（ii）「立法術」についての知識であること（Strauss [1989: 52–54＝1996: 97–100]）。

④「哲学」の自己正当化：「政治―哲学」は、「ポリスの生活はなぜ哲学を必要とするのか」という問いへ進み、そこから自らの存在をポリスに対して絶えず正当化を行うようになること。これは「哲学」それ自身の思索の展開から生じる内在的なものであると同時に、「ソクラテス裁判」に典型的なように、「政治＝ポリス」の側からの「哲学」不信への応答という形で展開されること（Strauss [1989: 61＝1996: 108]）。

⑤「哲学」における「政治」の外在化：ポリスの事柄の内在的検証から出発した「政治―哲学」は、「政治」の軛を離れて「哲学」として自立し、「政治」の事象は「哲学」においては偶然的・外在的であるという認識に至ること。すなわち、政治哲学の最高の主題が、哲学的な生として捉え返されるよ

うになること（Strauss［1989：60f.＝1996：106f.］）。

シュトラウスとアーレントの遭遇と離別

以上のようなシュトラウスの議論は、アーレントの側からすれば、ハイデガーが結局陥ることになった「哲学の専制」モデルを反復しているとしか見えないし、またそうした批判は概ね妥当であるようにも見える。だが他方で、シュトラウスの側からすれば、アーレントの語るギリシア・ポリスも――彼女自身が語るような――「哲学」で汚染される前の「政治」の姿を復権させようとするもの、とすることはできない。

両者のあいだにはどのような対立軸が存在するのだろうか。一見すると、シュトラウスが「哲学」による「政治」の支配を志向し、アーレントがそうした「哲学」の支配に抗して「政治」の自立を主張しているように見える。しかしながら、両者の議論を検証すると、そうした「アーレント＝政治」／「シュトラウス＝哲学」という区分では、捉えきれない重要な論点が多数存在する。

例えば、シュトラウスは、「政治」を「哲学」において基礎づけようとしながらも、その反面において、「哲学」はその存在理由を「政治」の法廷で正当化しなければならず、またそもそも哲学者にとっては「政治」の議題は偶然的なものでしかない、とも主張している（シュトラウス④⑤）。「哲学」の営みは「政治＝ポリス」とは完全に重ならず、それを無視した単純な統合は、「ソクラテス裁判」のように「哲学」を危険に陥らせることになる。

こうした両者の不可通約性を主張する点において、シュトラウスはアーレントと同じことを論じているように見える。しかしそこでシュトラウスが依拠しているのは、プラトン『国家』での洞窟としてのポリスというイメージであり、「真理」という光が「哲学者」のみを照らし出すというある種の選民思想である。私的である哲学的領域を「光」とし、ポリスという洞窟を「暗闇」とする対立区分は、アーレントにおける「公的・私的領域」の対立区分、すなわち「ポリス＝現れの空間」／「オイコス＝現れを奪われた空間」という対立区分に対して、「光」と「闇」との関係が反転していることになる。要するにシュトラウスは、アーレント同様に「哲学」と「政治」との根源的対立を主張しながらもアーレントとは異なる論理によってその主張を展開しているわけである。

また他方でアーレントにおいても、「政治」と「哲学」とは相互に反発し合いながらも、ある重要な場面において、「政治」の存在論が「哲学」の語りにおいて成立するものとして論じられている。先述のように（アーレント①）、「問答法」は「哲学」の技法として、「政治」の技法たる「弁論術」と対置され、ソクラテス裁判におけるソクラテスの悲劇は、本来法廷において行われるべき「弁論術」を、「問答法」と取り違えて行った結果として生じたものとして描写される。だがその後でアーレントは、こうした「政治＝意見＝弁論術（説得）」と「哲学＝真理＝問答法」という対立を越境する存在として、ソクラテスを再び召還する。アゴラの片隅で、あるいは友人宅の饗宴でソクラテスが行う「問答法」に対して、「弁論術」とは異なる政治的意義が与えられる（アーレント④）。そのソクラテスの問答法は、「市民各自に彼らの真理を産出させる努力」を促す点で政治的技法であり、「……

『ドクサ』つまり意見を破壊することによって真理を生み出すのではなく、反対に『ドクサ』をそれ自身の姿において開示する」（Arendt［1954→1990: 81＝1997: 94］）点でポリスに関わるものとして論じられる。

こうした「意見」から「真理」を導き出す担い手としてのソクラテスの身振りは、一見するとシュトラウスのものと同一のようにも見える。しかしながら、両者の強調点には大きな隔たりがある。シュトラウスにおいては、多様で矛盾した「意見」を比較検証し、そこから導き出された「真理」が、「ポリス」内部の対立抗争を裁定する権威として要請されている。これに対してアーレントでは、裁定する権威としての「真理」の地位は後退し、それとは異質な「真理」、すなわち個人の具体的実存と不可分の「意見」（＝「私にはこう見える」）それ自体を内在的に吟味することで顕現するものとして「真理」が強調されている。つまりソクラテスの「問答法」は、何らかの合意に到達しドクサの抗争を終結させることに意義があるのではなく、「そうした行為の果実は、あれか、これか、の一般的真理に到達する結果によって測ることができるものではない」（Arendt［1954→1990: 81＝1997: 94］）。

従って、「意見」をより真実たらしめようとする試みは、ときはその卓越性が示されることもあれば、ときにその内部矛盾が露わになって破綻し何も生み出されないこともある。アーレントにおいて重要とされるのは、そうした「意見」の討議―闘技の帰結から何らかの合意に至ることよりも、その対立・相違にもかかわらず、リアリティの次元が形成されることであり、「共通世界」が顕現されることである。このようにシュトラウスとアーレントは、ある場面で近接しながらもやはり大きく乖離していくのである。

3 「全体性」としての「政治」、「世界性」としての「政治」

「ハイデガー問題」に対して、ギリシアのポリスを巡って「政治」と「哲学」という言葉を用いながらも、シュトラウスとアーレントが異なる回答を提示し、両者の話が相互に対立しているのは何故だろうか。本論では、アーレントの回答が正しくシュトラウスが誤っている、あるいはその逆であるとは考えていない。以下で見るように、両者はギリシア・ポリスにおいて「政治」を異なった次元に見出そうとしたのであり、異なるポリスを「哲学」によって再構成しようとした、と思われるからである。本論はその相違を、シュトラウスが「全体」としてのポリスという問題を再提起したのに対して、アーレントが「世界」という問題圏からポリスを再構築した、と表現することにしたい。両者は共に「政治」が、「経済」に還元され得ないこと、つまり個々の欲望を調整する「管理」に翻訳され得ない、独立した存在様式にあることを論じようとする点で一致している。しかし、その「政治」の存在論をどのような場面に設定するかに大きな相違が存在する。

シュトラウスにおける「全体」

まずシュトラウスの「政治哲学」における「全体」the wholeという言葉について、ここでその議論を簡単に参照しておきたい。シュトラウスは、「哲学」を、実証主義や歴史主義に還元され得ない普遍的知識としての「全体」を探求する営為であるとする。「全体」とは、現象の背後にある根源や原因といったものではなく、知識や理解それ自体を可能とする地平であり、われわれの知識や理解とはこの「全体」を分節化する試みであるとされている。「様々な社会を動かしている包括的な見解がどれほど異なっているにせよ、それらはすべて同じもの――全体についての様々な見解なのであり」(Strauss［1953：125＝1990：139］)、この見解や意見を整合的・包括的なものへとする知的営みが「哲学」であると論じられている。

前述したように、シュトラウスは、「政治哲学」を、日常の政治言語の吟味や意見の検証から出発させ（シュトラウス①）、ポリス内部の党派抗争を調停する裁定者（シュトラウス②）、あるいは体制全体の在り方をデザインする立法者の教師（シュトラウス③）として提示しているが、これらは「全体」を志向する「哲学」の運動と連動している。裁定者あるいは教師として「党派性＝部分」を克服しポリスという「全体」を回復させること。そのための技芸として「政治哲学」が必要不可欠なものとして要請される。

ここで重要なのは、この「全体」をめぐる「政治哲学」が単なる政治的知識の伝授とは異なる、優れて実践的なものとして位置づけられていることである。例えば、

政治的生には、様々な種類の技能が必要とされるのであるが、とりわけ、全体としての政治的共同体の

出来事をうまく処理することを可能とするような、明らかに最も高度なる技能が必要とされる。「政治的知識」という語が本来意味していたことは、このような技能——卓越した政論家や政治家がもっている技術、賢慮、実践知、特殊な理解力——であって、教師たちから弟子たちへと伝えられる政治的な事柄に関する「一団の真なる諸命題」ではない（Strauss［1989: 52＝1996: 97］，強調は石田）。

シェルドン・ウォーリンは、プラトンが、ポリスを相互に関連づけられた統一体、システム（system）として捉えた点の先駆性を指摘するが、そうした文脈でのプラトン解釈をシュトラウスにも見出すことができよう（Wolin［1960→2004: 31＝1979: 83–84］）。

この「全体」性の要請は、政治の学知を医学とパラレルなものとして論じる点にも見出すことができる（Strauss［1989: 56＝1996: 102–103］）。シュトラウスは度々プラトンの「高貴な嘘」noble lie や「神話」の有効性に言及するが、それは彼自身が「秘教性」esotericism の信奉者であったからではなく、[4] ポリスそれ自体を一つの有機体として配慮しその健全化をはかるという立場に由来するものである。つまりそれは、ポリスという有機体を診断しその健康を目的として、ある時には真実の開示による説得を行い、ある時には真実の隠蔽によってその実現をはかる医師の身振りに喩えることができる。シュトラウスは、シュミットの「政治—神学」問題に対して「政治—哲学」において解答を試みようとしたとされるが（Meier［1988＝1993: 108f.］）、それは、ポリス共同体全体の生存と秩序のために「誰を敵とし誰を味方とするか」を問題としたシュミットの司祭的態度に対して、シュトラウスは

「何を病巣と診断し、何を治療法として選択し、どう処置を行うのか」という医師的態度で対応した、と対比することができるだろう。

しかしながら、この「政治」と「哲学」とのある種「幸運な結婚」にも見える両者の結合は、ある時点から偶然的であることが明らかにされていく。前述したように、ポリスの政治言語の内在的な検証としてはじまった「政治—哲学」は、それ自体の「全体」への途上において、つまりより普遍的・包括的な知の在り方を志向するなかで、ポリスの制約から離脱していく（シュトラウス④⑤）。それは、「政治哲学」が、最終的には「政治」を主題とする「哲学」よりも、「哲学」への政治的入門であり哲学的生への導きである、とするシュトラウスの言に集約されている。(5) ポリスの側から「哲学」が審問される中で、「哲学」はより「全体」的な視野からポリスを捉え返し、自己の正当性を弁明しつつも、ポリス自体を外在化・相対化させていくことになるわけである。

アーレントにおける「世界」

アーレントにおける「政治」と「哲学」との連関は、以上のようなシュトラウスのものとは明らかに異質である。正確には、この「政治」における「全体」論を拒絶することによって、彼女自身の「政治—哲学」の思想的な橋頭堡が構築されているとも言えるだろう。その「全体」性の拒絶は、例えば「政治では、〝全体は部分にまさる〟は妥当しない。なぜなら人類は〝全体〟であるが、最終的には人類によってのみ保証される部分のほうが、常に人類以上のものだからである」［Denk (I) : 13

=18］という一文に表されている。

アーレントが、個々人を超えた集団的・時間的広がりを指示するものとして、「全体」に代えて用いるのは「世界」the worldという言葉である。以下ではそれについて見ていくことにしたい。「世界」「共通世界」については第5章ですでに言及したが、ここでその内容について簡単に確認しておきたい。アーレントは、単なる有機生命体の生存とは異なる、人間の生の次元、とりわけ「公的」な生の次元を論じるものとして「世界」という言葉を用いている。

「世界」とは、(i) 自然界ではなく人工的に建設された空間を基盤とし、(ii) 私と異なる他者と共有されるものという意味でリアリティの次元を構成し、(iii) 死すべき人間の一生を超えて存続し続けるもの、とされている［HC: chap. 7–10］。そして近代以降の時代は、この「公的」次元を形成している「世界」への配慮が失われた時代であるとされ、それが「世界喪失」あるいは「世界疎外」という言葉で論じられる。

このようにアーレントが語る「世界」という言葉には、独特の意味づけが行われており、ある種の「哲学」によって言語化されたものであるわけだが、この点については、すでにハイデガーからの影響（あるいはその転換）が指摘されている。デイナ・ヴィラに従って両者の「世界」概念について簡略に説明するならば、以下のように対比できよう。ハイデガーにおける「世界」、すなわち「世界内存在」としての「現存在」Dasein（=人間）が住まう「世界」は、他者と共にある「共同世界」であるが、それは本来的な自己を喪失した非本来的な在り方として規定されている。これに対して、アーレントの「世界」では、他者との共同性が「複数性」という言葉で肯定的に位置づけられ、人間の本来的な生の次元を構成するものとして捉え返される（Villa［1999＝2004: chap. 4］）。「単数の人間Manではなく、複数の人間たちmenが、地上に生き世界に住まう」という表現［HC: 7＝20］は、このアーレントにおける転換を端的に表現している。

以上の点を念頭に置き、ここで再びアーレントのポリス論に戻ると、彼女において「政治」と「哲学」とを接続するものとして、「世界」という言葉が重要なものとして浮かび上がってくる。相互に異質である多様な者が、その相違・対立にもかかわらず、共通の「世界」に関与すること、それが「公的」生活に携わることであり、リアリティの次元を構成するものである。ソクラテスは、一方においては「政治」と「哲学」との対立の不幸な犠牲者とされながら、他方においては、共通の「世界」への視座を切り開く存在とされ、「哲学」の「政治」的寄与を行った者として位置づけられる。「ソクラテスは、次のことを信じていたように思える。つまり、哲学者の政治的役割が、こうした類の共通世界——友情の理解を基盤とした、支配が不要とされるような世界——の建設を手助けすることにある、ということである」（Arendt［1954→1990: 84＝1997: 96］）。

シュトラウスにおける「全体」と、アーレントにおける「世界」。この対比で明らかになるのは、両者の「政治—哲学」の共約不可能性である。アーレントの目には、シュトラウス的な「全体」を志向する政治は、プラトンあるいはヘーゲルの変形に過ぎないように映るかもしれない。そしてそれは個々の多様なパースペクティヴを奪い得ることで「世界＝公的領域」を破壊し、「世界」を「全体的《トータル》に」

変革しようとした「全体主義」の亡霊を呼び起こすもの、と見なされるかもしれない。他方でシュトラウスの側からすれば、アーレントの「世界」を開示する政治というのも、共同体の存続と善き統治という「全体」に関わる問題を曖昧にし、(6) ホメロス的な「闘争《アゴーン》」をポリスに持ち込む点において、ハイデガーの「実存哲学」を政治化（アーレント風に言えば「英雄主義」化）したものに過ぎない、と見えるかもしれない。シュトラウス－アーレントは共に「ハイデガー問題」の克服をギリシア「ポリス」に見出そうとしたわけだが、「政治」を異なる位相に見出し、異なる文法で論じたために、両者は相互にそのハイデガーの負の遺産を認めざるを得なかった、と思えるのである。

4　新たな「伝統」の創出か、あるいは「伝統」の破壊による再生か

シュトラウス、アーレント両者は共に、ハイデガー以後の世代として、西洋政治哲学史の「伝統」――カント的啓蒙進歩史観、ヘーゲル派の歴史哲学、ディルタイ流の歴史主義――の崩壊に際して、どのような形で「政治」と「哲学」を論じることができるか、という問いを共有していたように思える。両者が「アナクロニズム」を敢えて犯してまで古代ギリシアの「政治」と「哲学」に向かったのは、単なるギリシア愛好によるものではなく、「伝統」の喪失の後でその「伝統」の端緒を改めて問い直そうとする姿勢に拠るものである。アーレントはドイツ哲学にしばしば登場するギリシア愛好的な古代回帰を、安らぎの場を求めて「概念の虹の架け橋」を渡るものとして批判し、またシュトラウ

スも、現代における古代政治哲学の参照は、古物収集癖でもロマン主義でもなく「試案的・実験的なもの」tentative or experimentalであると明言していることからも（Strauss［1964: 1f.］）、両者の古代ギリシアへの言及は再帰的なものであることは疑いない。しかしながら、そうした古代ギリシアとの再帰的な対峙において、シュトラウスとアーレントの対峙の在り方は、異なるベクトルを提示している。[(7)]

シュトラウスが志向したのは「全体」性という方向であった。上述したように、シュトラウスは「政治」をそれ自体固有の秩序を持つ「全体（として）」認知しなければならない点に留意しているが、こうした態度は研究対象全般に通じている。例えば、「ソクラテス」が語られるとき、それはプラトンにとっての「哲学者」という存在だけではなく、アリストファネスによる「ソフィスト」、クセノフォンによる「アテナイ市民」「政治家」「指揮官」という存在にも焦点が当てられており、そのような多面的で複合的なプロフィールから「ソクラテス」という存在の「全体」像の復元がはかられている。「全体は一なるものでも均質的なものでもなく、異種混交的なものなのである」（Strauss［1989: 142＝1996: 202］）と語られるとき、それは「全体」を把握するには、均質的で画一的な情報の集積ではなく、複数の多元的なプロフィールが要請されることを意味している。

またシュトラウスのいわゆる「秘教的」解釈への関心もこのような文脈において捉え返さねばならない。つまり、一般に流通している「公教的」なものとは異なる解釈コードを解き明かすことによって、はじめて対象の「全体」像を把握することができるというわけである。要するに、断片的な「部分」的情報群から「全体」を再生させること、そうした形で「伝統」の糸を新たに結び直すことこそシュトラウスが目指したものであったと言えよう。

　一方で、アーレントが向かったのは、テクストにおける「世界」開示という観点から、「伝統」が支えていた過去の伝達可能性を「引用」可能性に置き換えることであった。その歴史理解にハイデガーあるいはベンヤミンの思想が色濃く投影されていたのは第6章で見た通りである。「伝統」の崩壊は、それまでとは全く異なる態度で過去に臨む可能性を呼び起こした反面、過去の思想領域全般の喪失と忘却という危険性を引き起こしたわけであるが、アーレントはそうした可能性と危険性に直面する中で、古代ギリシア思想を全般的な忘却から救出しようと試みている。つまりアーレントが古代ギリシアへの言及を行うのは、「過去をあるがままに甦らせるためでも、また消え去った時代の再生に役立つためでもない」［MDT：205-206＝247］のであって、古代ギリシアの思想的断片を発掘し、その都度相応しい「引用」を行うためである。したがって、その思想的断片の「引用」は古代ギリシアの「全体」像において結実するのではなく、現代における新たなエピソードの「部分」としてはじめて意味を有するものである。シュトラウスとは反対に、アーレントにおいて重要なのは「……断ち切られた伝統の糸を結び直したり、伝統に代わるものを新たに拵えて過去と未来の間の裂け目を埋めること」ではなく、「真理が最終的に現れるおそらく唯一の領域である、過去と未来の間の裂け目にいかに位置をとるか」［BPF：14＝16］ということに他ならない。

『聖書』という書物の解読に喩えるならば、シュトラウスがその正統／異端という境界を再検証し、隠された解釈コードを読み解くことで、失われた神聖な「伝統」を復元させようとしたとするならば、アーレントはむしろその体系的な解読を放棄することで、その都度その都度相応しいフレーズをそこから引用し、その引用における新たな「世界」の開示を提示しようとした、と言えるだろう。

5 結 び――「世界」と「全体」、二つの「公共性」

以上本章は、「全体」と「世界」という言葉を手掛かりに、シュトラウスとアーレントの「政治―哲学」にある裂け目について論じてきた。最後に、この両者の「政治―哲学」の裂け目は、「公共性」という概念についても認められることを確認しておく必要があるだろう。シュトラウスの「全体」論が、プラトン以後の西洋政治思想史における「公共性」の伝統に連なるものであり、個別の「部分」を超えた「全体」の秩序を「公共性」の土台とするのに対して、アーレントが「世界」という視点から「部分―全体」という関係性とは別の「公共性」の位相を論じている点に注目せねばならない。この「世界」という言葉で綴られるアーレントの「公共性」は、「全体」論を中核とするシュトラウスのものよりも、一方ではより個別具体的なものへの眼差しを持ち、また他方ではより広い空間性と時間性を有している。

例えば、政府の会見にせよ、組合の会合にせよ、日本とアメリカとの外交交渉にせよ、制度やシステムや組織なるものが自動的に起動しているわけではない。会見、会合、交渉とは、具体的身体を有する者たちが「利害―関心《インタレスト》」をめぐって対峙して自らの言葉で何かを語ることであり、そこで何らかの合意に達することもあれば、相互の隔たりが顕著となり深刻な対立を生み出すこともある。あるいは抗議のデモ行進も、たった一人の異議申し立てからはじまって、その呼びかけに多くの者が賛同して大規模な運動へと結実して政治的成果を収めるかもしれないし、あるいはその運動で一人の声が発端となって平和な行進が暴徒の集団と化すこともあるかもしれない。

ここで重要なのは、この個別具体的なアクターは、「私にはこう見える《ドケイ・モイ》」という「意見」によって共通世界と結び付く以上、その個々の「意見」を俯瞰し超越するような「全体」の視点に到達することはないということである。むろん「意見」同士の交換によってそれらが深化することはあるだろう。しかしながらそれは集団「全体」を統括する超越的な審級に達するのではなく、逆に常に「意見」という個別のパースペクティヴを担保とし、そのパースペクティヴによってその都度切り開かれるような「公共性」の次元を示している。

一方において、この「世界」という言葉で論じられる「公共性」は、単にその場かぎりの一時的な関係性を意味するわけではない。逆に「全体」という名で指示される「公共性」を相対化し、より包括的な視座を提起するものでもある。つまり「部分」の党派性を超越した「全体」の秩序も、それが特定の共同体や国家と同定される場合には、局地的・地域的な「部分」の秩序を意味するに過ぎない。また同様に、「全体」の構成員の規模は成員資格の変更や、出生と死去によって絶えず変動する以上、その「全体」の代表とは一時点での時間的切断を前提とし、一つの政治的虚構を要請するものである。

アーレントの「世界」は、こうした「全体」論的な「公共性」を相対化し、それとは異なる「公共性」の可能性を提起する。つまり「公共性」とは、個々の「部分」的利害を統合した「全体」の利益に還元できるものではなく、必ずしもそうした「部分―全体」という回路で説明し得るものではないこと。ときに「部分」の見解が「全体」の公式見解よりも、共通世界を配慮するものであり、より普遍的で高次の「公共性」と成り得ること。以上のような文脈での「公共性」は、民意をめぐる中央と地方との対立や、ローカルなものとグローバルなものとの相互浸透など、現代社会でのアクチュアルな問題に深く関係しており、そうしたコンテクストもまたアーレントの議論が注目されている要因なのかもしれない。

だが本書はそうした点でアーレントの議論の意義を十分認めると同時に、シュトラウスの「全体」論による「公共性」もまたそのアクチュアリティを失っていないと考えている。アーレントの「公共性」が現代社会に対応したものであり、シュトラウスの「ポリス―ネーション」的な「公共性」は時代錯誤である、と論じるのは著しく狭隘な見解である。本書では、「全体性」に注目したシュトラウスの議論の重要性は失われておらず、その内容的帰結については袋小路に陥っている、と判断している。それはある部分「哲学の専制」に拠る部分も大きいが、問題はそれに留まらない。

例えば、シュトラウスは「ポリス」を超えた「全体」論の行き着く先として「世界市民」や「世界国家」にも言及したが、それを真摯に検討することはしなかった。国境を越えたより普遍的な正義の実現のためには「都市国家は〝世界国家〟へ転換しなければならない」としながらも、それに続けて、

「全人類を正しく統治しうる人間あるいは人間集団など存在しない」以上、「〝世界国家〟を一つの人間的政府に従う全包括的人間社会として語るときに示唆されているものは、実際には、神によって支配されたコスモスである」として、その「世界国家」の存在自体を「政治」の外部に置いた（Strauss［1953：149＝1990：163-164］）。このような部分に、彼自身の「政治―哲学」の志向性が、「政治」への現実的感覚と必ずしも重なるものではなく、ときに内的矛盾に陥っている点を認めることができる。「哲学」が「ポリス」に拘束されないならば、例えばそれが「世界国家」を志向する学知となり、あるいはコスモポリタニズムとなることも選択肢として想定されるべきであるが、そうした選択は周到に排除されているのである(8)。

また「全体」を志向するシュトラウスが「秘教的」解釈に拘泥するあまりに、何も隠されてない部分に隠れた何かを見つけ出そうとした、という批判は早くから行われてきた(9)。「ポリス」で実践される政治言語を明晰にする事から出発した、とされる古代政治哲学に、シュトラウス自身がどれほど従っているのかは疑わしい。シュトラウスの言説には、学術的要請を超えた「全体」への「信仰」とでも呼ぶべきものがあり(10)、その「信仰」を共有する者以外には、その「政治哲学」の意義がどこにあるのか理解できない。本章はそうした「信仰」を共有せずむしろそれを批判的に捉え返し、その「回答」ではなく「問題提起」に意義を認め、論じてきたつもりである。

アーレントはそのような「信仰」こそ求めないものの、リベラル・デモクラシーとは接合の難しい言葉（本論で用いた「世界」の他にも、「複数性」や「現れ」など）が多数存在し、シュトラウス同様に取扱いに注意が求められるものである。「自由」や「権力」といった一般の政治用語と、「世界」「複数性」「現れ」といったアーレント独自の用語群とは異質な層を構成しており、本書はこの異なる言説のレイヤーを《祝祭》という言葉で補い、リベラル・デモクラシーに収まりきらないその「政治―哲学」の姿を浮き彫りにしてきた。その点において、デイナ・ヴィラが語るように、シュトラウスもアーレントも、リベラル・デモクラシーの「他者」であり、その「他者」性のゆえに、政治思想としての意義を有するものである、とも言えるだろう（Villa［1999：178＝2004：269］）。

それゆえより大きな問題となるのは、そうした「他者」性にもかかわらず、両者が何故に「アメリカ」の政治思想に受容され、無視し得ない程の影響力を持ち得るようになったか、ということである。とりわけシュトラウスの場合は「シュトラウス派」the Straussian と呼ばれるグループが形成されるほど幅広い受容が行われたわけだが、そうした「シュトラウスのアメリカ化」――例えば、アラン・ブルームやハリー・ジャファなどの弟子たちによる「解釈」――によって、何が政治的言語として刷新され、何が失われたのであろうか。その思想史的な検証こそ、「シュトラウス派」の危険性を煽り立てる以前に、政治学が取り組むべき課題であると私は思う(11)。

アーレントがシュトラウスとは対照的に「学派」を形成することや知的影響力を及ぼすことに関心を払わなかったことはよく知られている。それにもかかわらず、なぜ現在「政治」や「公共性」を論じる際になぜこれほどの参照が行われるのかは一つの謎であり、その思想受容の点について今後機会があれば論じてみたい。ただ最後に付言しておきたいのは、シュトラウス同様アーレントに内在する

「危うさ」に無関心な解釈は、政治思想の議論として不十分であるばかりでなく、その「危うさ」を知らず知らずに増幅することになるのではないか、ということである。というのも、「シュトラウス」や「アーレント」という固有名詞を用いること自体が、かつてのマルクスやレーニンがそうであったように、「政治–哲学」として何か重要なことを論じている、という政治的身振りに変換され得るからである。それゆえ重要なのは、シュトラウスやアーレントを新たな政治思想の「教祖《グールー》」として賞賛したり、あるいは杜撰な批判で何か重要なことを論じたという錯覚に陥らないように配慮することなのかもしれない。現代「政治–哲学」の可能性があるとするならば、そうした賞賛や錯覚を絶えず吟味していくことからはじまると思えるからである。

註

（1）「シュトラウスは、ユダヤ学高等専門学校の研究助手だったが、プロイセン国立図書館でアーレントと出会い、懸命に言い寄ろうとした。彼女が彼の保守的政治観を批判し、その求婚を斥けたとき、彼はひどく怒った。その苦々しさは何十年も続き、二人が一九六〇年代にシカゴ大学の同じ学部で一緒になったときにいっそう悪化した」（Young-Bruehl [1984: 98＝1999: 153]）。

こうした「沈黙」は、同じようにドイツからアメリカに渡って政治哲学を講じたエリック・フェーゲリンに対して両者が一定の応答をしている点を考慮すると一層異様のように思える。

ただ、何かと論争を呼び起こしたアーレントに対して、シュトラウスの方は同時代の論争に消極的であり、存命中の思想家については、A・コジェーヴ、M・ハイデガー、C・シュミット以外に立ち入った言及は行わなかったという指摘もある（Meier［1988＝1993: 17］）。

（2）シュトラウスとアーレントにおける「政治」と「哲学」の問題については、既にロナルド・ベイナーにより先駆的な研究が行われている（Beiner［1990: 238–254］）。ベイナーは、『人間の条件』（一九五八）などで示されるアーレントの古代ギリシア論が、シュトラウスへの隠れた応答であるとし、古代ギリシア「哲学」（あるいはプラトン的「哲人支配」）の復権者シュトラウスに対して、ギリシア・ポリスの「政治」を再興する者としてアーレントを位置づけている。ベイナーは、シュトラウスによる「哲学」の「政治」支配モデルへの批判として、アーレントのポリス論を展開し、「政治＝アーレント」／「哲学＝シュトラウス」という対立軸の形成を検証しているが、他方においてそのアーレントのポリス論が、イマヌエル・カントの「哲学」に支えられている、とも論じている。

これに対してデイナ・ヴィラは、「政治＝アーレント」と「哲学＝シュトラウス」という対立を見据えながらも、両者の「政治―哲学」が遭遇する場面に注目している。つまり、「市民」ソクラテスと「哲学者」ソクラテスとが交叉する領域、彼がシビレエイのように、ノモス〔法・慣習〕の自明性を問いかけ「思考」を喚起する様式を、「哲学的・ソクラテス的シチズンシップ様式」a philosophical or Socratic form of citizenship と呼び、それがアーレント、シュトラウス両者の議論に存在する点――そして両者の真の対立が、この様式への対応である点――を指摘している（Villa［1999: 155–179＝2004: 237–270］）。

私見では、ヴィラの研究はベイナーのものよりも、シュトラウスとアーレント両者の微妙で複雑な関係に言及し、対立の図式自体を形成する基盤を論証したものとして卓越しているように思える。しかしながら他方において、ヴィラは、アーレントとシュトラウスの「政治―哲学」の共有部分を主要論点としたため、両者の政治言語それ自体の異質性の問題については十分な議論が展開されていないように思える。

（3）シュトラウスとハイデガーとの関係、両者の相互批判については、Mewes［1995］を参照。

（4）シュトラウスは、テクストの表の教義に隠された意味を解釈する手法として「秘教性」esotericism に注目したが、シュトラウスのテクストそれ自体がその「秘教性」に満ちたものであり、プラトンではなくニーチェこそがその隠れた本義であるとする解釈としては、Drury［2005］, Frazer［2006］を参照。退屈なシュトラウスのテクストに隠された意味があるとするドゥルリーの解釈は斬新であり評価されるべきであるが、本書ではそれが必ずしも妥当であるとは考えていない。

(5)「『政治哲学』はもともと政治の哲学的な取り扱いを意味するのではなく、哲学の政治的、民衆的な取り扱いを意味するのである」（Strauss［1989: 62＝1996: 109］）。

(6) むろんアーレントにも代表民主政を超克する「評議会制」という政治制度の構想は存在するし、また「よい政治／悪い政治」を区分する能力としての「判断力」論が提示されている。しかしながらそうした議論は、必ずしも説得力のあるものではなく、本書では思想的独創性があるとは考えていない。この点については結論部を参照。

(7) シュトラウスが論じる古代−近代論争が、単に近代を批判し古代へ回帰するものではなく、近代／前近代という「以前／以後」の時間フレームの解体を志向するという見解については、添谷［1995］を参照。

(8) シュトラウスは凡庸な「世界国家」論とは距離を置き、少なくとも予測可能な将来に、単一もしくは連盟による「普遍的国家」universal state が形成されるとは考えなかった。むしろ安易な「世界国家」論にはシニカルな対応を見せている。仮に既存の国家枠組に基づいて国家連合が形成され、核戦争への危惧から戦争それ自体を違法化することが可能であったとしても、それは、単に現存する経済的格差や宗教的対立を隠蔽することでしかないと批判している（Strauss［1964: 5–6］）。

(9) 例えば共和主義の研究で名高いJ・G・A・ポーコックは、「預言者と審問者」と題された論稿において、シュトラウス的解釈手法、並びにそれを増幅したシュトラウスの弟子の解釈方法を手厳しく批判している。ポーコックに拠れば、シュトラウスが参照している中世ユダヤ・イスラムの秘教的解釈は、実際には「時に驚くべきほど公然と」そこに「秘教」が存在するという伝承に拠るものであるが、シュトラスはそうした伝承とは無関係に、「秘教」の隠蔽それ自体を探し出そうとしている。しかしながら、こうした「意味の隠蔽」ではなく「意味の隠蔽自体の隠蔽」を暴き立てようとすることは、自縄自縛に陥らざるを得ない。「目下、明らかに危険であるのは、秘教の言葉を発見したという解釈が未検証である場合、それが秘教の言葉それ自体に成りうること、陰謀を発見したという者自身が陰謀者と成りうるということに他ならない」(Pocock［1975: 389］)。

(10) 例えば、以下のようなフレーズはその典型である。「人間は少なくとも潜在的には一個の全体ではあるが、単により大きな全体の一部分でしかない。人間は一種の世界を形成しながら、そして一種の世界でさえありながら、一つの小さな世界、小宇宙でしかないのである。これに対し大宇宙、つまり人間の所属する全体は人間的なものではない」(Strauss［1989: 48＝1996: 48］)。

(11) シュトラウスと「新保守主義」との関係を喧伝するものへの批判としては、柴田［2004］を参照。「リベラル・エデュケイション」をめぐるシュトラウスとアラン・ブルームとの差異に関しては、添谷［1992］、アメリカ建国論をめぐるシュトラウス派内部の温度差については、Drury［1999: 97f.］を参照。ドゥルリーの「秘教性」を重視したシュトラウス解釈には必ずしも同意できないが、こうしたシュトラウス派における受容の差異の検証は示唆に富んでおり、非常に重要な論点を提起している。

結論

本書はハンナ・アーレントが論じる「政治」、「公共性」とはどのようなものか、また現代社会においてどのような意義があるのかについて、《祝祭》という視点から理解する試みを行ってきた。この試みから明らかにされたことを最後に簡単に確認しておきたい。

(1) アーレント「全体主義」論における「全体」とは、人間の内面／外面の「全体」を支配し、また地上「全体」を統治の対象とするものであること。その政治的独自性とは、「悪い連中、余計な奴ら」を地上から一掃するという単純なテーゼをラディカルに実践しようとした点にあること。そしてこの「全体主義」のプログラムは、一部の狂信者の戯言ではなく、確実性への欲望に囚われた大衆社会において「魅力」を持つ点にアーレントが注目していること。

(2) アーレントの「公共性」は、ファシズムの政治運動を排除するものではなくむしろそれを内包するものであり、この両者を統合する《祝祭》性という視点にこそ、その思想的意義が存在すること。この《祝祭》性の政治学は、彼女の思想とジャン＝ジャック・ルソー、マルティン・ハイデガーとの距離を検証することで明らかになること。すなわち「現れの空間」としての公的領域は、「演技者が同時に見物人である」ような場である点でルソーの議論と近接し、またそれが日常的に反復される関係性を覆し「不気味なもの」を呼び込む点でハイデガーの議論と重なり合うこと。

（3）アーレントの「公共性」は、記憶の共同体としての「ポリス」の「再現前《レプリゼンテーション》」の回路を経て、カール・シュミット同様にナショナリズムの言説と結びつくものであるが、それはまた同時に、人びとが集合する際にその都度遍在的に生起するという別回路によってネーションの同一性を解体するものでもあること。つまり、シュミットが「友／敵」の境界から「友」を「友」と同定する空間を重視したのに対し、アーレントは「友」と「敵」とが遭遇する公的場面への眼差しを保有していること。

（4）アーレントの「公共性」と「法─権力」論との接点は、そのアメリカ革命論に見出すことができること。革命は旧秩序からの「解放」と新たな法秩序の再編である「創設」の狭間にあり、そこでゲームのルールを変える試みである「活動」action は「創設」に至ることを予め保証するものではないこと。その試金石となるのは、共同体の最初の出発が法秩序の原理として尊重されるかどうかにあり、それは図らずも古代ローマ的「権威」概念の再生として捉え返すことができること。

（5）アーレントの古代ギリシア「ポリス」論には、失われた公共性を「制度」として再生させる試みと、その公共性が特定の国家制度に還元され得ない「現象」として遍在的に生起するという二つの次元が存在すること。前者の議論は説得力を欠く点が多いが、後者は現代においてもなお貴重な論点であること。そこから導き出される歴史観は、過去を骨董品として扱うものでもなく、勝者の歴史の影で忘却された敗者の「物語」の多様性を論じるものでもなく、現代のわれわれがアクチュアルな「物語」として引用する可能性を開くものであること。

（6）アーレントの「公共性」は、プラトン以後西洋政治思想に伝統的な「全体」論――個々の「部分」的利害を統合した秩序としての「全体」――とは異質なものであり、それは「世界」という言葉で表されるものであること。つまり「私的領域／公的領域」は、「部分―全体」という関係にあるものではなく、それぞれが独立した秩序を構成していること。それゆえ「公共性」は私的利害を調停する一つの特権的な審級を志向するものではなく、ときに競合・対立し合う空間であること。

アーレントの政治思想の大きな特徴は、「私的なもの」と「公的なもの」それぞれが独立した秩序であることを強調する点にあり、それらの循環の契機、私益と公益との接合についてはほとんど考察の対象とされていない。このような独特の「公共性」について、本書は《祝祭》という用語を用いることにより、それを平明な言葉で捉え返し、リベラリズムや共和主義という枠組みでは捉えきれない部分を明るみに出そうと努めてきた。そのような意味では、本書は問いかけや批判なしに専門用語《ジャーゴン》の訓詁学とならないように努め、また出来合の政治運動（市民運動、フェミニズム[1]、ナショナリズムetc.）に収まりきらない部分にこそ、その思想を論じる意味があるという点を強調してきた。「アーレント」を他に交換可能な記号として論じないこと。それが本書で守ろうとした作法であるが、それがどれほど果たされているかは読み手の判断に委ねることにしたい。

公共性、全体主義、政治と哲学との関係など、本書で取り上げた議論はアーレントの思想の一部であり、むろんこれですべてが語り尽くされたわけではない。その他にも、悪をめぐる問題（「根本悪」と「悪の陳腐さ」）、アイデンティティ論、戦争責任論など、その問題提起は幅広く、いまなお示唆に富むものが多いがそのすべてを取り上げることはできなかった。また二十世紀のアメリカ政治思想の展開、とりわけ「保守―革新」の展開におけるアーレントの位置なども興味深いテーマではあるが、本書では十分に論じることができなかった。そしてアーレントの思想を検証していく中で、彼女の語る「政治」と「公共性」とのズレ――例えばフランス・レジスタンスという隠れた政治行為は「公的領域」にあると言えるのか［BPF：3＝1］――も気になったが、これらの論点は今後の研究課題とすることにしたい。

ただこれとは別に、判断力論、制度論、メディア論という三つの論点について、本書で言及できなかった点について最後に補足しておきたい。

まず「判断力」論についての言及が限定的である点について。本書は《祝祭》という視点からアーレントの公共性を捉えることにより、それが価値判断（よい政治／悪い政治）とは別に、それ以前に成立するという解釈視点を強調してきた。「現れの空間」という公共空間とファシズムの政治運動との接点について論究してきたのは、こうした試みによるものである（第3・4章参照）。

これに対しては次のような批判を行うことができるかもしれない。確かに『人間の条件』や『革命について』での記述に従えば、そうした解釈は可能であろう。しかしながら、アーレントは「判断力」論において、政治での価値判断について重要な指針を与えたのではなかったのか。つまり「ともに行動する」契機、あるいは公共空間での「現れ」だけをアーレントの思想に認めるのは議論として不十分であり、その「現れ」の内実を吟味する「判断力」論によって補完することが重要なのではないのか。むしろ晩年のアーレントが「観照的生活」と「活動的生活」との関係を改めて問い直し、『精神の生活』三部作「思考」「意思」「判断力」を構想した（「判断力」論は絶筆となったが、その思想的原型については『過去と未来の間』や『カント判断力講義』から知ることができる）ことを考え合わせるならば、その「判断力」論こそアーレント政治思想の集大成として検証する必要があったのではないか。

以上のような批判に対し、本書は次のように考えるものである。確かにこの「判断力」には、重要な論点――他者の思考を現前化させる「視野の広い思考様式《エンラージド・メンタリティ》」、あるいは哲学者の知恵《ソフィア》から区別される、政治的思慮《フロネーシス》（phronesis）など［BPF：220＝298］――が幾つか存在する。本書第5章でも、個別特殊なものに普遍性を見出す範例的妥当性（「美は薔薇である」ではなく「この薔薇は美しい」）について言及したが、これもその「判断力」論の一部を構成する議論である。しかしながら本書でこれを主たる考察の対象とせず、限定的な言及に留めたのは（紙数の制約という点もあるが）、第一に、この「判断力」論がアーレント政治思想に占める位置が不明瞭であるからであり、第二にその不明瞭さが仮に取り払われたとしても、それが実践的次元での政治的判断とどう結びつくか疑問であるように思

える からである。

「判断力」論に注目するアーレント研究は多いが、それが注目されるのは「活動」と「思考」とを架橋する能力として、実践的かつポジティヴな「答え」を提示するからだろうと推測できる。しかしながら、アーレント自身がこの「判断力」をどれだけ包括的な「答え」として位置づけていたか疑わしい。「判断力論をアーレント政治哲学の頂点となる統合的契機、つまり思考と活動との裂け目を最終的に克服し止揚《アウフヘーベン》する契機とみなす政治理論家の傾向」（Villa［1999 : 88＝2004 : 136］）は、ヴィラが正しく批判しているように、妥当であるとは思えない。

例えばロナルド・ベイナーは、この「判断力」が一方で当事者である行為者《アクター》の「活動」と結びつき、他方で部外者の見物人《スペクテーター》の能力とされているように、二つの位相があることを早くから指摘した。つまり当初「行為者《アクター》」の実践能力として捉えられていた「判断力」が、次第にアーレントの中で異なった関心の一部となり、見物人《スペクテーター》の能力へと重点を移動させていった点を論証し、この関係をどう捉えるかについて重要な問題提起を行った。

ベイナーの先駆的な研究の意義は、この二つの「判断力」に対するアーレントの叙述の変化を明らかにしたことに留まらない。例えば、「判断力」の理論のためになぜカントが唯一の典拠とされたのか、また実践的関心から距離を置くカントの「判断力」を、実践知としてのアリストテレス「思慮《フロネーシス》」と接合できるのか、つまり（ガーダマーが批判するように）「共通感覚《センスス・コムニス》」に内包される古典古代の道徳性がカントの「判断力」では消失しているのではないのか、と疑問を投げかけている。そして最終的に、アーレントは単一で分割できない「判断力」を考察対象とするに至ったが、それはもはや政治的判断力とは言えないのではないのか（Beiner［1982: 131f. ＝1987: 198f.］）と論じている。こうした「判断力」論の曖昧さと隘路についてのベイナーの指摘は重要であり、その先駆的な議論の意義は現在も色褪せていない[2]。

ベイナーが指摘したように、アーレントの「判断力」論をどの程度政治的判断力として論じることができるか大いに疑わしい。つまり政治における「判断力」が重要であることは疑いないが、その際にわれわれが政治の「判断力」としてイメージする「あれかこれか」の選択と、アーレントのそれとのあいだには大きな断絶があるように思える。

例えば、われわれは将来において何を実現すべきか「判断」し、そのために何を優先課題として取組むべきか「判断」し、またその際に誰を信頼すべきか「判断」し、あるいはどのような情報を公に／秘密にするか「判断」する。またときにはシュミット的な「決断」にあるように、極限状況下で誰を生かし誰を殺すかを「判断」することを迫られるかもしれない。つまりわれわれが理解する政治的判断力は、不確実な情報と一定の制限時間のなかで、不可逆的な選択を行うというゲームの中で発揮される能力であるわけだが、そのような能力を美的判断を範にしたアーレントの「判断力」論に見出すことはほとんどできない。

究極的には、政治的判断も美的なものであるのかもしれない。そしてアーレントがカントの美的判断力を、政治的判断力として読み替えた背後には、ワイマール・ドイツに典型的に見られた美学の政治性に対抗する戦略があったのかもしれない。(3) そしてvirtueやactionという政治的振る舞いを語るのに美的な比喩は必要なのかもしれない。しかしながら、アーレント自身が「精神的な類似点や影響からではなく、事実と出来事から出発する」、と言明していたことを想起するならば、彼女の「判断力」論と現実政治との接点は甚だ不十分である。「意見」の良し悪しを政治的に「判断」するには、アーレントが否定的だった統計資料を勘案し、コストーベネフィットを考慮することが必要なのではないのか。以上のような理由から本書は「判断力」論についてさしあたり部分的に言及するに留めざるを得なかった。

次にアーレントの論じる「制度」について。

アーレントの思想は「公共性」という言葉がどのような「現象」として理解できるかという点について卓越した視点を提起した。しかしながらそれを「制度」と結びつける議論は成功しているとは言い難い（この点は本書第5章で見たとおりである）。

この「制度」を現実化したモデルは、「評議会制度」council systemとして構想されており、それは歴史の中で、フランス革命期の人民協会《ソシエテ・ポピュレール》、パリ・コミューン、アメリカ革命後のジェファーソンの構想、ロシア革命でのソヴィエト、第一次大戦後のドイツでの労兵評議会《レーテ》、そして同時代のハンガリー革命において具現化されたと論じられている。

この「評議会制度」のポイントは以下のように整理することができる［OR: chap. VI］。

①それは一部の者のみが「政治」に参与する政党政治―議会制民主主義のオルタナティヴであり、誰もが日常的に政治に参加できる制度であること。評議会か政党政治かというこの制度選択は革命期において繰り返されてきたが、その両者の抗争の結果は評議会制度の失敗と敗北であったこと。

②この制度は単に議論や討論を行う場ではなく秩序の機関であり、代表者の選出を行うものであること。その際の代表者＝エリートの選抜は、上からあるいは下からの圧力によるものではなく、同輩からの信任によるものであり、その信任の指標は信頼性、行動力、判断力などであること。

③この制度は、参加する人びとが自己の意見を語り討議した上でそれを集約するという「政治」の機関であって、「経済」での経営や管理とは異なる原理によって運営される必要があること。評議会制度の過去の失敗の多くは、この政治的組織化と経済的管理とを混同させた点に関係していること。

④この制度は原則として誰にでも開かれているが、参加それ自体を強制するものではないこと。そしてこれは政治の領域に限定されるものであり、経済、芸術、科学など他の領域での代表の選出には、別の選出方法が適用される必要があること。

アーレントが述べるこうした「評議会制度」には、しかしながら、多様な難問が山積している。第一に、これらが実際には経済・社会的関係を重視した組織であったこと（Jay［1978＝1989：426–427］, Sitton［1994］）、第二に、直接民主主義に内在する諸問題――参加人員の規模、発言権・発言時間、議題の決定権と議長の存在／不在、意見の集約方法等々――を解消するものではないことが挙げられる。とりわけ「意見」の党派性や対立についてはアーレントはかなり楽観的である。「たった十人で剣に考察していたかは不明である。

もテーブルの回りに腰掛けて、めいめい自分の意見を表明し、他人の意見を聞くならば、そうした意見の交換を通じて理性的な意見の形成がなされうる」と述べるなど［CR：232–233＝233］、それがどこまで現実的に有効か疑問を感じる点が多い。この「評議会制度」の構想をアーレントがどこまで真剣に考察していたかは不明である。

それは「人民のユートピア」という表現にあるように［CR：231＝231］、ある部分希望的提言であったのかもしれない。だが他方ではそれが革命の歴史を通じて繰り返し実現された、という歴史的現実性が強調されている。その際にアーレントが驚きと共に注意深く観察したのは、一九五六年十月ハンガリーで発生した一連の革命運動であった（Arendt［1958：26］）。この革命が、知識人の主導でも、共産党指導部の「真の」共産主義者によるものでもなく、武器を持たない学生たちの抗議デモに端を発したものであったこと、それが群衆や労働者を巻き込んで大規模な武装蜂起へと拡大し、ときに群衆による秘密警察員への私刑リンチが発生したことなどを彼女は正確に把握していた。「評議会制度」の構想は、このハンガリー革命の経過で多様な評議会が自発的に発生し、重要問題を討議し、代表者を選出したという事実によって裏づけられていた（指標②）。そして政治的組織化と経済的管理との分離についても（指標③）、指導的な役割を担った労働者評議会が、工場の自主管理という経済的課題に拘束されることで失敗に陥ったことを念頭に置いたものである。

しかしながら、アーレントの「評議会制度」構想と、このハンガリー革命での評議会とのあいだには大きな断絶がある。それはこのハンガリーの評議会が、彼女が言うような「政党政治へのオルタナティヴ」ではなかったということである。評議会が行おうとしたのは、革命の過程で明らかとなった政治・経済的要求を政府当局に認めさせることであり、その諸要求の中には複数政党制による自由選挙も含まれていた。(4) 確かにハンガリー評議会の崩壊は、共産党と政府当局の弾圧による部分が大きいが、それに加えてストライキをめぐる路線対立など内部分裂が起因となっている。それゆえアーレントが論じるような「政党政治」対「評議会」という対立構造をハンガリー革命に認めることはできない。確かにハンガリーの人民は、言論と移動の自由を求めたが、それは「政党政治」から「評議会制度」への移行ではなく、一党独裁制から議会制民主主義への移行を望むものであった。

こうした「評議会制度」に見られるアーレント「制度」論の皮相さは、何かを新しく開始する「活動」action と、日常業務である「振る舞い」behavior との区分を強調したことに由来するものであり、ある部分避けられない理論的帰結なのかもしれない。つまり、「活動」が既存の政治体制に否を突きつけ変革を促すものであるとしても、それは変革の後の制度設計・組織運営について具体的指針を示すものではない。

アーレントの思想の中では、一方で「全体主義」が大きな存在として否定されながらも、その他方で良き法秩序のデザインへの関心は薄く、アメリカ革命論での「創設」に見られるような抽象的・形式的な法秩序論か（第5章参照）、あるいは評議会制度のような議論に限定されている（より包括的な良き秩序のデザインは、哲学者の「制作《ワーク》」的発想として否定される）。例えば「官僚制」などについても、「無人支配《ノーマン・ルール》」として、政治的自由を奪う新たな抑圧制度として論じられるだけであり、行政などの業務運営に結びつく議論は乏しい。確かに、政党政治や主権国家という統治制度は、アーレントが論じるように歴史を見れば絶対的なものではなく、それとは別の制度を構想する議論は必要なのかもしれない。しかしながらそれは、アーレントがこだわった「評議会制度」とは別のかたちで、別の制度の構想において行われるべきだろう。

そしてアーレントにおける「公共性」と「メディア」との関係について。

本書で見てきたように、アーレントの「公共性」のモデルは、古代ギリシア「ポリス」にしてもアメリカ革命期のものにしても、人びとが直接その姿を現し、相互に対峙《フェイス・トゥ・フェイス》し、自らの言葉で語り合う空間を原型とするものであった。それを彼女自身の言葉で言えば「現れの空間」であり、本書ではそれを《祝祭》という言葉で表現してきた。

アーレントの図式に従うならば、「現れの空間」で交わされる言葉や行いは、それを見て、聞いて、記憶する他者が存在することではじめてリアリティを獲得するのであり、その言葉の偉大さは常に忘却されることと隣り合わせであった。それが忘却を免れ得たのは他者の記憶とそれを補う記録媒体《メディア》によるのであって、「詩の言葉、書かれたページや印刷された本、絵画や彫刻、あらゆる種類の記憶、文書、記念碑など」に物質化されることによって、偉大な言葉は「共通世界」に留め置かれることになる。つまりその人の「生きた精神」から紡ぎ出された言葉は、「死せる文字」となる代償を支払わねば、何もなかったかのように消滅を余儀なくされるわけである［HC: 95＝150］。

以上のような古代ポリスの枠組みからすると、メディアは「死せる文字」の集合であり、それ自体には「公共性」の意義はほとんどないことになる。第6章で見たように「物語」は、「現れの空間」で語られ・再生されることで公的次元を獲得するのであり、個々人が歴史物語や詩から受ける感銘は「観照的生活」の一部であって「活動的生活」の次元にあるものではない。そのような点で、アーレントの「公共性」論は空間性に傾斜しており、ハーバーマスのような近代以後の公共性モデル、すなわち出版メディアの勃興に伴う公共性の変質についての議論が乏しい、というベンハビブの批判は正鵠を射ている（Benhabib［1996: 200］）。

しかしながら、むろんアーレントがメディアが担う公共性の次元を知らなかったわけではない。アメリカに亡命したアーレントが「ユダヤ人として」起こした最初の行動《アクション》は、ドイツ語新聞『アウフバウ』のコラム寄稿を通じて「ユダヤ人問題」を喚起することであり、より具体的にはナチスと戦うユダヤ人軍隊の創設を訴えることであった。『全体主義の起原』以前「歴史家と時事評論家の中間のようなフリーランス・ライター」時代のアーレントの仕事の多くは、この「ユダヤ人問題」や「ドイツ問題」を世に問うことであったが、その後もメディアを通じて公民権運動や学生運動など同時代の問題に対して積極的な提言を行っている。

また「外国語新聞における国外事情」（一九四四）というエッセイでは、外国語新聞がアメリカの外交政策に与える影響について言及しており、移民らが新聞メディアを通じて故国への愛国心を抱き、ときにそれがファシズムに至るプロセスを分析している［EU: 84＝(I) 116］。さらに現代政治においてテレビの果たす役割にも注目しており、ヤスパースへ宛てた手紙（一九六〇年十一月九日付）の中で、一九六〇年大統領選挙でのケネディの勝因・ニクソンの敗因が両者のテレビでの「現れ」（好印象のケネディに対してニクソンの偽善者ぶり）にあることを報告している（Arendt; Jaspers［L. 268: 441＝205］）。

これらを踏まえた上で、アーレントの「公共性」論におけるメディアの位置について二点補足しておきたい。第一に、アーレントによる公共性の次元を、彼女自らが「行動」を起こしたのと同じような文脈で、新聞、雑誌からラジオ、テレビ、そしてインターネットにまで拡張することができるだろう。むろんそれは古代ギリシアのモデルとは重ならない部分が多いが、そのメディアの領域において見知らぬ他者と「行動をともにする」act in concert 契機が訪れ、世界を変革する可能性と結びつくことは否定できない。

そして第二に、このようなメディアの興隆にもかかわらず／あるいはそれゆえに、メディアの介在なしの直接対峙の場、すなわちアーレントが語る「現れの空間」は公共性の重要な部分として依然存続していくという点である。

つまりそれは、メディアの発達は直接的な対面志向を必然的に衰退させるのではなく、それとは逆にそのメディアにおいて伝達できないリアリティを確認するために、時間と空間を共有しようとする衝動と結びつくのではないかということである。アーレントは政治における「説得」が、単なる情報交換や科学的論証とは異なるものであること、またその人が「どのような人《フー》」かはその人が「何か《ホワット》」

（国籍、職業、年齢、性別 etc.）に還元され得ない点を強調していた。このことは、メディアがいかに発達してもそれだけでは汲み取ることのできない「公共性」の重要な次元が「現れの空間」にあること、そしてその次元こそアーレントが「ポリス」を通じて言語化しようとしたものであるように思えるのである。

最後に、エリザベス・ヤング＝ブリューエルの「なぜアーレントが重要なのか」Why Arendt Matters? という問いかけに対する暫定的な回答を行うことで本書の結びとしたい。

アーレントから直接薫陶を受けたヤング＝ブリューエルは、師の浩瀚かつ詳細なライフヒストリー『ハンナ・アーレント：世界への愛』を描いたことで有名であり、同書は現在においても第一級の研究資料として多くの研究者によって参照されている。その彼女が、近年『なぜアーレントが重要なのか』というまさに直裁的な問いかけをタイトルとする著作で、アーレントを論じることについて問題を提起した。ヤング＝ブリューエルが問題としたのは、アーレントが時代と対話し格闘し思索した中で形成された思想と概念（例えば「悪の陳腐さ」など）が、彼女自身が批判した紋切り型の主張や分析に用いられるという皮肉な状況である。彼女はこうした現状に異議を唱え、「アーレントなら現代に対してどう考えどう発言したか」という立場から亡き師との思想的対話を行っている。

ヤング＝ブリューエルはこうした思考様式に基づき、アーレント研究者しか知らない専門用語《ジャーゴン》に屋上屋を架す不毛な議論を排し、誰もが知っている政治的事実にその思想の息吹を読み込む作業を展開していく。例えば『人間の条件』で際だった政治活動《アクション》とされる「許し」は、南アフリカの真実和解委員会（TRC）のプログラムの中に息づいているとされ、また主権国家の枠組みを超えた「評議会制度」のプロジェクトは、アーレントが生きていた当時は誰にも真剣に扱われなかったが、EUの多様な試みの中で実現されつつあるとされている（この点は同意できない旨、先述した通りである）。

さらに9・11以後のアメリカ政治の惨状を俎上に載せ、「もしハンナ・アーレントが二〇〇一年に生きていたとしたら、彼女は書机に直行し、世界貿易センターは真珠湾ではないし、『テロにたいする戦争』は意味のない言葉だと意義を唱えただろう」（Young-Bruehl［2006＝2008: 14］）と主張する。この「テロにたいする戦争」という空疎なフレーズで「政治」が論じられる現状と、アーレント当時の反共主義のイメージ操作（ベトナム戦争におけるドミノ理論 etc.）とを重ね合わせ、彼女が抱いていたアメリカの行く末に対する危機感を同時代のものとしている。

しかしながら、この「時代がようやくアーレントの思想に追いついた」とでも言いたげなヤング＝ブリューエルの叙述には、師を崇拝する弟子の姿を認めざるを得ない。「訳者あとがき」によると、やはり著者のアーレント礼賛論を批判する論者は少なくないらしい。

アーレントが「精神的な類似点や影響からではなく、事実と出来事から出発する」ことを旨としたことは先に触れたが、その政治思想が現実政治と接合する上で多様な難題を抱えていること——例えば「政治」と「社会」との区分へのこだわり、経済問題・教育問題の「政治」領域からの除外など——に多くの論者から批判が投げかけられてきた。生前から繰り返されてきたこうした批判を乗り越えるような視点を、ヤング＝ブリューエルが提起しているとは言い難い。近年のアーレント研究はまさにこうした難点を乗り越えるために、「アーレントと共に／アーレントに抗して」というスタンスに基づき、多様な理論展開を行ってきたが、これらの研究成果への評価（肯定・否定はともかく）はほとんど見受けられない。

しかしながらそれでもなお「なぜアーレントが重要なのか」というヤング＝ブリューエルの問いかけは、専門用語《ジャーゴン》の議論が蔓延る中で重要であることに変わりはない。本書ではそれに対して彼女とは別の回答を提示してきたつもりである。すなわち、誰かの呼びかけに応じて人びとが集まり、語り合い、何かを実現させるための企てを共有していくこと。その企てが「私」個人の問題ではなく、他者とのあいだにある共通の「世界」の在り方に関わるものであること。主として古代ギリシア・ポリスを中心とするこのような「政治」の根源的なものへの洞察こそ、「なぜアーレントが重要なのか」という問いかけに答えるものであり、本書ではそれを《祝祭》という言葉で理解する試みを行ってきた。それによって、アーレントの政治論の意義は、個人の権利を重んじる「リベラリズム」にも、共同体の先行性を強調する「コミュニタリアニズム」にも還元できない独自の思想圏にあること、すなわち他者と「行動をともにする」こと自体に「政治」の端緒を見出そうとする部分にあることを鮮明にしようと努めてきた。

そしてこの《祝祭》の政治学において強調したのは、アーレントの論じる「政治」が「よい／悪い」という区分以前、すなわち善悪の彼岸にあるということである。この点について、本書ではアーレントの思想とファシズムの政治との距離を検証し、両者が相互に反発するのではなく、前者が後者を包み込む点にこそ、その思想的意義があることを論じてきた。逆を言えば、アーレントの思想の重要性は「デモクラシー」の基礎づけにあるのではなく、その存立基盤を問い直す点に存在する。すなわち、言語行為としての「活動」が、他者との共同性を創出し、あるいは解体するのであるならば、それは「デモクラシー」成立以前のコミュニケーションの可能性／不可能性を問うことになるだろう。本書で述べてきたように、「複数性」や「現れ」という用語は、アーレントが論じる「政治」の出発点あるいはその存立要件なのであって、それが何らかの目指すべき目標や道徳的基礎づけとなるという理解を本書は行っていない。

そして前述したように、その「判断力」論を下敷きにして「活動」の「よい／悪い」を判断することにアーレントが成功したとは言い難い。むしろ政治における「活動」の指標となるのは「道徳的基準」ではなく、言葉の「偉大さ」であるという点を想起するならば［HC：205＝330］、それを「道徳」や「人間性」の復権などの言説と安易に結びつけることは、アーレントの思想自体の深みを平板なものとすることになるのではないだろうか。

アーレントの政治思想の意義は、言語がわれわれの「他者」であるにもかかわらず、その言語によってしか相手を説得できないという「政治」の両義性に対して、われわれの注目を促した点にある。自分が発した言葉が他者にどのように受け取られるかは不確定であり、ときに過去の自分の言葉によって行動が制約され続けること。政治の「現れ」の世界では、偽りの「仮面《ペルソナ》」と本心とを区分することは困難であり、またその「仮面《ペルソナ》」の振る舞いがしばしば感動を呼び起こすこと。あるいは何千語・何万語を費やしても到達できない説得や和解が、時にたった一つの言葉によって達成され得ること。アーレントの議論の一つ一つに、こうした言語と政治との奇妙な関係への「驚き」を認めることができる。この言語と政治との関係への「驚き」を共有し、その限界を踏まえながら可能性に投企すること。その誰もが可能な試みの中から「公共性への冒険」が始まるのである。

註

（1）アーレント自身がフェミニズムには関心を示さなかったことはよく知られている（Young-Bruehl［1984：97＝1999：152］）。一九七〇年代・八〇年代初期のフェミニズム論では、アーレントに期待を込めて向かいながら、ある者は失望し（アドリエンヌ・リッチ）、ある者は女性的な共同性の萌芽を見出した（ナンシー・ハートソック）。しかしながらそもそもこの両極的な対応は、「彼女〔＝アーレント〕は女性であるのだから、女性中心的な政治理論を展開したと期待した」という前提に拠るものであった（Honig［1995a＝2001：12］）。

一九九〇年以降のフェミニズム的解釈、B・ホーニグやS・ベンハビブらフェミニズム解釈は、そうした前提を批判した上で展開されたものであるが、それらが果たして「アーレント」のテクストを本当に必要としているのかについては疑問を感じる。この点については序論の批判を参照。

しかしながらこのことはむろんフェミニズム研究それ自体の重要性を損なうものではない。例えばフェミニズム研究では、アメリカ革命において新たに家庭における女性の仕事に公的な意味が与えられた点、すなわち「共和国の母」という公的存在が誕生したことが指摘されているが（有賀［1988：18］）、アーレントのうちにこうした議論はほとんど見出すことはできない。以上のような理由から本書ではフェミニズム的解釈についてはほとんど言及しなかった。

(2) アーレントを政治的実存主義として批判したマーティン・ジェイ(Jay [1978=1989])は、その後政治の美学化を扱った論稿で、その「判断力」論に注目し、それをリオタールのカント解釈と同様肯定的に評価するなど解釈を大きく変えるに至っている。「しかしその欠陥がなんであろうと、美的判断と政治との、幸運がありえるかもしれない結びつきに関するリオタールとアーレントの思想はともに、政治の美学化の変種が一つ残らず同一の陰惨な結末に行き着くとは限らない、ということを有益にも思い出させてくれる」(Jay [1993=1996:127])。

しかしながら、このジェイの解釈においては、アーレントとリオタール、両者のカント解釈とその政治的含意の相違——カントの「崇高」das Erhabene 論を捨象して「共通感覚」sensus communis を再評価するアーレントと、それとは逆に「共通感覚」から切り離された「崇高」論の政治性に注目するリオタールとの相違——が言及されていない。この両者の相違に関しては、Clarke [1994] を参照。また、リオタールによるカント解釈の政治性を、二十世紀的における政治思想と美学との相関関係に位置づける作業は、小野 [1999:239–255] の卓越した論稿で展開されており大きな示唆を受けた。

(3) いわゆる「美的モデルネ」と呼ばれる芸術的風潮(十九世紀後半からワイマール期にかけての、自然主義、ネオ・ロマン主義、表現主義等)は、十九世紀的人文教養主義―古典主義美学への批判として台頭したが、それは単なる芸術論に留まらず戦間期ドイツの政治的思考様式を規定していた(上山 [1984:81–142]、Gay [1968=1970→1987])。その「モデルネ」が示す政治性は——「衝撃的恐怖の美学」Ästetik des Schreckens(カール・H・ボーラー)という言葉に端的に表されるように——、体制秩序の自明性を根底から揺さぶる破壊力を秘めていたが、それは同時に社会的共同性を欠いていたため、政治的プログラムに変換された際に限りなく暴力的な運動へと成らざるを得なかった。

アーレントは、全体主義の展開過程において、一部の知的エリートがテロリズムを「表現主義」として称賛していた点を批判している [OR (III):332=49] が、それは必然的に、「衝撃的恐怖の美学」の代表としての師ハイデガーの芸術論と、その危うい「政治」への批判をも意味している(こうした態度は、T・ドイプラーに影響を受けつつも、カトリックのフォルムに固執したシュミットも同様である。本書第4章参照)。アーレントがハイデガーの芸術論を踏まえつつも、敢えてカントの美学・美的判断力に回帰し、しかもリオタールとは異なりハイデガーの美学・芸術論により親和的なカントの「崇高」論ではなく「趣味」判断に向かったのも、こうした危うさを孕むモデルネの美学とは異なるかたちで、政治と美との関係を論ずる途を模索したように思えてならない。

(4) 「政治的諸組織の「綱領」・要求は、工科大学の16項目から連立諸党の構想を経て、さまざまなキリスト教的色彩を持つグループの目指すものまで、本来的に同じことを策定している。議会制民主主義、古典的な市民と人間の自由と尊重を旗印に掲げたが、鉱山・工場・銀行の国有化、社会的な政策（労働の権利、医療・教育の無料など）の維持に疑問符をつけなかったし、それどころか賛成の声をあげている」(György［1991＝2006: 112］)。また政治的要求についてはLomax［1976＝2006: 194, 218］も参照。

あとがき

本書は、東京大学大学院総合文化研究科（国際社会科学専攻）に、博士学位請求論文として提出し受理された『「祝祭性」「物語性」「公共性」――ハンナ・アーレントと「政治」の両義性』を改編し、加筆したものである。各章を構成する論文の初出は以下のとおりである。

第一章――書き下ろし

第二章――「ハンナ・アーレントと〈ユートピア的なるもの〉――その全体主義論におけるニヒリズムとユートピアニズム」『筑波法政』（筑波大学社会科学系）、第二四号、二三五―二五三頁。一九九八年三月。

第三章――「政治の祝祭性、祝祭の政治性――ハンナ・アーレントと《祝祭的なるもの》」『筑波法政』（筑波大学社会科学系）、第二五号一〇三―一二三頁、一九九八年、十二月。

第四章――「国家・美・公共性　――ハンナ・アーレントとカール・シュミットにおける

『代表—再現前《レプリゼンテーション》』」『ネイションの軌跡：ライブラリ相関社会科学（7）』（新世社）第七巻、二八一—三〇五頁、二〇〇一年、六月。
第五章——「『法』『権力』と『革命』のアポリア——ハンナ・アーレントにおける『革命』の両義性」『政治思想研究』（日本政治思想学会）創刊号、一三九—一六〇頁、二〇〇〇年、五月。
第六章——「破壊／救済としての〈歴史—物語《ゲシヒテ》〉——ハンナ・アーレントにおける『イソノミア』の非在性と遍在性」『相関社会科学』（東京大学大学院国際社会科学）第九号　六六—七九頁、二〇〇〇年、三月。
第七章——「全体性」としての政治、「世界性」としての政治——レオ・シュトラウスとハンナ・アーレントにおける「政治」と「哲学」『社会思想史研究』第三二号、一〇八—一二三頁、二〇〇八年、十月（文部科学省科学研究費補助金の研究成果の一部）。

思い起こしてみると、ハンナ・アーレントに取り組むきっかけとなったのは、「この人が言っている『政治』って一体何なのか」「それは現代社会でどのような意味があるのか／ないのか」という素朴な問いであった。その問いからこうした一冊の書物が生まれたことに、私自身正直驚いている。

本書は多くの方々の御助力の賜物であり、ここで関係者の方々に謝辞を記しておきたい。

まず筑波大学時代からの三石善吉先生（現・筑波学院大学）の導きがなければ、本書はおろかその元となる論文一本も存在しなかっただろう。「論文の表現はシンプル・イズ・ベスト」という先生の指導は、個々の論文を学位論文に直し、また加筆・修正する段階でその意義を再認識したが、それと同時に自分の力不足を痛感した次第である。他にも筑波大学大学院社会科学研究科で御指導頂いた先生方、お世話になった院生の方々に感謝を申し上げたい。

森政稔先生（東京大学）には、学位論文の手続きでお世話になったが、それ以上にその該博な知識と深い思想から大きな影響を受けてきた。政治思想という学問が陳腐な説教やシニカルな居直りなどではなく、非常にスリリングな探究であることは、先生の御論稿やゼミから気づかされた点が大きい。「政治思想に何ができるか」という先生の問いかけは、本書の執筆において常に念頭にあったが、その回答については残念ながら十分に論じることはできなかった。この点については引き続き今後の課題としていきたい。

山脇直司先生（東京大学）、柴田寿子先生（元・東京大学、故人）からは論文の審査委員として御批評・御助言を頂いたが、本書では拙い応答しかできていないのではないかと危惧している。とりわけ、今年若くして亡くなられた柴田先生には結局本書を献呈できず、学恩に報いることができなかったのが悔やまれる次第である。

千葉眞先生（国際基督教大学）には論文審査のみならず本書の出版を推薦して頂いた。院生時代に私がアーレントについての質問に伺ったとき、対等な研究者として議論にお付き合い下さったばかりか、貴重な研究資料を快くお貸し頂いたことに感銘を受けたものである。本書のような異なったアーレント解釈に対しても適切な御批評・御助言を頂いたことは、本書の大きな糧となっている。

そして明治大学法学部で「社会思想史Ⅰ・Ⅱ」の講義を聴いてくださった学生の皆さん、また講義の機会を提供してくれた櫻井直文先生、山泉進先生（ともに明治大学）に感謝を申し上げたい。社会思想史を初学者に講義することを通じて、自分自身の研究についても「なぜそれが重要か」を吟味することになったが、それは本書をアーレント研究者以外の読者が読めるようなものへ改稿することにつながった。

「アーレント研究者以外の者が読んでも分かるようなもの」という御助言は、出版に際して勁草書房の関戸詳子さん、徳田慎一郎さんから頂いたものでもあった。本書はそうした点から、学術書にありがちな専門用語《ジャーゴン》で専門用語を語るという様式に陥らないように努めてきたつもりであるが、難渋な点があるとすればそれは筆者の技量の限界を意味している。それでも本書が少しでも読みやすいものになったとしたら、それは丹念に目を通してくれた担当の関戸氏の御尽力による所が大きい。深く謝意を表したい。

最後に、父の實、母のなをゑにも深く感謝したい。父母の理解と支援がなければ正直このような研究を続けることはできなかっただろう。私のような浅学非才の者が何とかこのような書物を纏めることができたのも、ひとえに父母のおかげであると考えている。

他にもたくさんの先生方、先輩方の御助力をたまわった。本書がそうした御助力に見合う内容となっているかは心許ないが、ハンナ・アーレントという思想家を通じて「政治」や「公共性」を問い直すきっかけとなれば幸いである。

二〇〇九年八月

石田　雅樹

事項索引

ア　行

カ　行

サ　行

タ　行

人名索引

ア 行

カ 行

サ 行

タ 行

ナ 行

ハ 行

マ　行

ヤ　行

ラ，ワ　行

参考文献

文献 I――アーレント文献

I-A：著作

アーレントの著作は以下のように略述した．引用は基本的に各邦訳に依拠しているが，用語の統一や原文の構造を重視して変更している箇所もある．

LSA …… Der Liebesbegriff bei Augustin, Joanna V. Scott and Judith C. Stark (trs.) *Love and Saint Augustine*, The University of Chicago Press, 1929→1996. ＝2002　千葉眞（訳）『アウグスティヌスの愛の概念』みすず書房.

OT …… *The Origins of Totalitarianism*, New edition with added prefaces, Harcourt Brace & Company, 1951→1973. ＝1972→1981　大久保和郎・大島かおり（他訳）『全体主義の起原』（第一巻：反ユダヤ主義，第二巻：帝国主義，第三巻：全体主義）みすず書房（邦訳の底本は独版 *Elemente und Ursprünge totaler Herrschaft*, Europäische Verlagsanstalt, 1962）.

HC …… *The Human Condition*,（2nd edition）, The University of Chicago Press, 1958→1998. ＝1994　志水速雄（訳）『人間の条件』ちくま学芸文庫.

BPF …… *Between Past and Future : Eight Exercises in Political Thought*, New and Enlarged Edition, Penguin Books, 1961→1968. ＝1994　引田隆也・齋藤純一（訳）『過去と未来の間：政治思想への8試論』みすず書房.

RV …… *Rahel Varnhagen: The Life of a Jewess*, First Complete Edition, Liliane Weiss berg (ed.), Richard and Clara Winston (tr.), The Johns Hopkins University Press, 1958. ＝1985　寺島俊穂（訳）『ラーヘル・ファルンハーゲン：あるドイツ・ユダヤ女性の生涯』未来社.

EJ …… *Eichmann in Jerusalem: A Report on the Banality of Evil*, Revised and Enlarged Edition, Penguin Books, 1963→1965. ＝1969→1994　大久保和郎（訳）『イェルサレムのアイヒマン：悪の陳腐さについての報告』みすず書房.

OR …… *On Revolution*, Penguin Books, 1963→1965. ＝1995　志水速雄（訳）『革命について』ちくま学芸文庫.

MDT …… *Men in Dark Times*, Harcourt Brace & Company, 1968. ＝1972→1986　阿部斉（訳）『暗い時代の人々』河出書房新社.

CR …… *Crises of the Republic*, Harcourt Brace & Company, 1972. ＝2000　山田正行（訳）『暴力について：共和国の危機』みすず書房.

LM …… *The Life of the Mind, vol. 1, Thinking, vol. 2, Willing*, Harcourt Brace & Company, 1978. ＝1994　佐藤和夫（訳）『精神の生活』（上：思考・下：意志）岩波書店.

LKPP …… Ronald Beiner (ed.) *Lectures on Kant's Political Philosophy*, University of Chicago Press, 1982. ＝1987　浜田義文（監訳）『カント政治哲学の講義』法政大学出版局.

WP …… Ursula Ludz (hrsg.) *Was ist Politik?: Fragmente aus dem Nachlaß*, Piper, 1993. ＝2004　佐藤和夫（訳）『政治とは何か』岩波

書店.

RJ …… Jerome Kohn (ed.), *Responsibility and Judgment*, Schocken Books, 2003. ＝2007　中山元（訳）『責任と判断』筑摩書房.

EU …… Jerome Kohn (ed.) *Essays in Understanding: 1930–1954*, Harcourt Brace & Company, 1994. ＝2002　齋藤純一・山田正行・矢野久美子（訳）『アーレント政治思想集成：(1) 組織的な罪と普遍的な責任，(2) 理解と政治』，みすず書房.

Denk …… Ursula Ludz, Ingeborg Nordmann (hrsg.), *Denktagebuch 1950–1973*, (1・2), Piper Verlag GmbH., 2002. ＝2006　青木隆嘉（訳）『思索日記：(Ⅰ) 1950–1953，(Ⅱ) 1953–1973』法政大学出版局.

I–B：その他の論文，シンポジウム

Arendt, Hannah 1943→1994　“Portrait of a Period, A review of Stefan Zweig, *The World of Yesterday: An Autobiography*” in *Menorah Journal* 31: 307–314.

――――　1958　“Totalitarian Imperialism: Reflections on the Hungarian Revolution”, *The Journal of Politics*, 20 (1): 5–43.

――――　1954→1990　“Philosophy and Politics,” *Social Resarch*, 57–1: 73–103. ＝1997　千葉眞（訳）「哲学と政治」『現代思想』25 (8)：88–110.

――――　1972→1979　“On Hannah Arendt” in Melvyn A. Hill (ed.) *Recovery of the Public World*, St. Mattin's Press Inc.: 301–339.

I–C：書簡集（書簡番号は L. で略記）

Arendt; Heidegger　1998　Ursula Ludz (hrsg.) *Briefe 1925 bis 1975 und Andere Zeugnisse*, Vittorio Klostermann. ＝2003　大島かおり・木田元（訳）『アーレント＝ハイデガー往復書簡：1925－1975』

みすず書房.

Arendt; Jaspers　1985　Lotte Köhler and Hans Saner (hrsg.) *Hannah Arendt Karl Jaspers Briefwechsel 1926–1969*, Piper. ＝1992 Robert Kimber and Rita Kimber (tr.) *Hannah Arendt Karl Jaspers Correspondence 1926–1969*, Harcout Brace & Company. ＝2004　大島かおり（訳）『アーレント＝ヤスパース往復書簡　1926–1969：(1)～(3)』みすず書房.

Arendt; McCarthy　1995　Carol Brightman (ed.) *Between Friends: The Correspondence of Hannah Arendt and Mary McCarthy 1949–1975*, Harcourt Brace & Company. ＝1999　佐藤佐智子（訳）『アーレント＝マッカーシー往復書簡：知的生活のスカウトたち』法政大学出版局.

Arendt; Blücher　1996　Lotte Köhler (hrsg.) *Briefe 1936–1968*, Piper. ＝2000　Peter Constantine (tr.) *Within Four Walls: The Correspondence between Hannah Arendt and Heinrich Blücher, 1936–1968*, Harcourt Inc. .

Arendt; Broch　1996　*Hannah Arendt Herman Broch: Briefwechsel 1946–1951*, Jüdischer Verlag.

文献　II

Adorno, Theodor W.　1964　*Jargon der Eigentlichkeit zur deutschen Ideologie*, Suhrkamp. ＝1993　笠原賢介（訳）『本来性という隠語：ドイツ的なイデオロギーについて』未来社.

Aristoteles　1932　H. Rackham（tr.), *Aristotle, Politics*, The Loeb classical library 247, William Heinemann Ltd. ＝2001　牛田徳子（訳）『政治学』京都大学出版会.

Augustine　1959　*La Cité de Dieu*（*Œuvres de Saint Augustin : 35*), Desclée de Brouwer. ＝1981　泉治典（訳）「神の国」(3)『アウグスティヌス著作集：(13)』教文館.

————　1966　Philip Levine（tr.）*The City of God Against the Pagans*（IV), The Loeb Classical Library 414, Harvard University Press.

Baczko, Bronislaw　1978　*Lumières de l'utopie*, Payot. ＝1990　森田伸子（訳）『革命とユートピア：社会的な夢の歴史』新曜社.

Balandier, Georges　1980　*Le pouvoir sur scenes*, Editions André Balland. ＝1982　渡辺公三（訳）『舞台の上の権力』平凡社.

Barnouw, Dagmar　1990　*Visible spaces : Hannah Arendt and the German-Jewish Experience*, Johns Hopkins University Press.

Beck, Ulrich ; Giddens, Anthony et al.　1994　*Reflexive Modernization : Poltics, Tradition and Aesthetics in the Modern Social Order*, Stanford University Press. ＝1997　松尾精文（他訳）『再帰的近代化：

近現代における政治，伝統，美的原理』而立書房.

Beiner, Ronald　1982　"Interpretive Essay" in R. Beiner (ed.) *Lectures on Kant's Political Philosophy*, University of Chicago Press: 89–156. ＝1987　岩尾真智子（訳）「解釈試論：ハンナ・アーレントの判断作用について」浜田義文（監訳）『カント政治哲学の講義』法政大学出版局：133–238.

――――　1983　*Political Judgment*, The University of Chicago Press. ＝1988　浜田義文（監訳）『政治的判断力』法政大学出版局.

――――　1990　"Hannah Arendt and Leo Strauss: The Uncommenced Dialogue," *Political Theory*, 18: 238–254.

Bendersky, Joseph W.　1983　*Carl Schmitt, Theorist for Reich*, Princeton University Press. ＝1984　宮本盛太郎・古賀敬太・川合全弘（訳）『カール・シュミット論：再検討への試み』御茶の水書房.

Benhabib, Seyla　1994　"Hannah Arendt and the Redemptive Power of Narrative," in Lewis P. Hinchman, and Sandra K. Hinchman (eds.), *Hannah Arendt: Critical Essays*, State University of New York Press, 111–142.

――――　1996　*The reluctant modernism of Hannah Arendt*, Sage Publications.

Benjamin, Walter　1940→1991　"Über den Begriff der Geschichte," in Rolf Tidemann und Hermann Schweppenhäuser (hrsg.) *Walter Benjamin Abhandlungen: Gesammelte Schriften*, Bd. I–2, Suhrkamp Verlag: 691–706. ＝1995　浅井健二郎（編訳）「歴史の概念について」『ベンヤミン・コレクション：(1) 近代の意味』ちくま学芸文庫.

――――　1935–36→1991　"Das Kunstwerk im Zeitalter seiner technischen Reproduzierbarkeit" in *Walter Benjamin Abhandlungen: Ge-*

sammelte Schriften, Bd. I-2, Suhrkamp Verlag : 431–470. ＝1995 浅井健二郎（編訳)「複製技術時代の芸術作品」『ベンヤミン・コレクション：(1) 近代の意味』ちくま学芸文庫：585–640.

——— 1933→1991 "Erfahrung und Armut" in *Walter Benjamin Abhandlungen: Gesammelte Schriften*, Bd. II-1, Suhrkamp Verlag: 213–218. ＝1996 浅井健二郎（編訳)「経験と貧困」『ベンヤミン・コレクション：(2) エッセイの思想』ちくま学芸文庫：371–384.

Berger, Peter L. 1967 *The Sacred Canopy: Elements of a Sociological Theory of Religion*, Doubleday. ＝1979 薗田稔（訳)『聖なる天蓋：神聖世界の社会学』新曜社.

Bernstein, Richard J. 1977 "Hannah Arendt: The Ambituities of Theory and Practice"in *Political Theory and Praxis: New Perspectives*, University of Minesota Press, 141–158.

——— 1990 "Judging-The Actor and the Spectator" in Reuben Garner (ed.), *The Realm of Humanitas: Responses to the Writings of Hannah Arendt.*, Peter Lang: 235–254.

Calvert, Peter 1970 *Revolution*, Macmillan. ＝1977 田中治男（訳)『革命』福村出版.

Canovan, Margaret 1974 *The Political Thought of Hannah Arendt*, J. M. Dent & Sons Ltd. ＝1981→1995 寺島俊穂（訳)『ハンナ・アレントの政治思想』みすず書房.

——— 1978 "The Contradiction of Hannah Arendt's Political Thought", *Political Theory*, 6 (1) : 5–26.

——— 1983 "A Case of Distorted Communication: A Note on Habermas and Arendt," *Political Theory*, 11 (1) : 105–116.

——— 1994 "Politics as Culture: Hannah Arendt and the Public Realm," in *Hannah Arendt: Critical Essays*: 179–205.

——— 1992 *Hannah Arendt: Reinterpretation of her Political Thought*, Cambridge University Press. ＝2004 寺島俊穂・伊藤洋典（訳）『アレント政治思想の再解釈』未来社.

Carr, Edward Hallett 1969 *1917: Before and After*, Macmillan. ＝1969 南塚信吾（訳）『ロシア革命の考察』みすず書房.

Cassin, Barbara 1989 “Grecs et Romains: Les Paradigmes de l'antiquit'e chez Arendt et Heidegger,” in Francoise Collin (ed.), *Ontologie et Politique: Hannah Arendt*, Éditions Tierce: 17–39.

Cassirer, Ernst 1932 *Die Philosophie der Aufklärung*. Veralg von J. C. B. Mohr＝1962→1997 中野好之（訳）『啓蒙主義の哲学』紀伊国屋書店.

——— 1946 *The Myth of the State*, Yale University Press. ＝1960 宮田光雄（訳）『国家の神話』創文社.

Clarke, James P, 1994 “A Kantian Theory of Political Judgment: Arendt and Lyotard,” *Philosophy Today*, 38: 135–148.

Cohn, Norman 1970 *The Pursuit of the Millennium: Revolutionary Millenarians and Mystical Anarchists of the Middle Ages*, Paladin. ＝1978 江河徹（訳）『千年王国の追求』紀伊国屋書店.

Connolly, William E. 1991 *Identity\Difference: Democratic Negotiations of Political Paradox*, Cornell University Press. ＝1998 杉田敦・齋藤純一・権左武志（訳）『アイデンティティ＼差異：他者性の政治』岩波書店.

Crick, Bernard 1979 “On Rereading the Origins of Totalitalianism” in Melvyn A. Hill (ed.) *Recovery of the Public World*, Harper & Row Publishers: 27–47.

D'Entrèves, Alexander Passerin 1967 *The Notion of the State: An Introduction to Political Theory*, Clarendon Press. ＝1972 石上良平

（訳）『国家とは何か：政治理論序説』みすず書房.

D'Entrèves, Maurizio Passerin　1994　*The Political Philosophy of Hannah Arendt*, Routledge.

Derrida, Jacques　1967　*De la grammatologie*, Les éditions de Minuit. ＝1972a/b　足立和浩（訳）『根源の彼方に：グラマトロジーについて』（上／下）現代思潮社.

――――　1977　"Limited Inc.", in *GLYPH 2*, supplement, the Johns Hopkins University Press: 1–81. ＝1988　高橋哲哉・増田一夫（訳）「有限責任会社」『現代思想』16（6）：84–185.

Drury, Shadia B.　1999　*Leo Strauss and the American Right*, St Martin's Press.

――――　2005　*The Political Ideas of Leo Strauss, updated edition*, Palgrave Macmillan.

Ehrenberg, Victor　1940　"Isonoima," in Augst F. von Pauly and Georg Wissowa（hrsg.）*Realenzyklopädie des Klassischen Aletertums: Supplements*, VII: 293–301.

――――　1960　*The Greek State*, Basil Blackwell.

Ettinger, Elzbieta　1995　*Hannah Arendt/Martin Heidegger*, Yale University Press. ＝1996　大島かおり（訳）『アーレントとハイデガー』みすず書房.

Farias, Victor　1987　*Heidegger et le Nazisme*, Editions Verdier. ＝1990　山本尤（訳）『ハイデガーとナチズム』名古屋大学出版局.

Flynn, Bernard　1992　"The Concept of the Political and Its Relationship to Plurality in the Thought of Arendt," in A.-M. A.-M. Roviello et M. Weyembergh（eds.）, *Hannah Arendt et la Modernité*, Librairie Philosophique J. Vrin: 111–123.

Frazer, Michaell.　2006　"Esotericism Ancient and Modern: Strauss

Contra Straussianism on the Art of Political-Philosophical Writing," in *Political Theory*, 34 (1)：33–61.

Friedrich, Carl J. and Brzezinski, Zbigniew K., 1965 *Totalitarian Dictatorship and Autocracy* (2nd ed.), Harvard University Press.

Fromm, Erich 1941 *Escape from freedom*, Farrar & Rinehart & inc. ＝1951→1965 日高六郎（訳）『自由からの逃走』東京創元社.

Gadamer, Hans-Georg 1977 *Philosophische Lehrjahre. Eine Rückschau*, Vittorio Klostermann. ＝1996 中村志朗（訳）『ガーダマー自伝：哲学修業時代』未来社.

Gay, Peter 1968 *Weimar Culture: The Outsider as Insider*: Harper & Row Publishers. ＝1970→1987 亀嶋庸一（訳）『ワイマール文化』みすず書房.

Gilbert, Felix 1968 "Revolution" in Philip P. Wiener (ed.) *History of the History of Ideas*, Charles Scribner's Sons. ＝1990 黒川康（訳）「革命」荒川幾男（他編）『西洋思想大事典：(1)』平凡社：389–402.

György, Litván 1991 *Az 1956–os Magyar Forradalom, Tankönyvkiadó*, Budapest, ＝2006 田代文雄（訳）『1956年のハンガリー革命：革命・蜂起・自由闘争・報復』現代思潮新社.

Habermas, Jürgen 1973→1990 *Strukturwandel der Öffentlichkeit: Untersuchungen zu einer Kategorie der bürgerlichen Gesellschaft*, Suhrkamp Verlag. ＝1994 細谷貞夫・山田正行（訳）『公共性の構造転換：市民社会の一カテゴリーについての研究』未来社.

——— 1977→1994 "Hannah Arendt's Communications Concept of Power," in *Hannah Arendt: Critical Essays*, 211–230. ＝1984 小牧治・村上隆夫（訳）『哲学的・政治的プロフィール：現代ヨーロッパの哲学者たち』（上）未来社：317–351.

——— 1989 "Heidegger —— Werk und Weltanscahuung" in V. Farias, *Heidegger und der Nationalsozialismus.* ＝1990 山本尤(訳)「ハイデガー——作品と世界観」『ハイデガーとナチズム』1-32.

Hatto, Arthur 1949 "'Revolution': An Enquiry in to the Usefulness of an Historical Term," in *Mind* 58: 495-517.

Hazard, Paul 1946 *La Pensée européenne au XVIIe siécle, de Montesquieu à Lessing*, Boivin & Cie. ＝1987 小笠原弘親・小野紀明（他訳）『十八世紀ヨーロッパ思想：モンテスキューからレッシングへ』行人社.

Heather, Gerard P. and Stolz, Matthew 1979 "Hannah Arendt and the Problem of Critical Theory" in *Journal of Politics* 41: 2-22.

Heidegger, Martin 1927→1977 *Sein und Zeit*, Gesamtausgabe, Bd. 2, Vittorio Klostermann. ＝1995a/b 細谷貞雄（訳）『存在と時間』（上／下）ちくま学芸文庫.

——— 1934-35→1980 *Hölderlins Hymnen »Germanien« und »Der Rhein«*, Gesamtausgabe, Bd. 39, Vittorio Klostermann. ＝1986 木下康光・ハインリヒ・トレチアック（訳）『ヘルダーリンの讃歌「ゲルマーニエン」と「ライン」：ハイデガー全集（39）』創文社.

——— 1935→1983 *Einfürung in die Metaphsik*, Gesamtausgabe, Bd. 40, Vittorio Klostermann. ＝1994 川原栄峰（訳）『形而上学入門』平凡社ライブラリー.

——— 1935→1977 "Der Ursprung des Kunstwerkes," in *Holzwege*, Gesamtausgabe, Bd. 5, Vittorio Klostermann: 1-74. ＝1988 茅野良男・ハンス・ブロッカルト（訳）「芸術作品の起源」『杣径：ハイデッガー全集（5）』創文社：5-95.

——— 1941-1942→1982 *Hölderlins Hymne »Andenken«*, Gesamtausgabe, Bd. 52, Vittorio Klostermann. ＝1989 三木正之（他訳）

『ヘルダーリンの讃歌「回想」：ハイデッガー全集（52）』創文社.

——— 1942→1984 *Hölderlins Hymne »Der Ister«*, Gesamtausgabe, Bd. 53, Vittorio Klostermann. ＝1989 三木正之（他訳）『ヘルダーリンの讃歌「イスター」：ハイデガー全集（53）』創文社.

——— 1936–1968→1981 *Erläuterungen zu Hölderlins Dichtung*, Gesamtausgabe, Bd. 4, Vittorio Klostermann. ＝1997 濱田恂子，イーリス・ブフハイム（訳）『ヘルダーリンの詩作の解明：ハイデガー全集（4）』創文社：109–202.

Herf, Jeffrey 1984 *Reactionary Modernism : Technology, Culture, and Politics in Weimar and the Third Reich*, Cambridge University Press. ＝1991 中村幹雄・谷口健治（他訳）『保守革命とモダニズム：ワイマール・第三帝国のテクノロジー・文化・政治』岩波書店.

Herodotos 1957 *Historiae*, A. D. Godley（tr.), *Herodotus : with an English Translation*, The Loeb Classical Library（II), William Heinemann Ltd. ＝1971/1972a/72b 松平千秋（訳）『歴史』（上／中／下）岩波文庫.

Hill, Christopher 1990 *A Notion of Change and Novelty: Radical Politics, Religion and Literature in Seventeenth-Century England*, Routledge. ＝1997 小野功生・圓月勝博（訳）『十七世紀イギリスの急進主義と文学』法政大学出版局.

Hinchman, Lewis P. and Hinchman, Sandra K. 1984 "In Heidegger's Shadow : Hannah Arendt's Phenomenological Humanism", in *Review of Politics*, 46（2）：183–211.

——— 1994a "Introduction" in *Hannah Arendt : Critical Essays*, xvii–xxviii.

——— 1994b "Existentialism Politicized : Arendt's Debt to Jaspers" in *Hannah Arendt : Critical Essays*, 143–178.

Hitler, Adorf　1925–27　*Mein Kampf*, Franz Eher Nachfolger GmbH. ＝1973a/b　平野一郎・将積茂（訳）『わが闘争』（上／下）角川文庫.

Honig, Bonnie　1991　“Declarations of Independence : Arendt and Derrida on the Problem of Founding a Republic” in *American Political Science Review*, 85（1）: 97–113.

――――　1993　*Political Theory and the Displacement of Politics*, Cornell University Press.

――――　1995a　“Introduction : The Arendt Question in Feminism” in Honig（ed.）*Feminist Interpretations of Hannah Arendt*, Pennsylvania State University Press : 1–16. ＝2001　岡野八代・志水紀代子（訳）『ハンナ・アーレントとフェミニズム：フェミニストはアーレントをどう理解したか』未来社：11–26.

――――　1995b　“Toward an Agonistic Feminism : Hannah Arendt and the Politics of Identity,” in Honig（ed.）*Feminist interpretations of Hannah Arendt*,: 135–166. ＝2001　『ハンナ・アーレントとフェミニズム：フェミニストはアーレントをどう理解したか』：194–239.

Honohan, Iseult　1990　“Arendt and Benjamin on the Promise of History : A Network of Possibilities or One Apocalyptic Moment?” in *Clio*, 18 : 311–330.

Horkheimer, Max and Adorno, Theodor W.　1947　*Dialektik der Aufklarung : Philosophische Fragmente*, Querido Verlag. ＝1990　徳永恂（訳）『啓蒙の弁証法：哲学的断想』岩波書店.

Hughes, H. Stuart　1958　*Consciousness and Society : The reorientation of European Social Thought 1890–1930*, Alfred A. Knopf, Inc. ＝1965→1970　生松敬三・荒川幾男（訳）『意識と社会：ヨーロッパ社会思想 1890–1930』みすず書房.

Huxley, Aldous　1932　*Brave New World.* ＝1968　松村達雄（訳）『すばらしい新世界』講談社.

Ingram, David　1996　“Novus Ordo Seclorum : The Trial of (post) Modernity or the Tale of Two Revolutions,” in Larry May and Jerome Kohn (eds.) *Hannah Arendt : Twenty Years Later*, MIT Press : 221–250.

Jay, Martin　1978　“Hannah Arendt : Opposing Views,” *Partisan Review*, 45 (3) : 348–368. ＝1989　今村仁司（他訳）「ハンナ・アレントの政治的実存主義」『永遠の亡命者たち：知識人の移住と思想の運命』新曜社：398–430.

――――　1993　*Force Fields : Between Intellectual History and Cultural Critique*, Routledge. ＝1996　今井道夫・吉田徹也（他訳）『力の場：思想史と文化批判のあいだ』法政大学出版局.

Jaspers, Kahl　1946　*Die Schuldfrage*, Lambert Schneider. ＝1998　橋本文夫（訳）『戦争の罪を問う』平凡社.

――――　1958　“Philosophische Autobiographie” in *Philosophie und Welt*, Piper : 275–402. ＝1965　重田英世（訳）『哲学的自伝：ヤスパース選集（14）』理想社.

――――　1978　Hans Saner (hrsg.), *Notizen zu Martin Heidegger*, R. Piper & Co. Verlag. ＝1981　渡辺二郎，児島洋，立松弘孝（他訳）『ハイデガーとの対決』紀伊国屋書店.

Kant, Immanuel　1784→1912–21　“Idee zu einer allgemeinen Geschichte in weltbürgerlicher Absicht,” in Ernst Cassirer (hrsg.) *Immanuel Kants Werke.* ＝1974　篠田英雄（訳）「世界公民的見地における一般史の構想」『啓蒙とは何か：他四篇』岩波文庫：21–50.

――――　1790→1914　Ernst Cassirer (hrsg.) *Kritik der Urteilkraft : Cassiresche Kantausgabe*, Bd. 5. ＝1964a/b　篠田英雄（訳）『判断

力批判』（上／下）岩波文庫.

——— 1795→1964 "Zum Ewigen Frieden", in Karl Vorländer (hrsg.) *Kleinere Schriften zur Geschichtsphilosophie Ethik und Politik*, Felix Meiner. ＝1985 宇都宮芳明（訳）『永遠平和のために』岩波文庫.

Kateb, George 1983 *Hannah Arendt: Politics, Conscience, Evil*, Rowman & Allanheld.

Kertzer, David 1988 *Ritual, Politics, and Power*, Yale University Press. ＝1989 小池和子（訳）『儀式・政治・権力』勁草書房.

Lacoue-Labarthe, Philippe 1988 *La fiction du politique: Heidegger, l'art et la politique*, Christian Bourgois Editeur. ＝1992 浅利誠（他訳）『政治という虚構：ハイデガー，芸術そして政治』藤原書店.

Laqueur, Walter 1974 *Weimar: A Cultural History 1918–1933*, Weidenfeld and Nicolson. ＝1980 脇圭平・初宿正典・八田恭昌（訳）『ワイマル文化を生きた人びと』ミネルヴァ書房.

Lederer, Emil 1940 *State of the Masses: the threat of the classless society*, W. W. Norton & Company Publishers. ＝1961 青井和夫・岩城完之（訳）『大衆の国家：階級なき社会の脅威』東京創元社.

Lefebvre, Henri 1965 *La Proclamation de la Commune*, Editions Gallimard. ＝1967/1968 河野健二・柴田朝子（訳）『パリ・コミューン』（上／下）岩波書店.

Linse, Ulrich 1983 *Barfüßige Propheten : Erlöser der zwanziger Jahre*, Wolf Jobst Siedler Verlag GmbH. ＝1989 奥田隆男・八田恭昌・望田幸男（訳）『ワイマル共和国の予言者たち：ヒトラーへの伏流』ミネルヴァ書房.

Lomax, Bill 1976 *Hungary 1956*, Allison & Busby, London. ＝2006 南塚信吾（訳）『終わりなき革命：ハンガリー 1956』彩流社.

MacIntyre, Alasdair　1984　*After Virtue: A Study in Moral Theory,* (2nd ed.) University of Nortre Dame Press. ＝1993　篠崎榮（訳）『美徳なき時代』みすず書房.

Meier, Heinrich　1988　*Carl Schmitt, Leo Strauss un »Der Begriff des Politischen«*, J. B. Metzlersche Verlagsbunchhandlung und Carl Ernst Poschel Verlag GmbH. ＝1993　栗原隆・滝口清栄（訳）『シュミットとシュトラウス：政治神学と政治哲学との対話』法政大学出版局.

Merriam, Charles E.　1934　*Political power: Its composition & incidence,* Whittlesey House. ＝1973a/b　斎藤真・有賀弘（訳）『政治権力』(上／下), 東京大学出版会.

Mewes, Horst　1995　"Leo Strauss and Martin Heidegger: Greek Antiquity and the Meaning of Modernity", in Peter Graf Kielmansegg, Horst Mewes, Elisabeth Glaser-Schmidt（eds.）, *Hannah Arendt and Leo Strauss: German Émigrés and American Political Thought after World War II*, Cambridge University Press, 1995.

Miller, James　1979　"The Pathos of Novelty: Hannah Arendt's Image of Freedom in the Modern World" in *Hannah Arendt： Recovery the Public World*, 177–208.

Moses, Stepahne　1986　"L'idée d'origine chez Walter Benjamin," in *Walter Benjamin et Paris*, Les Editions du Cerf. ＝1992　下沢和義（訳）「ヴァルター・ベンヤミンにおける根源の観念」『現代思想』20(13)：22–38.

Mosse, George L.　1975　*The Nationalization of Masses*, Howard Fertig Inc. ＝1994　佐藤卓己・佐藤八重子（訳）『大衆の国民化：ナチズムに至る政治シンボルと大衆化』柏書房.

Mouffe, Chantal　1993　*The Retrun of the Political*, Verso. ＝1998　千

葉眞（他訳）『政治的なるものの再興』日本経済評論社.

Neumann, Franz　1942–1944　*Behemoth―The Structure and Practice of National Socialism 1933–1944*, Oxford University Press. ＝1963　岡本友孝（他訳）『ビヒモス：ナチズムの構造と実際』みすず書房.

Nietzsche, Friedrich　1885→1969　*Also sprach Zarathustra, Ein Buch für Alle und Keinen*, in Giorgio Colli und Mazzino Montinari (hrsg.) *Nietzsche Werke: Kritische Gesamtausgabe*, Bd. VI–1, Walter de Gruyter. ＝1982　薗田宗人（訳）『ニーチェ全集：ツァラトゥストラはこう語った』（第 II 期第 1 巻）白水社.

――――　1886→1968　"Jenseits von Gut nd Böse: Vorspiel einer Philosophie der Zukunft" in Giorgio Colli und Mazzino Montinari (hrsg.) *Nietzsche Werke: Kritische Gesamtausgabe*, Bd. II–6, Walter de Gruyter. ＝1983　吉村博次（訳）「善悪の彼岸：未来の哲学の序曲」『ニーチェ全集：善悪の彼岸』（第 II 期第 2 巻）白水社.

Orwell, George　1949　*Nineteen Eighty-four*, Secker & Warburg. ＝1972　新庄哲夫（訳）『一九八四年』ハヤカワ文庫.

O'Sullivan, Noel　1975　"Hannah Arendt: Hellenic Nostalgia and Industrial Society," in Anthony de Crespigny et al. (eds.) *Contemporary Political Philosophers*, Dodd, Mead and Company. ＝1977　阿部斉（訳）「ハンナ・アレント：ギリシア的郷愁と工業社会」内山秀夫（他訳）『現代の政治哲学者』南窓社：274–299.

Ott, Hugo　1988　*Martin Heidegger, Unterwegs zu seiner Biographie*, Campus. ＝1995　北川東子（他訳）『マルティン・ハイデガー：伝記への途上で』未来社.

Ozouf, Mona　1971 / 1976 / 1977　"Le Cortège et la Ville. Les itinéraires parisiens des fêtes révolutionnaires", in *Annales E. S. C.*, 5., "L'histoire de la fête rêvolutionnaire", in *La fête révolutionna-*

rie 1789–1799, Paris, "Le Simulacre et la fête révolutionnaire", in *Les Fêtes de la Révolution, Colloque de Clermont-Ferrand* (*juin 1974*), Actes recueillis et présentés par J. Ehrard et P. Viallaneix, Paris. =1988　立川孝一（訳）『革命祭典：フランス革命における祭りと祭典行列』岩波書店.

Parekh, Bikhu　1979　"Hannah Arendt's Critique of Marx" in *Hannah Arendt: The Recovery of the Public world*: 68–100.

Pitkin, F., Hannah　1994　"Justice: On Relating Private and Public" in *Hannah Arendt: Critical Essays*: 261–288.

Pocock, J. G. A.　1975　"Prophet and Inquisitor or A Church Built upon Bayonets Cannnot stand: A Comment on Mansfield's "Strauss's Machiavelli" " in *Political Theory*, 3 (4) November: 385–401.

Polanyi, K.　1957　"Aristotle Discovers the Economy," in Karl Polanyi, Conrad M. Arensberg and Harry W. Pearson (eds.) *Trade and Market in the Early Empires*, The Free Press.　=2003　平野健一郎（訳）「アリストトレスによる経済の発見」玉野井芳郎・平野健一郎（編訳）『経済の文明史』ちくま学芸文庫.

Popper, Karl R.　1950　*The Open Society and its Enemies*. =1995　内田詔夫・小河原誠（訳）『開かれた社会とその敵　第一部：プラトンの呪文』未来社.

Rauschning, Hermann　1938→1968　Golo Mann (hrsg.) *Die Revolution des Nihilisms*, Europa Verlag. =1972　菊池英夫・三島憲一（訳）『ニヒリズムの革命』筑摩書房.

Richardson, R C.　1977　*The Debate on the English Revolution*, Menthuen & Co. Ltd. =1979　今井宏（訳）『イギリス革命論争史』刀水書房.

Rousseau, Jean-Jacques　1750　*Discours sur Les Sciences et Les Arts*.

=1978　山路昭（訳）「学問芸術論」『ルソー全集（4）』白水社：9–46.

――――　1755　*Discours sur L'Origine de L'Inégalité Parmi les Hommes.* =1972　本田喜代治・平岡昇（訳）『人間不平等起源論』岩波文庫.

――――　1758　*Lettre à Mr. D'Alembert sur les spectacles*=1979　西川長夫（訳）「演劇に関するダランベール氏への手紙」『ルソー全集(8)』白水社：9–189.

――――　1762　*Du Contract social: ou Principes du Droit Politique*=1979　作田啓一（訳）「社会契約論」『ルソー全集（5）』白水社：105–268.

――――　1771　*Considérations sur le gouvernement de Pologne et sur sa réformation projetée.* =1979　永見文雄（訳）「ポーランド統治論」『ルソー全集（5）』白水社：359–472.

Sartre, Jean-Paul　1943　*L'être et le Néant*, Gallimard. =1999a/b 松波信三郎（訳）『存在と無：現象学的存在論の試み』（上／下）人文書院.

Schapiro, Leonard　1972　*Totalitarianism*, Phaidon Press Ltd. =1977　河合秀和（訳）『全体主義：ヒットラー・ムッソリーニ・スターリン』福村出版.

Scheuerman, William E.　1997　"Revolution and Constitutions: Hannah Arendt's Challenge to Carl Schmitt," in *Canadian Journal of Law and Jurisprudence*, X（1）: 141–161.

Schirer, William　1941　*Berlin Diary: The Journal of a foreign Correspondent, 1934–1940*, Alfred Knopf. =1977　大久保和郎・大島かおり（訳）『ベルリン日記』筑摩書房.

Schmitt, Carl　1922→1934　*Politische Theologie*, Zweit Ausgabe, Duncker & Humblot. =1971　田中浩・原田武雄（訳）『政治神学』未来社.

——— 1923→1961 *Die geistesgeschichtliche Lage des Heutigen Parlamentarsmus*, Duncker & Humblot. =1972 稲葉素之（訳）『現代議会主義の精神史的地位』みすず書房.

——— 1925 *Politische Romantik*, Duncker & Humblot. =1970→1997 大久保和郎（訳）『政治的ロマン主義』みすず書房.

——— 1925 *Römischer Katholizsmus und politische Form*, TheatinerVerlag. =1980 長尾龍一・小林公（他訳）「ローマカトリック教会と政治形態」『政治神学再論』福村出版，125–170.

——— 1928→1954 *Verfassungslehre*, Duncker & Humblot. =1974 阿部照哉・村上義弘（訳）『憲法論』みすず書房.

——— 1928→1964 *Die Diktatur. Dritte Aufgabe*, Duncker & Humblot. =1991 田中浩・原田武雄（訳）『独裁：近代主権論の起源からプロレタリア階級闘争まで』未来社.

Schwartz, Benjamin I. 1970 "The Religion of Politics," *Dissent*, 17: 144–161.

Scott, Joanna V. and Stark, Judith C. 1996 "Rediscovering Hannah Arendt" in *Love and Saiat Augustine*: 115–211.

Sennett, Richard 1976 *The a Fall of Public Man*, W. W. Norton and Co. =1991 北山克彦・高階悟（訳）『公共性の喪失』晶文社.

Sieg, Ulrich 1988 *Die Geschichte der Philosophie an der Universität Marburg von 1527 bis 1970*, Marbug : Dr. Wolfram Hitzroth Verlag. =1997 東洋大学井上円了記念学術センター大学史部会（訳）『大学と哲学：マールブルク大学における哲学史』理想社.

Simon, Alfred 1976 *Les Signes et les Songes : essai sur le théâtre et la fête*, Editions du Seuil. =1990 岩瀬孝（監修）佐藤実枝（他訳）『記号と夢想：演劇と祝祭についての考察』法政大学出版局.

Sitton, John F. 1994 "Hannah Arendt's Argument for Council De-

mocracy " in *Hannah Arendt Critical Essays*: 307–329.

Sloterdijk, Peter 1983 *Kritik der zinischen Vernunft*, Suhrkamp Verlag. ＝1996 高田珠樹（訳）『シニカル理性批判』ミネルヴァ書房.

Springborg, Patricia 1989 "Hannah Arendt and the classical republican tradition," in Gisela T. Kaplan and Clive S. Kessler (eds.), *Hannah Arendt: thinking, judging, freedom*, Allen & Unwin: 9–17.

Starobinski, Jean 1957 *Jean-Jacques Rousseau: La Transparence et L'obstacle*, Librairie Plon. ＝1973 山路昭（訳）『透明と障害：ルソーの世界』みすず書房.

Steiner, George 1978→1989 *Martin Heidegger: with a new introduction*, University of Chicago Press. ＝1980→2000 生松敬三（訳）『マルティン・ハイデガー』岩波現代文庫.

Stern, Fritz Richard 1961 *The politics of cultural despair: a study in the rise of the Germanic ideology*, University of California Press. ＝1988 中道寿一（訳）『文化的絶望の政治：ゲルマン的イデオロギーの台頭に関する研究』三嶺書房.

Strauss, Leo 1953 *Natural Right and History*, The University Chicago Press. ＝1990 塚崎智・石崎嘉彦（訳）『自然権と歴史』昭和堂.

——— 1964 *The City and Man, Chicago*, The University of Chicago Press.

——— 1989 Thomas L. Pangle (ed.), *The Rebirth of Classical Political Rationalism: An Introduction to the Thought of Leo Strauss*, The University Chicago Press. ＝1996 石崎嘉彦（監訳）『古典的政治的合理主義の再生：レオ・シュトラウス思想入門』ナカニシヤ出版.

Talmon, J. L. 1952 *The Origins of totalitarian democracy*, Martin Sec-

ker & Warburg Ltd. ＝1964　市川泰治郎（訳）『フランス革命と左翼全体主義の源流』拓殖大学海外事情研究所.

Thoukydides　1942　Henry S. Jones (ed.) *Thucydidis Historiae*, Oxford. ＝2000　藤縄謙三（訳）『歴史』(1) 京都大学学術出版会.

Villa, Dana R.　1996　*Arendt and Heidegger: The Fate of the political*, Princeton University Press. ＝2004　青木隆嘉（訳）『アレントとハイデガー：政治的なものの運命』法政大学出版局.

――――　1999　*Politics, Philosophy, Terror: Essays on the Thought of Hannah Arendt*, Princeton University Press. ＝2004　伊藤誓・磯山甚一（訳）『政治・哲学・恐怖：ハンナ・アレントの思想』法政大学出版局.

Voegelin, Eric　1952→1987　*The New Science fo Politics*, University of Chicago Press.

――――　1953　"The Origin of Totalitarianism," *The Review of Politics*, 15 (1)：68–76.

Vondung, Klaus　1971　*Magie und Manipulation: Ideologischer Kult und politische Religion des National sozialismus*, Vandenhoeck & Ruprecht. ＝1988　池田昭（訳）『ナチズムと祝祭：国家社会主義のイデオロギー的祭儀と政治的宗教』未来社.

Wellmer, Albrecht　1996　"Hannah Arendt on Judgment: The Unwritten Doctrine of Reason," in *Hannah Arendt: Twenty Years Later*: 33–52.

Whitfield, Stefan J.　1980　*Into the Dark: Hannah Arendt and Totalitarianism*, Temple University Press.

Wittgenstein, Ludwig　1967　*Zettel*, Basil Blackwell. ＝1975　管豊彦（訳）「断片」黒田亘・菅豊彦（訳）『ウィトゲンシュタイン全集：(9)』大修館書店.

Wolin, Sheldon　1960→2004　*Politics and Vision*, Princeton University Press. ＝1979　尾形典男・福田歓一・佐々木毅（訳）『西欧政治思想史：(1) 政治哲学と政治の誕生』福村出版.

――――　1968　"Paradigms and Political Theories," Preston King and B. C. Parekh (eds.) *Politics and Experience: Essays Presented to Michael Oakeshott*, Cambridge University Press: 125–152. ＝1988　千葉眞（編訳）「パラダイムと政治理論」『政治学批判』みすず書房：41–90.

――――　1977　"Hannah Arendt and the Ordinance of Time," in *Social Research*, 44 (1)：91–105. ＝1988　千葉眞（編訳）「ハンナ・アレントと時間の定め」『政治学批判』201–222.

――――　1994　"Hannah Arendt: Democracy and the Political," in *Hannah Arendt Critical Essays*: 289–306.

Young-Bruehl, Elisabeth　1984　*Hannah Arendt: For Love of the World*, Yale University Press. ＝1999　荒川幾男・原一子（他訳）『ハンナ・アーレント伝』晶文社.

――――　2006　*Why Arendt Matters*, Yale University Press. ＝2008　矢野久美子（訳）『なぜアーレントが重要なのか』みすず書房.

Zweig, Stefan　1944　*Die Welt von Gestern: Erinnerungen eines Europäers*, Bermann-Fischer Verlag. ＝1973　原田義人（訳）『昨日の世界 I：ツヴァイク全集 (19)』みすず書房.

秋本秀紀　2001　『ニューヨーク知識人の源流：1930年代の政治と文学』彩流社.

有賀夏紀　1988　『アメリカ・フェミニズムの社会史』勁草書房.

石田雅樹　2001　「政治と虚偽：ハンナ・アーレントにおける『虚偽』の両義性」『思想』929：32–51.

市野川容孝　2000 「ドイツ：優生学はナチズムか？」「北欧：福祉国家と優生学」米本昌平（他訳）『優生学と人間社会：生命科学の世紀はどこへ向かうのか』講談社現代新書：51–140.

伊藤徹　1994 「解釈の歴史性」『岩波現代思想：(9) テクストと解釈』岩波書店：57–85.

伊藤洋典　2001 『ハンナ・アレントと国民国家の世紀』木鐸社.

今村仁司　1995 『ベンヤミンの〈問い〉：「目覚め」の歴史哲学哲学』講談社選書メチエ.

岩崎稔　1994 「防衛機制としての物語：『シンドラーのリスト』と記憶のポリティクス」『現代思想』22 (8)：176–189.

――――　1995 「《語りえないもの》と《政治的なるもの》」『現代思想』23–7：156–171.

上山安敏　1984 『神話と科学：ヨーロッパ知識社会　世紀末〜20 世紀』岩波書店.

――――　1986→1994 『世紀末ドイツの若者』講談社学術文庫.

大西直樹　1998 『ピルグリム・ファーザーズという神話：作られた「アメリカ建国」』講談社選書メチエ.

岡野八代　2002 『法の政治学：法と正義とフェミニズム』青土社.

大澤真幸　1996 『虚構の時代の果て：オウムと世界最終戦争』ちくま新書.

小野紀明　1986 『フランス・ロマン主義の政治思想』木鐸社.

――――　1994 『現象学と政治：二十世紀ドイツ精神史研究』行人社.

――――　1996 『二十世紀の政治思想』岩波書店.

――――　1999 『美と政治：ロマン主義からポストモダンへ』岩波書店.

蔭山宏　1986 『ワイマール文化とファシズム』みすず書房.

川崎修　1984 「ハンナ・アレントの政治思想：(1) 哲学・人間学・政治理論」『国家学会雑誌』97 (9・10)：587–655.

——— 1985「ハンナ・アレントの政治思想：(2) 哲学・人間学・政治理論」『国家学会雑誌』98（3・4）：189-240.

——— 1986「ハンナ・アレントの政治思想：(3) 完　哲学・人間学・政治理論」『国家学会雑誌』99（3・4）：157-226.

——— 1987「ハンナ・アレントと現代政治哲学の隘路」『思想』754：111-130.

——— 1989「ハンナ・アレントはハイデガーをどう読んだか」『思想』780：48-92.

——— 1990「現代思想の中のハンナ・アレント：一九五四年アメリカ政治学会報告を中心に」『北大法学論集』40（5-6）：1091-1141.

——— 1997「アーレントを導入する」『現代思想』25（8）：111-127.

——— 1998『アレント：公共性の復権』(現代思想の冒険者たち(17)）講談社.

——— 2002「全体主義」福田有広・谷口将紀（編)『デモクラシーの政治学』東京大学出版会.

川端香男里　1971→1993『ユートピアの幻想』講談社学術文庫.

木田元　1993『ハイデガーの思想』岩波新書.

木村敏　1982『時間と自己』中公新書.

黒宮一太　2007『ネイションとの再会』NTT 出版.

古賀敬太　1999『カール・シュミットとカトリシズム：政治的終末論の悲劇』創文社.

小林康夫　1991『起源と根源：カフカ，ベンヤミン，ハイデガー』未来社.

齋藤純一　1989「政治的公共性の再生をめぐって――アーレントとハーバーマス」藤原保信・三島憲一・木前利秋（編)『ハーバーマスと現代』新評論：255-274.

——— 2008『政治と複数性：民主的な公共性にむけて』岩波書店.

斎藤眞　1992『アメリカ革命史研究：自由と統合』東京大学出版会.
桜井哲夫　1999『戦争の世紀：第一次大戦と精神の危機』平凡社新書.
佐藤卓己　1996a『大衆宣伝の神話：マルクスからヒトラーへのメディア史』弘文堂.
――――　1996b「ファシスト的公共性：公共性の非自由主義モデル」井上俊・上野千鶴子（他編）『岩波講座現代社会学：(24) 民族・国家・エスニシティ』岩波書店：177–192.
佐藤全弘　1990『カント歴史哲学の研究』晃洋書房.
柴田寿子　1997「『光の物語』と『闇の記憶』：アーレントにおける政治と歴史認識」『現代思想』25 (8)：250–262.
――――　2000『スピノザの政治思想：デモクラシーのもうひとつの可能性』未来社.
――――　2004「『グローバルなリベラル・デモクラシー』と『ワイマールの亡霊』：レオ・シュトラウスの浮上は何を物語るか」山脇直司（他編）『グローバル化の行方：ライブラリ相関社会科学 (10)』新世社.
菅原寧格　2007「M.ウェーバーとK.ヤスパースにおける価値思考の法哲学的意義 (3)：現代正義論の思想史的背景」『北大法学論集』58 (3)：169–240.
添谷育志　1992「L・シュトラウスとA・ブルームの『リベラル・エデュケイション』論」『法学』55 (6)：990–1014.
――――　1995「新旧論・ノート」『現代保守思想の振幅：離脱と帰属の間』新評論：91–127.
高橋哲哉　1994a「記憶されぬもの　語りえぬもの：歴史と物語をめぐって」『岩波現代思想：(9) テクストと解釈』岩波書店：215–252.
――――　1994b「アーレントは《忘却の穴》を記憶したか：岩崎稔氏に応える」『現代思想』22 (12)：28–48.

多木浩二　1982『眼の隠喩：視線の現象学』青土社.

谷喬夫　1997「シュミットとハバーマス：政治における近代とは何か――」初音正典・古賀敬太（編）『カール・シュミットとその時代：シュミットをめぐる友・敵の座標』風行社：343-368.

千葉眞　1994「愛の概念と政治的なるもの：アーレントの集合的アイデンティティーの構成」『思想』844：5-37.

――――　1996『アーレントと現代』岩波書店.

寺島俊穂　1990『生と思想の政治学：ハンナ・アレントの思想形成』芦書房.

――――　2006『ハンナ・アレントの政治理論：人間的な政治を求めて』ミネルヴァ書房.

寺脇丕信　1991『ヤスパースの実存と政治思想』北樹出版.

永井均　1991『〈魂〉に対する態度』勁草書房.

――――　1998『これがニーチェだ』講談社現代新書.

中田光雄　2002a/b『政治と哲学：〈ハイデガーとナチズム〉論争史の一決算』（上／下）岩波書店.

仲手川良雄　1998『古代ギリシアにおける自由と正義：思想・心性のあり方から国制・政治の構造へ』創文社.

仲正昌樹　2002『法の共同体：ポスト・カント主義的「自由」をめぐって』御茶の水書房.

納富信留　2005『哲学者の誕生：ソクラテスをめぐる人々』ちくま新書.

野家啓一　1993『言語行為の現象学』勁草書房.

――――　1996『物語の哲学：柳田國男と歴史の発見』岩波書店.

藤縄謙三　1965→1996『ホメロスの世界』新潮選書.

――――　2006『ヘロドトス』魁星出版.

堀邦維　2000『ニューヨーク知識人：ユダヤ的知性とアメリカ文化』彩流社.

真木悠介（見田宗介） 1981 『時間の比較社会学』岩波書店.
——— 1995 『現代日本の感覚と思想』講談社学術文庫.
丸山真男 1946→1964 「超国家主義の論理と心理」『現代政治の思想と行動』未来社.
三石善吉 1991 『中国の千年王国』東京大学出版会.
三宅芳夫 2000 『知識人と社会：J=P. サルトルにおける政治と実存』岩波書店.
宮田光雄 1991 『ナチ・ドイツの精神構造』岩波書店.
森政稔 1995 「民主主義を論じる文法について」『現代思想』23（12）：154-179.
——— 1997 「言語／政治学：その回顧的な序論」田中克彦（他編）『言語・国家，そして権力：ライブラリ相関社会科学（4）』新世社：226-253.
——— 1998a 「現代日本市民社会論：その批判と構想」山脇直司（他編）『現代日本のパブリック・フィロソフィ：ライブラリ相関社会科学（5）』新世社：23-59.
——— 1998b 「『ニーチェの政治学』は存在するか：政治を論じる水準の問題」『現代思想』26（14）：152-171.
——— 2000 「政治思想史の語りについて」『社会科学紀要』49：35-61.
森川輝一 2004「『出生』について：アーレントにおける政治的なるものの『はじまり』」『思想』958：5-28.
森分大輔 2007 『ハンナ・アレント研究：「始まり」と社会契約』風行社.
矢野久美子 2002 『ハンナ・アーレント，あるいは政治的思考の場所』みすず書房.
山口定 1979 『ファシズム：その比較研究のために』有斐閣.
山下威士 1986 『カール・シュミット研究：危機政府と保守革命運動』

南窓社.
山田正行　2000 「ヤスパースとアーレントの戦争責任論：罪と責任の概念をめぐって」『政治思想研究』創刊号：123-137.
山脇直司　1999 『新社会哲学宣言』創文社.
脇圭平　1973 『知識人と政治：ドイツ・1914〜1933』岩波新書.
和仁陽　1990 『教会，公法学，国家：初期カール＝シュミットの公法学』東京大学出版会.

著者略歴
1973年生まれ
2002年　筑波大学社会科学研究科博士課程単位取得満期退学
2005年　学術博士（東京大学）
2004年 4 月～2007年 3 月　独立行政法人 日本学術振興会特別研究員（PD）
現　在　明治大学法学部兼任講師
著　書『はじめて学ぶ政治学』（共著、ミネルヴァ書房、2008）

公共性への冒険
ハンナ・アーレントと《祝祭》の政治学

2009 年 11 月 10 日　第 1 版第 1 刷発行

著　者　石《いし》　田《だ》　雅《まさ》　樹《き》

発行者　井　村　寿　人

発行所　株式会社　勁《けい》　草《そう》　書　房

112-0005　東京都文京区水道2-1-1　振替　00150-2-175253
（編集）電話 03-3815-5277／FAX 03-3814-6968
（営業）電話 03-3814-6861／FAX 03-3814-6854
理想社・青木製本

公共性への冒険
ハンナ・アーレントと《祝祭》の政治学

2018年8月10日 オンデマンド版発行

著 者 石 田 雅 樹

発行者 井 村 寿 人

発行所 株式会社 勁《けい》 草《そう》 書 房

112-0005 東京都文京区水道 2-1-1 振替 00150-2-175253
(編集) 電話 03-3815-5277／FAX 03-3814-6968
(営業) 電話 03-3814-6861／FAX 03-3814-6854

印刷・製本 (株)デジタルパブリッシングサービス http://www.d-pub.co.jp

AK323

ISBN978-4-326-98322-3 Printed in Japan